中絶権の憲法哲学的研究

アメリカ憲法判例を踏まえて

小林直三 著

法律文化社

はしがき

本書は、二〇〇八年に関西大学から課程博士（法学）を授与された博士論文である「プライヴァシー権の概念化と妊娠中絶の自由に関する考察」に、その後の研究に基づく加筆修正をしたものである。

もとの博士論文では、タイトルや論文構成においても、プライヴァシー権の概念化に独自のウェイトをおいていた。しかし、本書の本論では、「中絶権の新たな構成」を示すことに目的をしぼり、プライヴァシー権の概念化に関しては、必要な限りで論じる論文構成としている。

本書の本論では、中絶権を中心に論じたこともあって、補論では、本論と関連しながらも、中絶権に限らない、プライヴァシー権の概念化一般に関係する問題を取り扱っている。

さて、私がこの研究を始めたきっかけは、いまから振り返ると、龍谷大学法学部の卒業論文で、プライヴァシー権について、書いたことだと思う。

当時の私にとって、「プライヴァシー権」とは、名称から奇妙なものに映った。「プライヴァシー権」が 'the right of privacy' の邦訳であることはわかるが、'right' だけが「権（利）」と訳されて、'privacy' は、カタカナ表記になっているからである。普通、英語を日本語に訳すのであれば、'privacy' も日本語にすべきではないだろうか。

私は、結局のところ、それは、英語の 'privacy' に相応しい日本語というものが、見当たらないためだろうと考えた。そこで、米国の 'the right of privacy' とは何かを調べてみると、米国憲法上の 'the right of privacy' は、連邦最高裁で争われていた事例をみる限り、日本の「自己決定権」の問題に関するものも多いことがわかった。日本で「プライヴァシー権」といえば、多くの場合、いわゆる「情報プライヴァシー」のことを意味しているところ、米国の ‘the right of privacy’ と日本の「プライヴァシー権」とは、内容が異なっていたのである。

当時、大学生であった私にとって、まったくもって、「プライヴァシー権」は、不思議な概念であった。

その後、私は、運よく、関西大学大学院法学研究科へ進学することになった。そこでも、プライヴァシー権という不思議な概念が気になっており、博士課程前期課程でも「憲法上のプライバシー権」と題して、修士論文を執筆し、博士課程後期課程に進んでからも、プライヴァシー権に関して研究を続けていた。

プライヴァシー権概念についていえば、日本では、先ほど述べたように、いわゆる「自己決定権（あるいは、自己定義権）」と「情報プライヴァシー」とを区別し、後者をプライヴァシー権として概念化する立場が、一般的なように思われる。しかし、本書でも論じているように、私は、両者を一つのプライヴァシー権概念として理解するべきだと考えている。また、先ほど、‘the right of privacy’ について、米国の連邦最高裁で争われた事例の多くは、いわゆる「自己決定権」に関するものだと述べたが、より正確には、中絶権に関するものが中心である。

そのため、私の研究関心も、徐々に、中絶権に移っていったのである。

おそらく、ほとんどの人たちは、妊娠中絶が道徳的に望ましくないことだと思っているだろう。しかし、それにもかかわらず、様々な理由から、妊娠中絶を選ぶ、あるいは、選ばざるを得ない女性たちがいることも事実である。実際、妊娠中絶を考える女性の立場は、非常に個性的であり、一概に道徳的批判に値するとは限らないものである。

しかし、多くの人たちは、そうした状況に立たされることも、具体的にそうした状況を想像することもないため、妊娠中絶を選ぶことを考える女性の立場を理解することは、非常に難しい。そこで、妊娠中絶を選ぶことを考える女性たちは、それぞれが少数者、マイノリティにあたり、そうした女性の立場や主張は、民主的な決定システムのなかで反映されることは難しい。

他方、女性一般について考えた場合、現実には、いつ何時、妊娠中絶を選ばざるを得ない状況に立たされるかもしれない。あるいは、男性であっても、自分の近しい関係者——たとえば、自分のパートナーや娘や孫、あるいは友人たち——が、そうした状況に立たされるかもしれないだろう。その意味で、中絶権に関する問題は、一定の普遍性をもつのである。

妊娠中絶を選ぶことを考える女性の立場や主張は、非常に個性的で、民主的な決定システムでは反映され難いという意味で、ある種の特殊性をもっていると同時に、中絶権に関する問題は、ほとんどの人たちが関わり合いをもつかもしれないという意味で、一定の普遍性をもつものである。そうである以上、妊娠中絶を求める主張が正当な利益をもつ限り、憲法上の権利として中絶権を保障すべきだろうし、少なくとも、憲法論として、それに関する議論を深めていくべきだろう。

そのように考えると、中絶権に関する研究は、とても大切なものだと思えるのである。

しかし、日本では、そもそも、中絶権に関して議論を深めるまでもなく、妊娠中絶は比較的自由にできるのではないかと考えている人もいるためなのか、実際、権利の重要性の割には、これまで、憲法論として、それほど活発な議論が展開されてこなかったように思われる。

もっとも、日本で比較的自由に妊娠中絶ができると考えられているのは、母体保護法の経済的理由条項が拡大解釈されて運用されているからであるが、その条項は、国の人口政策に深く関わって追加されたものであって、必ずしも、女性の権利保障のために追加されたのではない。それに、たとえ、女性の妊娠中絶が母体保護法の運用によって比較的自由に認められているとしても、序章でも述べていることだが、中絶権に関する問題は、女性の生き方に深く影響を与えるものであり、単なる政策的配慮によって、妊娠中絶の可否を決めてしまうことは、憲法原理として妥当なものとは思われない。また、もし、今日のわが国における妊娠中絶に関する状況が、単なる政策的配慮から生じる反射的利益に過ぎないのなら、女性のおかれる立場は非常に不安定なものとなり、実践的な意味においても問題だといえるだろう。しかも、中絶権が広く保障されていると考えられているために、中絶権の規制に伴う様々な問題が見逃されているようにも思われる。

他方で、米国では、これまで、妊娠中絶に関する問題が盛んに議論されてきた。しかも、米国の連邦最高裁判所は、中絶権を憲法上の権利として承認しているのである。そのため、憲法論として、中絶権に関する議論を深めていくためには、米国での憲法判例やそれに関する議論を参考にすることが、有益だと考えるのである。

本書が、おもに米国での憲法判例などを踏まえた構成となっているのは、そのためである。

ところで、中絶権という文言は、日本国憲法には明記されていない。プライヴァシー権も同様である。したがって、中絶権やプライヴァシー権に関する解釈論を展開するにあたっては、それらに関する判例分析を行うだけでなく（あるいは、それらに関する判例分析を踏まえたうえで）、概念化の方法論（あるいは、アプローチ）や、法や人権はどうあるべきかなど、法哲学の領域にも、議論が広がる可能性もある。つまり、憲法上の中絶権に関する研究は、憲法解釈学と法哲学との交錯領域にあるものだといえるだろう。

そのため、本書は、米国の憲法判例などを踏まえながらも、あくまで、日本国憲法の解釈論として執筆したものであるが、前述のような法哲学の領域に属するであろう議論にも言及している。本書のタイトルを、あえて、『中絶権の憲法哲学的研究――アメリカ憲法判例を踏まえて――』としたのは、そのためである。

＊　＊　＊　＊

龍谷大学での指導教授は、二回生後期から三回生前期にかけて、平野武先生で、三回生後期から四回生前期にかけては、中谷実先生であった。お二人とも、私の稚拙な疑問に、根気強く答えてくださり、その当時を思い出すたびに、感謝の気持ちで一杯になる。

関西大学大学院では、孝忠延夫先生のご指導を受けた。もともと、大学院に進学した動機は、もう少し勉強してみたいと思った程度のことで、研究者になろうなどと、大それた考えはなかった。しかし、孝忠延夫先生にご指導を受けているうちに、孝忠延夫先生のようになりたいと考え、研究者を目指すことになったのである。

孝忠延夫先生は、研究者としてはもちろんのこと、教育者としても、抜群の方である。それは、私のような者を指導し、ここまで育て上げたことが、何よりの証左だといえるだろう。孝忠延夫先生への感謝の気持ちは、言葉では言い表せるものではない。

大学院では、行政法学の亀田健二先生にも、大変、お世話になった。講義のあと、お酒を嗜みながら、講義の続きが行われ、熱心にご指導くださった。君塚正臣先生からは、厳しく叱責されたこともあったが、そのおかげで、いま、研究者として続けていられるのだと思っている。両先生はもちろんのこと、吉田栄司先生、村田尚紀先生、木下智史先生、小泉良幸先生にも、心から感謝している。

憲法・政治学研究会では、上田勝美先生をはじめ、多くの先生方がご指導してくださったこと、本当に有り難く思っている。なお、私の長男の名前は、私の祖父「義行」の名前から一字をもらった意味もあるが、実は、憲法・政治学研究会でお世話になっている澤野義一先生のようになってもらいたいとの思いから、澤野義一先生の一字を（勝手に）頂いた意味もある。そのことについても、あらためて、感謝をしるしたい。

そのほかにも、多くの先生方にご指導を受け、また、支えられ、研究を続けてくることができた。書き続けるときりがないため、これ以上、書くことは控えるが、ここに書かなかった先生方にも、心から感謝を申し上げる次第である。

また、本書を出版するにあたって、法律文化社の梶原有美子氏には、大変、お世話になった。本書は、私にとって、初めての単著となるもので、色々と分からないまま、ご迷惑をおかけしたと思う。何とか本書を出版することができたのは、ひとえに梶原有美子氏のおかげである。心から感謝している。

最後に、最愛のパートナーである禎子、義直（長男）、信智（次男）、勇太（三男）、亮太（四男）に感謝したい。五人の存在そのものが、私の何よりの支えである。

小林　直三

二〇一二年一二月　高知短期大学の研究室にて

目次

中絶権の憲法哲学的研究

アメリカ憲法判例を踏まえて

序　章　本書の目的と構成

　ほとんどの人たちは、一般に人工妊娠中絶（以下、妊娠中絶、または中絶）が道徳的に望ましくないことだと考えている。しかし、それにもかかわらず、様々な理由から、妊娠中絶を選ぶ、あるいは、選ばざるを得ない女性たちがいることも事実である。そして、妊娠中絶を考える女性の立場は、非常に個性的であり、実際には、一概に道徳的批判に値するとは限らないものである。

　もっとも、多くの人たちは、そうした状況に立たされることも、具体的にそうした状況を想像することもないため、妊娠中絶を選ぶことを考える女性の立場を理解することは、非常に難しいように思われる。そのため、妊娠中絶を選ぶことを考える女性たちは、それぞれが少数者、マイノリティにあたり、彼女たちの立場や主張は、民主的な決定システムのなかでは、配慮され難いといえるだろう。

　しかし、女性一般について考えてみると、現実には、いつ何時、妊娠中絶を選ばざるを得ない状況に立たされるかもしれないといえ、男性であっても、自分の近しい関係者――たとえば、自分のパートナーや娘や孫、あるいは友人たち――が、そうした状況に立たされるかもしれないのである。そうすると、中絶権に関する問題は、一定の普遍性をもつものともいえる。

　以上のように、妊娠中絶を選ぶことを考える女性の立場や主張は、非常に個性的なもので、民主的な決定システムでは配慮され難いという意味で、ある種の特殊性をもっていると同時に、妊娠中絶に関する問題は、ほとんどの人たちが関わり合いをもつかもしれないという意味で、一定の普遍性をもつのである。であるならば、妊娠中絶を求める主張が正当な利益をもつ限り、憲法上の権利として中絶権を保障すべきだろうし、少なくとも、憲法論として、中絶権に関する議論を深めていくべきだろう。

わが国での妊娠中絶は刑法二一二条以下の「堕胎の罪」[1]で原則的に禁止され、その例外を母体保護法が定めている。この例外の定め方は、いわゆる適応規制型立法といわれるが、実際には、母体保護法一四条一項一号にある経済的理由要件の拡大解釈を通じて、期限規制型の立法的運用がなされている。[2]すなわち、母体保護法一四条一項一号の経済的理由に関して、「妊婦が胎児を出産すれば、その妊婦を取り巻く人たちの生活水準が現在より低下するおそれがある、ということになると、これはもうりっぱに『経済的理由』に該当するという解釈をする」[3]のである。こうした解釈を前提にすると、実際問題として、出産によって生活水準が低下しないことは、ほとんどあり得ないため、事実上、いかなる場合においても、法の適応事由に該当することになり、指定医師は、本人と配偶者の同意さえあれば、妊娠の一定期間内の妊娠中絶を合法的に行えることになる。たとえば、本来、母体保護法では、生まれてくる子供に重大な障害があること（胎児適応）を堕胎罪の例外として定めていないが、「胎児の異常を理由とする中絶は、我が国では、経済的理由条項に基づいて実施されてきたと思われる」[4]。

こうした母体保護法の運用は、一見すると、女性に中絶権を広く保障しているかのように思われる。ところが、経済的理由要件は、国の人口政策に深く関わって追加されたものであって、必ずしも女性の権利保障のために追加されたのではない。[5]それに、中絶権に関する問題は、女性の生き方に深く影響を与えるものであり、妊娠中絶の可否を、単に政策的配慮によって決めてしまうことは、憲法原理として妥当なものとは思われない。また、もし、今日のわが国における妊娠中絶に関する状況が、単なる政策的配慮から生じる反射的利益に過ぎないのなら、女性のおかれる立場は非常に不安定なものとなり、実践的な意味においても問題だといえるだろう。しかも、中絶権が広く保障されているかのように考えられているために、妊娠中絶の規制に伴う様々な問題が見逃されているように思われる。

本書は、こうした問題意識の下で、中絶権に関する問題を、単なる政治問題に留めることなく、憲法論として深めていこうと試みるものである。

一　何が必要なのか

妊娠中絶論争を憲法論として深めていくためには、まず、中絶権の意味づけを明らかにしなければならないだろう。

米国の連邦最高裁判例では、すでに中絶権が憲法上の権利として承認されている。そのため、中絶権の意味づけを考察するにあたっては、米国での判例展開を分析することが、有益なことのように思われる。

米国の判例展開は、中絶権を認めながらも、同時に、それが実質的に制限されることをも示している。つまり、州は、妊娠中絶よりも出産に高い価値をおいてもよく、州の価値判断を州の資源を用いて実現してよいとされているのである。形式的に中絶権が保障されていたとしても、現実に、安全な妊娠中絶を行うためには様々な資源が必要である以上、こうした制限を認めるとしたなら、実質的に中絶権の保障は、州の政治的判断に委ねられてしまうことになる。

では、いったい、なぜ、中絶権を憲法上の権利として構成しながらも、中絶権の実質的な制限が認められてしまうのだろうか。

もちろん、これまでも、中絶権の権利性をめぐって様々な議論がなされてきたが、それらの多くは、女性の中絶権を、胎児の生命権、あるいは胎児の生命保護に関する利益との対立関係で理解してきた。そのため、そこでの中心的な論点は、「胎児は、人か否か」、あるいは「胎児は、いつから人となるのか」であったように思われる。

しかし、こうした従来の問題設定に囚われる限り、中絶権に関する議論は、憲法論として深まらないだろう。なぜなら、ロナルド・ドゥオーキンが主張するように、もし、従来の問題設定を前提とするなら、ある胎児について、すでにその胎児を人だと考える立場にとっては、中絶権を肯定することは、殺人を認めることに他ならないし、いまだその胎児を人と認めない立場にとっては、中絶権を否定することは、著しい人権侵害だとされるからである。[6] しかも、「胎児は、人か否か」、あるいは「胎児は、いつから人となるのか」という問いに関して、われわれの主観を越えた客観的な答えは、容易に見つかりそうにもない（だからこそ、今日に至るまで、争いが続いているのだろう）。これらの問いは、裁判所も容易に答えを出せるものではなく、結局のところ、裁判所は、答えを民主的決定、すなわち政治的判断に委ねざるを得なくなる。すると、従来の問題設定は、紛争解決を政治的判断に委ねるという結論を先取りしたものになってしまう。以上のように、従来の問題設定からは、憲法論が深まる可能性は乏しく、中絶権に関する問題は、これまでのように政策的に決められるしかないだろう。[7]

また、従来の問題設定に関して、近年、米国での胎児の人格化——われわれと同じ人として扱うこと——傾向が注目されている。

州の法案レベルでは、妊娠中絶には裁判所の死刑宣告書（death warrant）を要求するなど、従来から様々なものがあったが、近時の傾向として注目すべきは、連邦レベルでも胎児の人格化をすすめる法律が成立してきたことである。たとえば、二〇〇四年の「生まれる前の暴力による犠牲者に関する法律（the Unborn Victims of Violence Act）」の成立があげられるだろう。この法律は、連邦法上の犯罪について、妊婦だけではなく、胎児も犠牲になった場合には、妊婦への犯罪とは別に、胎児への犯罪も、独立した犯罪として扱うものである。州法レベルでは、この法律に類似する法はすでに存在していたが、胎児の人格化をすすめる法律が連邦法でも成立したことは、重要な意味をもつと思われる。[8]

さらに、注目すべきものとして、パーシャル・バース・アボーション禁止法（the Partial-Birth Abortion Ban Act）成立に関する一連の展開がある。

パーシャル・バース・アボーションとは、本来はD&X（dilation and extraction＝拡張と牽引）と呼ばれるもので、妊娠後期に行われる中絶方法の一つである。米国で比較的一般に行われるD&E（dilation and evacuation＝拡張と排出）というやり方では、胎児をいくつかのパーツに解体して、子宮から取り除くが、D&Xでは、胎児をほぼそのままの状態で牽引し、その一部が露出した後で頭部を潰すのである（より詳細には、頭位牽引型のものと臀位牽引型のものがあり、前者をとくにintact D&Eと呼ぶこともある[9]）。

この妊娠中絶方法に関しては、あまりに残虐な方法だということで多くの批判があり、一九九五年と一九九七年とに、連邦レベルで禁止法案が提出され、上下院では可決された。しかしながら、当時のクリントン大統領の拒否権が発動され、上院での再可決もできず、成立しなかった。もっとも、州レベルでは、すでに同様の法律が成立しており、そのうちの一つであるネブラスカ州法について、合憲性が争われている。それがスタンバーグ判決[10]であるが、連邦最高裁は、法律の規定が曖昧なためにD&Eまで禁止されかねないこと、そして、母体の健康保護例外が明記されていないことから、違憲判決を下している。

その後、パーシャル・バース・アボーション禁止法は、ブッシュ政権下で、二〇〇三年に連邦法として成立したが、二〇〇七年のゴンザレス判決[11]でその連邦法の合憲性が争われた。この事案においては、ネブラスカ州法と異なってD&X（intact D&Eも含む）に禁止規定が限定されていることから、スタンバーグ判決での事案と異なることが強調されながらも、母体の健康保護例外を文面審査でなく、適用審査の問題だとし、母体の生命保護例外は明文化されているものの、健康保護例外は明文化されていない連邦法が合憲だとされている。[12]

このように、パーシャル・バース・アボーション禁止法をめぐる論争は、州、連邦、あるいは立法府、裁判所で、一九九〇年代から現在に至るまで大きなテーマとして展開されてきた。そして、その論争のなかで、たとえば、連邦議会では、D&Xの方法がイラストで具体的に示されるなどして、胎児は人なのだという印象が、広く普及したように思われる。パーシャル・バース・アボーション禁止法に関する論争は、中絶方法の残虐性を強調することで、中絶論争の焦点を胎児の存在に移し、胎児の人格性を具体的にイメージさせることで、妊娠中絶規制の道徳的論拠を強化したともいわれている。(13)

さて、前述したように、「胎児は、人か否か」は、非常に古典的な論点でもあったが、近時は、様々な出来事や法律を通じて、胎児の存在を具体的にイメージさせながら、あらためて「胎児は、人か否か」が問題とされているのである。その意味では、かつてのように抽象的なイメージのなかで論じられていた状況とは異なっており、「胎児は、人か否か」は、現代的な新しい問題となっているといえるだろう。

そのため、米国の中絶論争では、以前にもまして、女性と胎児を対峙させる見方を前提として、胎児の生命(権)を侵害から守るべきではないのか、という問題設定が強調されているのである。そして、そうした傾向は、行き着くところ、女性の中絶権の否定にもなりかねないため、女性の中絶権を擁護する立場からすれば、あらためて胎児の人格性を否定するか、あるいは胎児の生命(権)との対立関係から中絶権を脱構築する必要があるように思われる。また、そうした必要性は、わが国で中絶権を憲法上の権利として構成するにあたって、あるいは(中絶権の憲法的保障に反対する立場に対しては、その批判対象を示すという意味で)中絶論争を憲法論として深化するにあたっても、多かれ少なかれ必要なことだといえるだろう。

以上で述べてきたように、もし、中絶権に関する議論を憲法論として深めていくのなら、第一に、中絶権の意味づけを明らかにしなければならないが、それだけでなく、第二に、中絶論争の問題設定そのものを見直さなければならないように思われる。

本書は、これらの関連する二つの問題を意識しながら、中絶権に関して考察するものである。以下では、こうした本書の構成を述べておきたい。

二　本書の構成

米国の判例では、いわゆる情報プライヴァシーの利益とともに、自己決定（あるいは自己定義）に関する利益も、憲法上のプライヴァシー権として理解されており、中絶権は、憲法上のプライヴァシー権に含まれるとされている。しかしながら、いくつかの州は、様々な形で中絶権を禁圧してきたため、多くの訴訟がなされてきた。そこで、これらの判例展開を分析することが、中絶権の考察にとって重要な意味をもつため、本書では、第一章で、米国連邦最高裁判例の展開を考察している。[14]

ロー判決[15]は、先例によって認められてきた憲法上のプライヴァシーの保障の範疇に、中絶権も含まれるとして、女性個人のプライヴァシー権として中絶権を承認した。そして、プライヴァシー権が基本的権利であることから、州の利益との利益衡量基準としてコンペリング・テストを採用した。具体的には、女性の健康保護に関する利益との調整枠組みとして、トリメスターの枠組みを示し、そして、胎児の生命保護に関する利益との調整枠組みとして、胎児の独立生存可能性という時期区分を示したのである。前者は、中絶権を女性の精神的・身体的危機に関わる問題とする見方を反映させており、後者は、女性から胎児を切り離して、両者を対峙させる見方を反映させたものである。[16]一連のポスト・ロー判決の多くは、後者の見方を反映させて、中絶権の実質的な制限を認め、中絶可否の判断を政治的決定に委ねてきたように思われる。

次に、第二章では、さらに、中絶権の意味づけを深めるために、ポスト・ロー判決の多くと異なって、必ずしも、女性と胎児とを対峙させる見方を前提としない、ロナルド・ドゥオーキン、[17]ジェド・ルーベンフェルド、[18]ドゥルシラ・コーネルの学説[19]を検討している。彼／彼女らの法理論は、わが国の学説にも影響を与えているものであり、検討すべき重要な学説であるように思われるからである。

そして、とりあげた学説のなかでも、本書は、とくにコーネルの考えに注目している。コーネルは、われわれが個体化した人格となるためには、身体的統合性（bodily integrity）――自分の身体は自分そのものだと考えられる状態――への権利が保障されなければならないとする。しかし、自分の身体の一部であって、かつ自分でない胎児という存在は、女性の身体的統合性のファンタジーを打ち砕いてしまう。コーネルによれば、そうしたときにこそ、自己を再想像し、身体的統合性のファンタジーを取り戻せるために――すなわち、胎児の存在にもかかわらず、あくまで自分の身体は自分そのものだと、自分なりに再想像できるように――、イマジナリーな領域（自由に自己を再想像できる心的空間）が保障されなければならない。それにもかかわらず、他者（とくに大文字の他者である法）が、妊娠（中絶）に対する特定の見方を押し付けたなら、女性からイマジナリーな領域を奪い取ることになる。しかも、コーネルによれば、他者からの見られ方は、アイデンティティー形成にとって重要なものであるから、とくに法が、女性から胎児を切り離して、両者を対峙させる見方を押し付けたなら、女性は、法による見られ方をアイデンティティーに取り込んでしまい、女性のアイデンティティーは胎児の環境に還元されてしまう。そして、そのことは、女性を幸福に値しない存在として「格下げ」し、社会的に抑圧された立場に追い込むことを意味している。そのため、コーネルは、法が、特定の見方をとることを否定し、胎児の生命権やその生命保護に関する利益によって、女性の中絶権を制限すべきではないとしている。

本書は、こうしたコーネルの考えを基本的に支持するものである。ただし、コーネルの考えには、いくつかの修正が加えられなければならないように思われる。

たとえば、コーネルは、身体的統合性への権利が、たんなる個人的選択の問題ではなく、安全な妊娠中絶への実質的なアクセスの積極的保障をも要求することから、それを一人で放っておいてもらう権利としてのプライヴァシー権に位置づけることに反対する。しかしながら、今日、消極的な権利としてプライヴァシー権を理解する立場は、少数だといえることにも照らせば、本書では、むしろ、中絶権をプライヴァシー権として構成することで、中絶権の積極的権利としての側面を補うことができるものと考えている。

もちろん、コーネルのような立場以外からも、ケイシー判決[20]の反対意見におけるレーンキスト判事のように、妊娠中絶が必然的に胎児の損壊を伴うことから、中絶権をプライヴァシー権概念に含めることに反対する立場も存在している。そこで、第三章では、プライヴァシー権の概念化に関するアプローチを検討している。

プライヴァシー権の概念化に関する従来の学説は、プライヴァシーの諸利益に共通し、かつ、他の権利概念から区別できる本質的要素を設定し、それに基づいてプライヴァシー権概念を定義してきた。こうした概念化のアプローチにしたがえば、中絶権を含めてプライヴァシー権を定義することは、困難だと思われる。しかしながら、従来の概念化のアプローチが、唯一の方法だというわけではない。

本書では、従来のアプローチに代わるものとして、ダニエル・J・ソロブが提唱するプラグマティック・アプローチ[21]を支持している。ソロブのアプローチは、プライヴァシー問題として言及されてきた多様なプラクティスの類似点や相違点を明らかにして、それらを「家族的類似性」によって結びつけ、一つのプライヴァシー権として概念化しようと試みるものである。このアプローチによって、われわれは、プライヴァシー権概念を柔軟に理解することができ、中絶権もプライヴァシー権として位置づけることが可能となる。さらに、そのように位置づけることで、われわれは、中絶権に関わるいくつかの問題を、いっそう明確に理解することができる。

たとえば、ある種の情報が適切に扱われなければ、女性は、妊娠中絶の決定を躊躇わざるを得ないかもしれない（冷却効果）。中絶権を情報プライヴァシーとともに、プライヴァシー権概念に含めることで、情報の扱われ方も、中絶権に関する問題として、適切に理解できるようになるだろう。

また、ソロブのアプローチは、公／私の区別をア・プリオリに設定することを否定している。ソロブにとって、公／私の区別は、どのような社会を構築するのかに関わる問題であり、われわれが望むべき社会的展望に依存するものであり、したがって、社会の関係性において理解されるものである。しかも、それは、作業仮説であって、つねに問われ続けなければならないものなのである。そもそもプライヴェートな領域は、普遍主義的に存在して画定されるものではなく、特定の文化や歴史に依存した社会観や価値観に基づいて画定されるものである。したがって、公／私の区別の法的表現としてのプライヴァシー権の概念化には、社会的関係性が取り込まれなければならない。ソロブのプラグマティック・アプローチは、そうした社会的関係性を権利概念に取り込むものである。

本書では、こうしたソロブのプラグマティック・アプローチに基づいて概念化されるプライヴァシー権概念に、中絶権を位置づけて構成するべきだとしている。

ただし、ここで強調しておきたいことは、身体的統合性への権利が、他の諸権利よりも先行する問題とされている点である。前述したように、プラグマティック・アプローチは、社会の関係性を踏まえるもので、そのことは、社会的抑圧を解放するばかりでなく、逆に社会的抑圧を正当化する可能性もある。しかし、身体的統合性への権利として中絶権を意味づけることで、われわれの望むべき社会的展望に、中絶権の保障という価値を含ませることが可能となる。そのように考えることによって、われわれは、妊娠中絶への実質的アクセスの積極的保障を導くとともに、女性の社会的抑圧を正当化する契機を避けることができるのである。

このように概念化されたプライヴァシー権に、身体的統合性への権利としての中絶権を位置づけて構成することで、コーネルが主張する中絶権の積極的な権利としての側面の根拠づけを、補うことができると思われる。そして、第四章では、これまでの検討を踏まえて、中絶権の新たな構成を示し、結章では、考察のまとめと今後の検討課題を述べている。

なお、補論では、本論での研究に関連する問題として、プライヴァシー権の概念化にあたっての女性のイメージについて、論じている。

本書の結論は、ある一定の例外を除いて、中絶権を制限できないだけでなく、むしろ、中絶権を実質化しなければならないことを示している。しかし、何も胎児の生命を疎かにすることを意図しているわけではない。妊娠中絶へのアクセスを制限することが、胎児の生命を尊重する唯一の方法というわけではない。胎児の生命を尊重するための方法は、いくつも考えられる。実際、妊娠中絶へのアクセスを制限したところで、妊娠中絶の必要性が減少するわけではないため、妊娠中絶へのアクセスの制限——積極的な制限だけでなく、消極的な制限も含めて——は、非合法な（さらには、危険な）妊娠中絶を増やすだけのことである。その意味で、こうした方法は非建設的なものだといえるだろう。本書は、そうした非建設的な方法を禁止することで、いっそう建設的な方法を促そうとするものでもある。女性の中絶権の実質的保障と胎児の生命尊重の要求とを両立させる方法は、性教育や女性と子供の福祉の向上など、いくつも存在するはずである。

（1）　堕胎罪の歴史に関する包括的な文献として、差し当たり、小泉英一『堕胎罪の研究』（雄渾社、一九五一年）、中義勝「堕胎罪の歴史と現実および比較法」関西大学法学論集二四巻一・二合併号（一九七四年）一八五頁を参照のこと。

（2）　適応規制型の立法とは「合法的に人工妊娠中絶できる適応を限定して列挙する型の立法」であり、期限規制型の立法とは「妊娠初期一定期間内の人工妊娠中絶を、人工妊娠中絶の理由を問わずに、合法化するもの」である（石井美智子『人工生殖の法律学』（有斐閣、一九九四年）一〇九－一一〇頁）。

（3）樫村広照「堕胎罪と人工妊娠中絶」法令ニュース六二二号（一九九九年）三一頁。

（4）山本啓一・山本淑子・早瀬環・松本博志「妊娠中絶法からの胎児条項の削除など、ドイツの生殖領域医事法分野における最近の動き」犯罪学雑誌六六巻二号（二〇〇〇年）七八頁。

（5）詳しくは、石井美智子『人工生殖の法律学』（有斐閣、一九九四年）一八〇－一八一頁を参照のこと。

（6）*See* Ronald Dworkin, Life's Dominion: An Argument About Abortion, Euthanasia, and Individual Freedom (Random House, 1994) at 9-10. なお、同書の邦訳書として、水谷英夫・小島妙子訳『ライフズ・ドミニオン――中絶と尊厳死そして個人の自由』（信山社、一九九八年）一二頁を参照のこと。本書では、特段の事情がない限り、同邦訳書の訳にしたがう。

（7）この点に関して、詳しくは、拙稿「自己決定権と裁判所の役割――妊娠中絶の自由からの予備的考察」関西大学大学院法学ジャーナル第七四号（二〇〇三年）二八一頁を参照のこと。

（8）なお、この法律は、別名「レイシとコナー法（Laci and Cornner's Law）」と呼ばれている。これは、妊婦が夫に殺害された事件の、犠牲者の名前に由来している。レイシとは、殺害された妊婦の名前で、コナーというのは、その胎児に付けられる予定だった名前である。この裁判の評決では、'unborn son Conner' に対しても、第二級殺人が下されている。この事件は、社会的にも話題になったものだが、胎児が「生まれていない息子」となって、名前まで付けられて評決がでた点で注目すべきであり、それが連邦法成立の原動力になったのである。この点に関して、詳しくは、緒方房子『アメリカの中絶問題――出口なき論争』（明石書店、二〇〇六年）三七五－三七九頁を参照のこと。

（9）この妊娠中絶方法は、まさに部分的に出産させた上での妊娠中絶だということで、（とくに中絶反対派から）パーシャル・バース・アボーションと呼ばれ、その呼び方が一般化したのである。その意味では、この呼称そのものも、胎児の人格化傾向のあらわれといえるかもしれない。なお、一般に、牽引する途中で胎児の生命は失われてしまうといわれているが、頭部を潰すまで胎児が生きているという証言もある。したがって、一部露出説をとるわが国の刑法理論において、こうした妊娠中絶方法の是非は、慎重に考えられなければならないだろう。念のためにいえば、本書は、胎児の人格化傾向に否定的であるが、しかし、必ずしも、こうした妊娠中絶方法を無制限に認めることを肯定するものではない。

（10）*Stenberg v. Carhart*, 530 U.S. 914 (2000). なお、スタンバーグ判決に関しては、根本猛「人工妊娠中絶論争の新局面」静岡大学法政研究七巻二号（二〇〇二年）一頁、小竹聡「アメリカ合衆国における妊娠中絶をめぐる法理の展開」同志社アメリカ研究四四号（二〇〇八年）も併せて参照のこと。

（11）*Gonzales v. Carhart*, 127 S. Ct. 1610 (2007). なお、ゴンザレス判決に関しては、前掲注（10）小竹も併せて参照のこと。

（12）立法者が、母体の健康保護例外を明文化しなかったのは、その規定があれば、医師の裁量で、禁止法が、事実上、いわゆるザル法になってしまうと懸念されたからといわれている。しかし、逆に、健康保護例外が明文化されなければ（中絶を行った医師が、取り締まられて裁判になった段階ではじめて、個々の事例ごとに審査されることになり）、医師に萎縮効果が生じ、実際上、健康保護例外は機能しないのではないかと思われる。そうなれば、女性は、健康保護の必要性があったとしても――たとえば、その方法をしなければ、重大な障害が残るかもしれないような場合であっても――、その手術を受けることができないことになりかねない。

（13）パーシャル・バース・アボーション禁止法をめぐる展開に関しては、前掲注（8）緒方、二三三－二七二頁、三〇七－三三〇頁、および前掲注（10）小竹も併せて参照のこと。

（14）米国の憲法上の中絶権に関する判例理論は、連邦最高裁に収斂されるため、本書では、連邦最高裁判例に限定して考察している。

（15）*Roe v. Wade*, 410 U.S. 113（1973）.

（16）*See* Drucilla Cornell, The Imaginary Domain: Abortion, Pornography & Sexual Harassment（Routledge, 1995）. 第二章で詳述するように、ドゥルシラ・コーネルは、ロー判決で示されたトリメスターの枠組みと独立生存可能性の枠組みは、切り離された別の枠組みであるとしている。そして、コーネルによれば、第二トリメスターは、女性の精神的・身体的危機に対する保護に関連する枠組みであり、他方、独立生存可能性の枠組みは、胎児の生命保護に関連するものである。本書では、こうしたコーネルの理解を踏まえて、中絶権について、女性の精神的・身体的危機に関わる問題とする見方と、女性から胎児を切り離して、両者を対峙させる見方とを区別して、分析をしている。なお、同著の邦訳書として、仲正昌樹監訳『イマジナリーな領域――中絶、ポルノグラフィ、セクシャル・ハラスメント』（御茶の水書房、二〇〇六年）を参照のこと。本書では、特段の事情がない限り、同邦訳書の訳にしたがう。

（17）*See* Dworkin *supra* note 6.

（18）*See* Jed Rubenfeld, *The Right of Privacy*, 102 Harv. L. Rev. 737（1989）. なお、同論文の邦訳書として、後藤光男・森下史郎・北原仁訳『プライヴァシーの権利』（敬文堂、一九九七年）を参照のこと。本書では、特段の事情がない限り、同邦訳書の訳にしたがう。

（19）*See* Cornel *supra* note 16.

（20）*Planned Parenthood of Southeastern Pennsylvania v. Casey*, 505 U.S. 833（1992）.

（21）Daniel J. Solove, *Conceptualizing Privacy*, 90 Cal. L. Rev. 1087（2002）, at 1123.

第一章　中絶権に関する米国連邦最高裁判例の展開

——憲法上の権利としての保障とその実質的な制限

米国の連邦最高裁は、一九七三年のロー判決(1)以降、中絶権を憲法上の権利として承認しており、その判断は、今日に至るまで、正式には変更されていない。しかしながら、いくつかの州は、様々な形で、中絶権の制限を試みてきた。そのため、米国では多くの判例が蓄積されている。したがって、米国の判例展開をみることは、中絶権を考察するにあたって、非常に有益なことだと思われる。そこで、本章では、米国連邦最高裁判例の展開をみておくことにする。

ロー判決は、憲法上のプライヴァシー権の一つとして中絶権を認め、その制限に関して、いわゆる期限規制型の考えを示した。しかし、ロー判決の考えが、どのような規制形態に及ぶのかは、必ずしも明確ではなかったため、一連のポスト・ロー判決では、どのような規制形態が許されるのかを巡って争われてきた。そこで、まず、ロー判決に至るまでの主要な関連判例、およびロー判決を紹介し、その後、争われた規制形態ごとにポスト・ロー判決をみていきたいと思う(2)。

それにより、われわれは、米国の判例展開のなかに、妊娠（中絶）という事実に対する二つの見方があることを確認できるだろう(3)。

一　憲法上のプライヴァシー権としての中絶権の承認
――中絶権に関する基本的枠組み

まず、はじめに、ロー判決に至るまでの主要な関連判例、そして、ロー判決をみておきたい。ロー判決は、憲法上のプライヴァシー権として中絶権を承認した。ところが、同時に、胎児の生命保護に関する州の利益に基づく制限も認めている。

こうした制限は、妊娠（中絶）に関して、女性から胎児を切り離し、両者を対峙させる見方を反映させたものである。一連のポスト・ロー判決の多くは、こうした見方に基づいたものだといえる。

しかしながら、こうした見方は、必ずしも当然のものではない。ロー判決は、別の見方も示しているのである。ここでは、ロー判決の妊娠（中絶）に対する二つの見方を確認しておきたい。

1　ロー判決に至るまで

今日、米国の連邦最高裁判例において、中絶権は、プライヴァシー権の一つとして理解されているが、そのプライヴァシー権を憲法上の権利として承認したのは、周知の通り、グリスウォルド判決[4]である。

グリスウォルド判決は、薬、あるいは道具を用いて避妊を行うことを犯罪とする規定の合憲性が争われたものである。米国連邦最高裁は、半影（penumbra）理論を用いて、プライヴァシー権を憲法上の権利として承認した。そして、判決は次のように述べる。「本件は、いくつかの基本的な憲法上の保障によって作られたプライヴァシーのゾーンの範囲内におかれる、ある関係性（a relationship）に関するものである。そして、本件は、次のような法律についてのものである。すなわち、その法律とは、避妊薬の製造や販売というよりも、むしろ、その使用を禁止し、その関係性に最大限の破壊的影響を与える手段によって、その目的を達成しようとするものである。そのような法律は、当裁判所で非常によく適用されるお馴染みの原則に照らして支持することができない。その原則とは、『憲法上、政府の目的――規制対象となる行為のコントロール、あるいは禁止――は、不必要に広汎に広がり、そのため、保護されるべき自由の領域を侵害してしまうような手段によって、達成されてはならない』[5]というものである。われわれは、避妊具の使用の形跡を隠し切れないようにするために、警察が、夫婦の寝室という神聖な区域を捜索することを認めるだろうか。まさにそうした考えこそ、婚姻関係をめぐるプライヴァシーの観念にとって嫌悪すべきものなのである」[6]。

本判決では、個人の避妊の自由そのものがプライヴァシー権として承認されたのか、それとも、避妊規制の手段として、夫婦の寝室という神聖な区域への立ち入りを問題としたに過ぎないのか、必ずしも明らかではない。しかし、一九七二年に出されたアイゼンシュタット判決[7]において、その点が明らかとされる。

ロー判決の前年に出されたこの判決は、避妊薬や避妊器具の販売、譲渡を禁止した規定の合憲性が争われたものである。グリスウォルド判決で扱われた事例との大きな違いは、アイゼンシュタット判決で扱われた事例が、非夫婦間の問題であった点である（本件事例の規定では、医師から婚姻している者へ避妊薬などを販売・譲渡することまでは禁止されていなかった）。そのため、グリスウォルド判決のように、夫婦の寝室という神聖な区域への立ち入りを問題とすることはできず、より直接的に避妊の自由を扱うことになったのである。

アイゼンシュタット判決は、まず、「われわれは、本質的に避妊を禁止すると理解される当該州法が、修正一四条の平等保護条項の下で、独身者の権利を侵害するものだと考える」[8]とした。なぜなら、「グリスウォルド判決の下で、婚姻した者への避妊具の配布が禁止できないのなら、婚姻していない者への配布の禁止も、同じように許されないだろう」[9]からである。つまり、夫婦間における問題を扱ったグリスウォルド判決を前提とした上で、夫婦間と非夫婦間とを対比することで、本件事例で問題となった規定を修正一四条の平等条項違反と考えたのである。しかしながら、同時に、この判決は、次のようにも述べている。すなわち、「婚姻したカップルは、それ自体が、一つの精神（a mind and heart）をもつ独立した存在というわけではなく、それぞれ別々の知的、感情的性質をもつ諸個人の結合体なのである。もし、プライヴァシーの権利が何らかのことを意味するのなら、それは、個人の権利である。すなわち、婚姻していようと、独身者であろうと、子供を産むかどうか（whether to bear or beget a child）の決定のような、その者に根本的に影響を及ぼす事柄に対する、政府の正当化されないイントリュージョンからの自由なのである」[10]。

つまり、アイゼンシュタット判決は、形式的には、グリスウォルド判決における夫婦間の問題と本件における非夫婦間の問題との対比によって判断しているが、実質的には、プライヴァシーの権利である避妊の自由を個人の権利だと強調することで処理したのである[11]。

2　ロー判決とその枠組み

さて、グリスウォルド判決によって、憲法上のプライヴァシー権が承認され、アイゼンシュタット判決によって、それは、あくまで「個人」の権利であることが明らかとされた。そうした流れの中で、中絶権を憲法上の権利として認めたロー判決が下される。

ロー判決は、プライヴァシー権の根拠について、次のように述べる。すなわち、「合衆国憲法は、プライヴァシーの権利に明示的には言及していない。しかしながら、ユニオン・パシフィック鉄道会社判決[12]に遡る一連の判決において、連邦最高裁は、個人のプライヴァシーの権利、あるいは、プライヴァシーの特定のエリアまたはゾーンの保

「これらの判決は、『基本的』、あるいは『秩序ある自由の概念に内在する』[13]と思われる個人的権利だけが、こうした個人的プライヴァシーの保障に含まれることを明らかにしている。それらの判決は、その権利が婚姻、生殖、避妊、家族関係、子供の養育および教育[14]に関わる活動にも、ある程度及んでいることも明らかにしている」[15]とした。その上で、ロー判決は、「われわれが考えるように修正一四条の個人の自由及び州の行為の制限の概念に基づこうとも、連邦地裁が判断したように修正九条の人民への権利の留保に基づこうとも、こうしたプライヴァシーの権利は、女性が妊娠を終了させるかどうかの決定を含むほど、十分に広いものである」[16]とした。

また、他方において、女性の健康保護や胎児の生命保護に関する利益に基づく州の制限を認め、その衡量基準として、その権利が基本的権利であることからコンペリング・テストを用いることを明らかにする。問題は、そのコンペリング・テストが適用される範囲であるが、ロー判決で明らかにされたものは、その時間的範囲である。判決は、「州は、妊婦の健康を維持し保護することに重要で正当な利益を有し……また、人の生命を潜在するものを保護することに、もう一つの重要で正当な利益を有する」とし、「これらの利益は、別個の異なるもの」で、「各々の利益は、妊娠が継続するにつれ増大し、妊娠のある期間において、それぞれ『やむにやまれぬもの』になる」とした。そして、「妊婦の健康についての州の重要で正当な利益に関しては、現在の医学的知識に照らして、およそ第一トリメスターの終わりの時点で『やむにやまれぬもの』になる」とし、また、「潜在的生命についての州の重要で正当な利益に関しては、胎児が独立生存可能となった時点で『やむにやまれぬもの』になる」とした[17]。つまり、ロー判決は、妊娠期間の程度によって、州の制限の是非を判断する期限規制型立法の考えを採用したのである。

ロー判決の特徴として、次の三点があげられるだろう。

第一に、中絶権をプライヴァシー権概念に位置づけたことであり、第二に、プライヴァシー権の根拠について、グリスウォルド判決の半影理論から決別し、デュー・プロセス理論をとったことである。半影理論からの決別およびデュープロセス理論の採用は、憲法上の明文からの一定の遊離を意味するかもしれないが、注目しておかなくてはならない点は、引用された先例との関係である。判決は、先例を踏まえて、婚姻、生殖、避妊、家族関係、子供の養育および教育が、プライヴァシーの権利に含まれているとした上で、プライヴァシー権は、女性の中絶権を含む広さをもつものであるとした。ロー判決が先例を踏まえた判示をしたことは、あくまで、先例で認められてきたプライヴァシーの権利との類似性・関連性において、女性の中絶権が認められたことを意味している。

第三に、期限規制型立法の考えを採用した点である。とくにロー判決は、胎児の生命保護に関する州の利益に基づいて、胎児の独立生存可能性が生じた以降の妊娠中絶の制限を認めた。こうした制限は、妊娠（中絶）に対する一つの見方を反映したものだといえる。すなわち、女性から胎児を切り離して、両者を対峙させる見方である。その見方においては、妊娠中絶を、胎児の生命権や胎児の生命を保護する利益との対立関係で理解し、そして、暗黙のうちに、女性から切り離されて独立した人格としての胎児が想像されている。

ところが、そうした見方は、必ずしも当然のものというわけではない。ロー判決は、あくまで中絶権を女性個人のプライヴァシー権として理解しており、その制限の根拠の一つとして、女性の健康保護の利益をあげている。そのことは、妊娠（中絶）が女性の精神的・身体的危機に関わる問題だという見方を反映したものである。そして、こうした妊娠（中絶）に対する見方は、一連のポスト・ロー判決においても、僅かながら垣間見られるものである。

このようにロー判決には、妊娠（中絶）に対するこれら二つの見方が潜在していたのである。

二　ポスト・ロー判決の展開
――ロー判決の枠組みは、どこまで及ぶのか

ロー判決は、憲法上の権利として中絶権を認め、その制限に関して期限規制型立法の考えを採用した。しかしながら、ロー判決では、その考えがどのような規制形態に及ぶのかについてまで、明らかではなかったため、一連のポスト・ロー判決では、ロー判決の枠組みのなかで、具体的に、どのような規制形態が許されるのかが争われた。

一連のポスト・ロー判決の多くは、妊娠中絶に関して、胎児の生命権やそれを保護する利益との対立関係で理解するという見方をとってきたように思われる。その上で、ほとんどの判例は、中絶権の実質的な制限を民主的決定に委ねてきた。しかし、それとは対照的に、妊娠（中絶）に対するもう一つの見方に基づいたとき、判例は、具体的な社会的コンテクストに基づいた実質的な判断を行ってきたように思われる。

ここでは、ポスト・ロー判決を、問題とされた規制形態ごとに分析することで、判例の対応の違いを明らかにしていきたい。

1　妊娠中絶を行う場所、資格、方法の制限――女性の健康保護のための規制形態

ロー判決は、女性の健康保護の点から、妊娠中絶手術を行う場所、資格、方法に関して、一定の制限を認めている。そこで、問題となるのは、どの程度までなら、資格、場所、方法の制限を認めることができるのかである。言い換えれば、どの程度の要件を課せば、ロー判決で憲法上の権利とされた女性の中絶権を侵害するのかが問題となる。ここでは、その点についてみていきたい。

この問題に関して、まず、ロー判決と同日に出されたドゥ判決[18]がある。この事例では、妊娠のすべての期間において、妊娠中絶は医師が病院で行わなければならないと定めた規定が争われたが、連邦最高裁は違憲判決を下している。ロー判決では女性の健康保護のために妊娠中絶を行う場所の制限を認めているが、女性の健康保護に対する州の利益が「やむにやまれぬもの」となる時期は、第一トリメスター終了時とされている。ロー判決の判断から考えれば、少なくとも、妊娠のすべての期間に渡って病院要件を課すことが違憲とされるのは、当然のことであった。

次いで、同じく妊娠中絶を行う場所について扱った重要な判例として、アクロン市判決[19]がある。これは、第二トリメスター以降に病院要件を課した規定の合憲性が争われたものである。女性の健康保護に対する州の利益は、ロー判決によれば第一トリメスター終了時で「やむにやまれぬ」利益になるはずであったが、連邦最高裁は、違憲判決を下している。理由は次のとおりである。

まず、アクロン市判決は、「健康における州のやむにやまれぬ利益の存在は、審査の第一要件に過ぎない」とし、「州の規制は、州の利益を合理的に促進するよう意図された場合にのみ、支持することができる」とした。そして、現在の医療水準からすれば、病院以外においても適切な妊娠中絶手術ができることを前提として、女性の中絶権と規制との関係を次のように述べる。すなわち、「第二トリメスターに病院要件を課すことは、妊娠中絶をしようとする女性の生き方に重大な障碍をおく。その要件によって生じた主な負担は、女性に余分な費用を課すことである。さらに、下級審は、アクロン市の病院が第二トリメスターの妊娠中絶を行うことは、稀であると述べている」[20]。

このようにアクロン市判決では、現在の医療水準やアクロン市の医療慣行など、現実の具体的な社会的コンテクストを考慮した上で、違憲判断を行ったのである。[21]

逆にいえば、妊娠中絶を行う場所に制限を加えることが、当然に違憲となると考えられたわけではない。場所の制限の合憲性については、アクロン市判決と同日に出されたシンポーロス判決[22]が参考となるだろう。シンポーロス判決は、問題となっている第二トリメスターにおける病院要件について、次のように述べている。まず、当該「バージニア法及び規則は、第二トリメスターの妊娠中絶が、フルサービスを備えた病院で排他的に行われることを要求していない。バージニアの病院要件のもとで、外来外科用の病院は、第二トリメスターでの妊娠中絶が適法に行われ得る病院として資格を与えられている」ことを指摘する。(23) つまり、一定の施設を備えてさえいれば、いわゆる診療所（クリニック）であっても、妊娠中絶を行う場所的要件を満たすことになるのである。さらに、判例は次のように述べる。すなわち、「市民の健康の保護という州の利益について、医療施設の資格の基準を決定するにあたって、州は、当然に十分な裁量をもつ」(24) とし、「バージニア州法の要件は、女性の健康と安全の保護における州のやむにやまれぬ利益を促進する不合理な方法ではない」(25) としたのである。そして、連邦最高裁は、当該事例を合憲と判断した。

アクロン市判決とシンポーロス判決の判断が分かれた理由は、前者では、実際のところ、ほとんどの病院で妊娠中絶が取り扱われていなかったのに対して、後者では、病院要件が一定の診療所も含む広いものであったという事情にある。

その他、関連する事例として、マズレック判決(26)がある。

マズレック判決は、モンタナ州が妊娠中絶手術のできる資格を、州によって認められた医師に限定する州法が争われたものである。連邦最高裁は、次のように判断した。すなわち、「州は、『医師』という用語を……州によって認められた医師のみを意味するものと定義することができ、また、そう定義された医師ではない者による、いかなる妊娠中絶も禁止することができ」、そのように定義された「医師ではない者によって行われた妊娠中絶を起訴したとしても、州の介入は、憲法で保障された個人のプライヴァシーの領域を、侵害するものではない」としたのである。(27)

たしかに、中絶権を実質的に保障するのなら、安全な妊娠中絶手術を受けられるために、病院要件や資格要件を課すことは必要なことだと思われる。しかし、実質的な保障のためには、それと同時に、女性たちが、課された要件を整えた施設に、現実にアクセス可能でなければならない。また、女性の精神的・身体的状況や妊娠期間によっては、医師でなくとも、安全に妊娠中絶手術のできる場合もあるだろう。したがって、たとえば、経口中絶薬の開発・普及など、具体的な社会的コンテクスト次第では、かつては合憲とされていた病院要件や資格要件も見直されなければならないかもしれない。その意味で、資格要件や病院要件に関しては、シンポーロス判決との関係を無視して理解すべきではないものと思われる。[28]

さて、妊娠中絶にあたって、一定の方法を禁止する場合もある。特定の中絶方法を禁止することの合憲性が争われた事例として、古くは塩水羊水穿刺法による妊娠中絶の禁止が争われたダンフォース判決[29]がある。この判決で、連邦最高裁は、まず、「妊婦の健康における州の利益の促進の点で、もし、州がそれを選ぶなら、州は、妊婦の健康と合理的関連のある方法で妊娠中絶手術を規制することができる」[30]とした。しかしながら、当該事案においては、妊娠中絶手術の方法として、当時、塩水羊水穿刺法は一般的なもので、いまだプロスタグランディリンの羊水穿刺法が普及しておらず、しかも、州法の文言ではプロスタグランディリンの羊水穿刺法なども禁止される可能性があり[31]、さらに、塩水羊水穿刺法よりも母体の生命に対して危険な方法があるにもかかわらず、それを禁止していないことから、女性の健康保護についての州の利益の促進と塩水羊水穿刺法の禁止との間には合理的関連性がないとされ、連邦最高裁は違憲判決を下している。

このように、女性の健康保護のために課される中絶手術の場所、資格、方法に関する制限に関して、判例は、医療水準や医療慣行など、現実の具体的な社会的コンテクストに踏み込んだ実質的な判断を行っているように思われ、少なくとも合理性の基準ではなく、より厳しい基準で判断しているといえるだろう。場所、資格、方法に関する制限に対する判例の審査方法は、後述の公的資源に関わる規制に対する審査方法とは対照的である。また、場所、資格、方法に関する規制は、女性の生命や健康保護のためのものであって、胎児との関係で理解されるものではない。つまり、それについては、妊娠（中絶）という事実を、胎児との対立関係で捉える見方をするのではなく、女性の精神的・身体的危機に関わる問題だという見方をしているのである。

ところで、方法に関わる規制に関連して、アクロン市判決では、妊娠中絶後の胎児の処理についても争われている。アクロン市条例では、妊娠中絶した後の胎児の処理について、妊娠中絶手術を行った医師に「人道的かつ衛生的方法（in a humane and sanitary manner）」で処理することを要求していた。この規定について、連邦最高裁は、医師に対し、どのような行為が禁止されているのか、十分に告知ができないとし、「このレベルの不明確性は、刑事責任が科される場合には致命的である」[32]として、違憲判断を下している。

ただし、アクロン市判決では、あくまで刑事法上の一般原則に基づいて違憲判断が下されたのであって、一定の方式による処理を要求することそのものが、違憲と考えられたわけではない[33]。

また、妊娠中絶手術の方法の制限に関する最近の問題として、パーシャル・バース・アボーション（partial birth abortion）の制限がある。パーシャル・バース・アボーションとは、胎児を殺さず生きたまま膣へとある程度運び、分娩を完了する妊娠中絶のやり方であり、広くは、D&E（dilation and evacuation）も含まれるが、狭い意味では、intact D&E、あるいはD&X（dilation and extraction）が該当すると考えられる。D&Eとは、子宮口を拡張した後、吸引機、鉗子、キューレットなどで子宮の内容物を排出する中絶方法で、通常、数回に分けて行われる。それに対して、Intact D&E、あるいはD&Xの場合は、子宮口を拡張した後、ほぼ無傷のまま、胎児を膣までである程度運ぶが、多くの場合、そのままでは頭部が抜けないため、頭部の内容物を抜き取ってから、頭部を潰して排出することになる。

この妊娠中絶方法に関しては、あまりに残虐な方法だということで多くの批判があり、一九九五年と一九九七年とに、連邦レベルで禁止法案が提出され、上下院で可決されたが、しかし、当時のクリントン大統領のいわゆる拒否権が発動され、上院での再可決もできず、成立しなかった。しかし、州レベルでは、すでに同様の法律が成立しており、そのうちの一つであるネブラスカ州法について、その合憲性が争われている。それが、スタンバーグ判決[34]である。

この判決では、D&Eも含めてパーシャル・バース・アボーションを禁止する州法が争われたが、連邦最高裁は、禁止法に母体の健康保護例外が設けられていないため、違憲だとした。しかし、その違憲判決の後、intact D&Eのみを禁止する連邦法が制定され[35]、その合憲性が、ゴンザレス判決[36]で争われることになる。

この連邦法では、禁止の例外を女性の「生命」保護に限定していた（女性の「健康」保護ではない）。健康保護例外が加えられなかったのは、その審議過程において、「法案支持者は、『健康』の例外条項を入れればザル法になる」と考え、「『健康』条項を入れる修正に徹底的に反対した」からだとされる[37]。つまり、女性の「健康」保護例外を認めれば、どの場合がそれに該当するのかが曖昧となるために、結果として、手術を行う医師に広範な裁量を認めることになり、禁止の実効性が疑われることになるからである。

しかしながら、ゴンザレス判決において、連邦最高裁は、「その規制が合理的なもので、正当な目的を追求するものであるとき、リスクのバランスを含めて、周辺的安全性（marginal safety）に対する考慮は、立法府の権限の範囲内にあり」、「その法律が、禁止された手術が母体の健康維持に必要かどうか、安全な他の方法のために配慮された他の中絶手術の利用可能性が与えられているか否か、が不明確であるからといって、無効になるというわけではない」[38]とした。そして、この連邦法では、禁止される行為をintact D&Eに限定していることから、合憲判決を下している。もとより、スタンバーグ判決のオコナー判事の同意意見では、禁止対象を限定して、女性の「健康」保護例外を設ければ、パーシャル・バース・アボーションの禁止が合憲になるとしていたが、ゴンザレス判決が、女性の「健康」保護例外の要件を緩和した点は、注目すべきだろう。

これまで連邦最高裁は、医師の裁量や医療慣行を尊重する傾向を示してきたが、このゴンザレス判決では、むしろ、医師の裁量や医療慣行を規制する立法府の裁量を尊重する傾向を示しているように思われる。もちろん、医師の裁量や医療慣行を尊重することが、ただちに女性の中絶権を実質的に保障することになるわけではない(39)。しかし、立法府の裁量を広く認めることが、女性の中絶権の保障を制限的な方向に導くことは間違いない。また、ロー判決の枠組みからいえば、女性の健康保護のためでも、胎児の生命保護のためでもないパーシャル・バース・アボーションの禁止を、そもそも正当化してよかったのか、疑問が残るところだろう。

たしかに、intact D&Eは、ほとんどの人たちが非人道的な方法だと感じるだろうが、それでも、ごく稀ではあるものの、女性の「生命」保護のために必要な場合があるとされている。それにもかかわらず、「健康」保護例外を設けないで、医師の裁量を刑罰でもって制限することは、医師に過度の萎縮効果を招き、その結果、女性の生命さえ危険にさらすことになるかもしれない。自分自身の生命や健康に関わらないときに、好んで非人道的な方法を選ぶ女性はいないだろうから、医師の裁量は、こうした規制によってではなく、むしろ、インフォームド・コンセントやセカンド・オピニオン、医療情報・健康情報サービスの整備(40)などによって、実質的に制限していくべきではないだろうか(41)。

このパーシャル・バース・アボーション禁止法をめぐる論争は、このように、州、連邦、あるいは立法府、裁判所で、一九九〇年代から現在に至る大きなテーマとして展開されてきた。そして、その論争のなかで、たとえば連邦議会では、D&Xの方法がイラストで具体的に示されるなどして、胎児は人なのだという印象が広く普及したように思われる。さらに、パーシャル・バース・アボーション禁止法に関する論争は、その中絶方法の残虐性を強調することで、中絶論争の焦点を胎児の存在に移し、胎児の人格性を具体的にイメージさせることで、妊娠中絶規制の道徳的論拠を強化したともいわれている。(42)

つまり、パーシャル・バース・アボーションに対する規制については、前述の病院要件、資格要件、あるいは塩水羊水穿刺法に関する制限と異なって、女性の中絶権は、胎児との対立関係で捉えられているのである。その意味では、同じ方法に関する規制だといっても、他の規制と区別されなければならないように思われる。

2　民主的な価値判断の尊重とその実現——胎児の生命保護のための規制

これまでみた妊娠中絶規制の適用範囲は、州の資源であるかどうかに関わりなく及ぶものであった。しかしながら、その制限の適用が州の資源のみに関するものなら、判例は大幅な制限を認めている。ここでは、それらに関する判例をみていきたい。

さて、州の資源の利用に関する規制形態について、ロー判決の及ぶ範囲の限界を示した重要な判例に、公金支出の制限に関して争われたメイハー判決(43)がある。この判決は、女性の中絶権に関するその後の判例に大きな影響を与えている。

この判決では、コネチカット州が妊娠中絶に対する医療補助を治療目的のものに限っており、非治療目的の場合には制限していたことの合憲性が争われた。

メイハー判決は、まず、「憲法は、貧しい女性に対して、妊娠に関する医療費の支出を州に義務づけていない」が、「しかし、州が、メディカルケアを規定することによって、貧困の障碍の軽減を行うことを決める場合には、州の行う利益配分の方法は、憲法の制限にしたがうことになる」とした。(44)その上で、州の行った公金支出の在り方について、憲法との関係を判断している。

平等条項に関して、判決は、先例にしたがって、「違憲の疑いのある分類」にあたるかどうかを検討し、次のように述べている。すなわち、「貧しい人への福祉を否定すれば、望むものやサーヴィスに対価を支払うことができる貧しくない人との対比において、貧富の分類を生み出すことになる。しかし、当裁判所は、財産的困窮のみで、平等保護の目的に対する違憲の疑いのある分類にあたるとは判断してこなかった。したがって、当該事例の中心的問題は、その規制が『憲法によって明示的、あるいは黙示的に保護された基本的権利を侵害している』かどうかである(45)」とした。このようにして連邦最高裁は、平等条項の問題をロー判決で基本的権利として認められた女性の中絶権の問題へとスライドさせたのである。

そして、メイハー判決は、ロー判決を受けて、「修正一四条の個人の自由の概念は、個人の『プライヴァシー』の特定の側面への州の干渉に対する憲法的保護を与えており、その保護は、妊娠状態を終了させる女性の決定も含んでいる(46)」とした。

もっとも、メイハー判決は、次のように述べる。すなわち、「ロー判決は、無条件の『妊娠中絶に対する憲法上の権利』を述べたわけではない。その権利は、女性が妊娠状態を終了させるかどうかを決定する自由に、不当な負担が介入することから、女性を保護しているのである。そのことは、州の権限が、中絶よりも出産に高い価値をおき、公金の分配によってその判断を実行することに対して、何らの制限も含んでいない(47)」。

また、ロー判決で引用されたメイヤー判決とピアース判決を検討した上で、「両判決とも、憲法上保護された自由の利益に対する実質的制限を無効とした」が、「いずれの判決も、州が、望ましい活動方針を政策的に選択することまで否定していない」とし、「正常な出産を支持する政策的選択について、州は、やむにやまれぬ利益を示すことを要求されていない」としたのである(48)。このように考えると、妊娠中絶に対する医療補助を治療目的の場合に限定し、非治療目的の場合には否定したとしても、合理性の審査を行えば足りることになる。結局、メイハー判決は、本件を合憲とした。

さて、メイハー判決に関して、ここでは次の四点を指摘しておきたい。第一に、憲法上、州には、妊娠中絶に対して医療補助を与える義務はないことである。言い換えれば、市民にそうした医療補助を求める憲法上の権利はないということである。第二に、州の判断で、妊娠中絶に対して医療補助を与えたとしても、憲法上、許されるということである。[49] 第三に、州の判断で妊娠中絶に医療補助を与えるとしたならば、その配分の在り方に関しては、憲法上の制限を受けるということである。

そして、第四に、その憲法上の制限に関して、メイハー判決は、州が妊娠中絶よりも出産に高い価値をおいてもよく、その価値判断を公金の配分といった一定の方法によって実現してもよいとした点である。しかも、公金配分の合憲性を判断するには合理性の審査基準で足りるとしたのである。

すでにみてきた妊娠中絶に関する資格、場所、方法に対する規制は、妊娠中絶を行うことを前提とした上で、女性の健康保護のために課される規制である。それに対して、メイハー判決は、州は、妊娠中絶よりも出産に高い価値をおくことができ、一定の方法でその価値判断を実現してもよいとしたのである。前者の場合においても、結果として、妊娠中絶そのものを行い難くする効果を生じることはあるかもしれないが、それは、女性の生命や健康保護という目的に付随した結果である。また、規制によって妊娠中絶が行い難くなる場合でも、判例は、医療水準や医療慣行など、現実の具体的な社会的コンテクストに基づいて踏み込んだ判断を行ってきた。したがって、資格、場所、方法に対する規制は、妊娠中絶よりも出産に高い価値をおくことを前提とした制限と、根本的に異なるものである。

こうしたメイハー判決での妊娠(中絶)の見方は、妊娠中絶を胎児の生命との対立関係で捉えるものだといえる。その上で、メイハー判決は、州が、そうした対立関係において、胎児の生命をより重視する価値判断をしてもよく、その価値判断を一定の方法で実現してもよいとしたのである。

メイハー判決は、州の価値判断と一定の方法によるその実現をコンペリング・テストから外すことにより、その後の判例において、胎児の生命保護に関する利益に基づいて中絶権を（実質的に）制限する道を大きく開いた。メイハー判決以降、判例は、女性の中絶権を、妊娠期間の程度にかかわらず、州が否定的に扱うことを容認するものとなってしまったのである。

では、州は、その価値判断をどのような方法でなら実現できるのだろうか。以下、価値判断の実現に関する判例をみていきたい。

さて、メイハー判決では、妊娠中絶よりも出産に高い価値をおく州の判断を、公金の支出という方法によって実現することが認められたが、まずは、同じく公金の支出に関して争われた他の判例を確認することにしたい[50]。

まず、いわゆるハイド修正に関わって問題となった事例として、ハリス判決[51]がある。メイハー判決（や同日に出されているビール判決）は、連邦社会保障法第一九編によって、治療目的のためか非治療目的のためかを問わず、妊娠中絶に対して連邦の資金を医療補助として出すとされているにもかかわらず、それを制限する州法が争われたものである。

他方、ハリス判決は、ハイド修正に伴って、連邦の資金の支出そのものを制限したことが争われたものである。このハリス判決でも、メイハー判決と同じ趣旨から、合憲判決が下されている。また、ハリス判決では、ハイド修正が国教樹立禁止条項に違反するかも争われ、連邦最高裁は、次のように述べている。すなわち、「州政府にしろ、連邦政府にしろ、『一つの宗教を援助したり、すべての宗教を援助したり、あるいは、ある宗教を他の宗教より優遇する法を可決する[52]』ことはできないけれども、それが、『偶然にいくつかの、あるいはすべての宗教の信条と一致し、あるいは調和した[53]』からといって、その法律が、政教分離規定に反するわけではない[54]」としたのである。

次に注目すべき判例としては、ラスト判決[55]をあげることができるだろう。この判決は、公金を受ける要件として、家族計画の手段としての妊娠中絶に関するカウンセリング、照会、提唱といった活動への従事を禁止したことが争われた事例である。この事例について、連邦最高裁は、「政府は、たとえ他の方法でその問題を処理しようとする別のプログラムがあったとしても、自らが公益にあたると信じる特定の活動を促進するプログラムへ、憲法に違反することなしに、選択的に資金を提供することができる。そうする場合でも、政府は、見解に基づく差別をしたことにはならない」とした[56]。

以上のように、一連のポスト・ロー判決をみる限り、公金の配分という間接的な方法によって、州が女性の中絶権に介入することは、よほどのことがない限り、許されている。したがって、メイハー判決の考えを前提とする限り、公金の配分の制限が違憲とされる余地は、ほとんどないといってよい。つまり、ロー判決で基本的権利とされた女性の中絶権は、公金の配分に対して、ほとんど何ら制限を加えるものではなくなったのである[57]。

しかしながら、判例上、州の介入が許されるのは、公金の配分によるものばかりではない。

メイハー判決と同日に出されたポールカー判決[58]は、セントルイス市の公立病院が、出産に対しては公的資金の補助を受けた医療サービスを提供していたにもかかわらず、非治療目的の妊娠中絶に対しては、たとえ有償であったとしても、医療サービスを提供していなかったことが争われたものである。

連邦最高裁は、次のように判断した。すなわち、「われわれは、州が出産に医療給付を行うにもかかわらず、妊娠中絶に関してはそれを拒否することによって示された問題と、ここで生じた憲法上の問題とが、原則的に同一のものであると考える。これは、メイハー判決において、われわれの前に出された論点である」。そして、「われわれは、政策的選択として、非治療目的の妊娠中絶に応じたサービスを提供しないにもかかわらず、出産には公的資金の援助を受けた医療サービスを提供することを選んだセントルイス市によって、憲法違反がなされたとは、認めることができない」。なぜなら、「妊娠中絶に対する市長の個人的立場は、われわれの判断と関わりを持たないけれども、われわれは、彼がセントルイス市民に責任のある選挙された公務員であることに注目する」からである。つまり、「合衆国憲法は、セントルイス市が行ったように民主的手続に応じて正常な出産の優遇を示すことを、州や市に禁止するものではない」としたのである。(59)

この判決では、メイハー判決で扱われた公金の配分の問題と公立病院の医療サービスの拒否の問題とが同一のものとして扱われている。したがって、公金の配分に限らず、公的資源の配分に関しては、ほとんど憲法上の制限が加えられなくなったのである。しかしながら、公金の配分に関しては、女性の中絶権に対する州の間接的な介入だといえたとしても、医療サービスの拒否は、より直接的に近い介入だといえるだろう。医療サービスの拒否を取り扱っている点でポールカー判決は、メイハー判決以上に重要な意味をもつ。

なお、ブレナン判事は、メイハー判決においても反対意見（マーシャル判事およびブラックマン判事同調）を述べているが、ポールカー判決においても、次のような反対意見を述べている（マーシャル判事およびブラックマン判事同調）。すなわち、「妊娠を終えることを自由に選ぶ女性の基本的権利は、セントルイス市の公務員が道徳的理由から任意の妊娠中絶に反対だというために、セントルイス市によって侵害されている。裕福な女性は、私立の診療所、あるいは病院において妊娠中絶を受けることができるにしても、それらの私立施設における妊娠中絶の対価を支払うことのできない貧しい女性にとって、市の政策は、重大な障碍、事例によっては克服不可能な障碍となることは明らかである」。しかも、「任意の妊娠中絶を行うことを認めていない公立病院は、妊娠中絶を快く行うだろう医師を、しばしばそのスタッフとしている。いくつかのコミュニティーにおいて、このことは、病院施設で妊娠中絶を行う意思をもち、かつ、行うことのできる医師の数を著しく減少させるように作用する」。したがって、「法廷意見は、公立病院が近くにある唯一の医療施設である小さなコミュニティーにおいて、難題を課すことになるだろう。もし、そうした公立病院が妊娠中絶をやめたなら、すべての女性が——裕福な女性であろうと貧しい女性であろうと——深刻な不都合を受けるだろう。そして、一部の女性——とくに貧しい女性——にとって、公立病院で妊娠中絶を受けることができないことは、乗り越えることのできない障碍となるだろう(60)」。

ブレナン判事たちは、憲法で中絶権が保障されている以上、それを実際に女性たちが行使できなければならないと考えている。しかしながら、(ブレナン判事は反対意見を述べているのだが) メイハー判決で示されたように、州が妊娠中絶よりも出産に高い価値をおいてもよく、州の価値判断を一定の手段によってなら実現してもよいとするならば、中絶権の行使にあたっての困難は、もとより許容されなければならないといえるのではないだろうか。なぜなら、もし、一切、許容できないとするならば、州はその価値判断を積極的に実現できないからである。

もっとも、中絶権に対する制限を州の価値判断に委ねることが許されるのでは、中絶権に関する問題は、実質的には民主的決定に委ねられることになってしまい、その結果、中絶権の保障に関する問題は政治問題に留められてしまうことになるだろう。したがって、もし、われわれが中絶権に関する問題を憲法論として深めていくのなら、そもそも、州が、妊娠中絶よりも出産に高い価値をおいてよいのかを問わなければならないように思われる。

3　ウェブスター判決とケイシー判決——ロー判決の枠組みの動揺の顕在化

さて、ポールカー判決は、公立病院が、市の政策にしたがって、非治療目的の妊娠中絶に対する医療サービスを拒否した事例であったが、次にみるウェブスター判決(61)やケイシー判決(62)は、ポールカー判決の考えをより明確にしたものである。これらの判決は、ロー判決の枠組みの動揺を顕在化させたものだといえるだろう。

ウェブスター判決では、ミズーリ州法の次の内容の規定が争われた。

第一に、人の生命は受精に始まるもので、胎児は、生命、健康、福祉において保護される利益をもつものとし、そして、ミズーリ州の法は、ミズーリ州で、人、市民、住民が連邦憲法と合衆国最高裁の先例にしたがって利用可能なあらゆる権利、特権、免除を、胎児がもつように解釈されなければならないとした当該州法の前文規定、第二に、母体の生命保護に必要な場合を除いて、妊娠中絶を行ったり支持することに対する公務員や公的施設の関与を禁止する規定、第三に、母体の生命保護に必要な場合を除いて、女性に妊娠中絶をすることを「奨励または助言(encouraging or counseling)」する目的で、公金を使用することを禁止した規定、第四に、妊娠二〇週以降と考えられる妊娠中絶を行うに先立ち、医師が、妊娠期間、胎児の体重と肺の発育状況を検査することによって、胎児の独立生存可能性を確かめなくてはならないことを定めた規定である。

第一の前文の規定について、判例は次のように述べ、憲法判断を回避している。すなわち、まず、「ロー判決が、『州の権限が、中絶よりも出産に高い価値をおき、公金の分配によってその判断を実行することに対して、何らの制限も含んでいない』[63]ことを強調」した上で、「前文は、単にこの種の価値判断を述べたものと読むことができる」とした。そして、「連邦裁判所は、その行為が具体的方法で規制された時点で、初めて前文が意味すべきことを問題とできる」のであって、「したがって、われわれは、当該法律の前文の合憲性について、判断を要しない」とした[64]。

第二の公務員および公的施設の関与の禁止規定に関しては、次のように述べている。すなわち、「問題とされた規定は、女性が公立病院に属する医師を選んだ場合に、その女性が妊娠中絶する可能性を制限するだけのものである。公金支出がなければ、『一部の女性は妊娠中絶を行うことが困難に――一部の事例では、おそらく不可能に――なるだろう』[65]といった困窮した状況よりも、この状況は救済が容易であり、負担も相当に少ない。妊娠中絶に対する公金支出の州の拒否が、ロー判決に反しないとしたのなら、公的施設および公務員の使用について反対の結論に達することは論理をねじ曲げるものである。もし、州が『中絶よりも出産に高い価値をおき……公金の分配によってその判断を実行する』[66]ことができるのなら、当然に、病院や医療スタッフといったような他の公的資源の配分を通じて、そうすることもできるだろう」[67]。

つまり、ウェブスター判決は、メイハー判決において州の価値判断とその実現が認められた以上、州の資源の配分によってなら、州の価値判断を実現しても当然に許されるとしたのである。判例自体も認めていることだが、公金配分などを制限することで、事実上、一部の女性たちは妊娠中絶を選択することが困難に、場合によっては不可能になる。しかしながら、たとえそうなったとしても、先例にしたがえば、公金配分の制限は認められ、憲法上の権利としての中絶権を侵害することにはならないのである。ウェブスター判決は、基本的権利としての中絶権が、州の資源配分に対して、ほとんど及ばないことを、あらためて確認し、強調したことになる。

また、第三の公金使用禁止の規定に関しては、その規定が、医師やその他の医療提供者の奨励・助言そのものを禁止しているのかが争点となったが、この点に関して、連邦最高裁は、この規定を、「公的・私的な医師、あるいは医療提供者の行為に対して命じているものではなく、公的資金の支出に責任のある人々のみに命じるものである」[68]と解釈した。そして、その結果、当該規定に関する争いはなくなったとして、訴えの一部を却下した。

そして、もっとも大きな争点となった第四の規定に関しては、①規定された検査が、どのような場合に求められるのか、②妊娠二〇週以降という期限がロー判決のトリメスターの期限区分からして妥当なものかが争点となり、この規定に関しては、合憲だとする結論部分に対しては多数派が形成されたものの、ロー判決との関係については、完全な多数派が形成されなかった。すなわち、合憲の結論を支持した五人の判事のうち、オコナー判事は、先例との抵触を認めないまま、不当な負担テストを用いて合憲だと考えたのに対して、逆に、スカリア判事は、ロー判決を否定したのである。

そして、法廷意見（レーンキスト判事、ホワイト判事、ケネディ判事）は、次のように判断している。まず、このミズーリ州法で規定される検査を必ず要求するとすれば、その信頼性と費用が問題となるが、①に関しては、その規定が常に検査を要するというものではなく、「胎児の独立生存可能性に関する補助的判断に有用な検査のみを要求する」[69]ものだと解釈した。しかし、このように解釈したとしても、ロー判決にしたがえば、第二トリメスター終了時以降でなければ、胎児の生命保護に関する州の利益は、「やむにやまれぬ利益」とはならないはずである。この②の点に関して、法廷意見は、ロー判決のトリメスターの枠組みの適用を避けて、合憲判断を行っている。なぜなら、第一に、「ロー判決の鍵となる要素――トリメスターと独立生存可能性――は、憲法の文言や、その他、われわれが憲法原理を見出そうと期待する如何なる場所にも見出せない」[70]からであり、（第三トリメスターと胎児の独立生存可能性との関連を踏まえて）第二に、「なぜ、潜在的な人の生命の保護における州の利益が、独立生存可能以降の時点においてのみ存在するようになるのか、つまり、独立生存可能以降なら州の規制が認められ、それ以前なら許されないという厳格な一線が、なぜあるべきなのか、われわれにはわからない」[71]からである。

ただし、次のように述べて、ロー判決そのものは、変更しなかった。すなわち、「本件において、ミズーリ州は、独立生存可能性の生じた時点が、潜在的な人の生命の保護における州の利益が保護されなければならない時点であると定めた。一方で、ロー判決では、テキサス州法が母体の生命が問題となっている場合を除いて、あらゆる妊娠中絶の行使を犯罪としたものである。したがって、本件は、ロー判決を再検討する機会をわれわれに与えるものではない」のであって、「われわれの意見で示される範囲で、われわれは、ロー判決とそれに続く判例を修正し、狭めるつもりである」としたのである[72]。つまり、ロー判決のトリメスターや独立生存可能性の枠組みそのものを否定したのではなく、その適用範囲を、刑罰で妊娠中絶を禁止する場合に限定したのである。もっとも、そうした限定は、ロー判決が想定した期限規制型立法の基本構造を、かなりの程度、相対化することを意味している。

しかし、こうした相対化は、ウェブスター判決から始まったわけではなく、メイハー判決以降、すでに始まっていたのである。なぜなら、メイハー判決の連邦最高裁の立場を前提とするなら、こうしたウェブスター判決の結論は、むしろ、当然のものだといえるからである。メイハー判決は、州が、出産か妊娠中絶のどちらに高い価値をおくのかを決定でき、その価値判断を実現できるとした。そして、価値判断の実現手段については、メイハー判決以降の判例をみる限り、公的資金や公的施設を用いた方法ならば合憲であることが、ほぼ確立していたといってよい（しかも、そのことによって、事実上、貧しい女性に妊娠中絶を行う道を断つことになったとしてもである）。連邦最高裁の立場は、ブレナン判事が、メイハー判決の反対意見において、「貧困に陥った妊娠した女性の苦境に対する痛々しいまでの無感覚さは、連邦最高裁の分析の本質である」[73]、あるいは、ポールカー判決の反対意見において、「もし、そうした公立病院が妊娠中絶をやめたなら――豊かな女性であろうと貧しい女性であろうと――全ての女性が深刻な不都合を受けるだろう。そして、一部の女性――特に貧しい女性――にとって、公立病院で妊娠中絶を受けることができないことは、乗り越えることのできない障碍となるだろう」[74]と指摘するほどに、州の資源配分に関しては、実質的な判断を行わず、女性の中絶権の保障から切り離して考えてきたのである。

そうすると、従前の連邦最高裁の姿勢を前提とする以上、ウェブスター判決の立場は当然のことであり、それは、メイハー判決以降の女性の中絶権に対する考えを確認したものに過ぎないといえる。そのため、もし、州の資源配分によるのであれば、中絶権の制限が認められるという結論を否定するのなら、出産と妊娠の価値を比較するという価値判断を行うこと自体の是非が問われなければならないものと思われる。そして、それには、女性から胎児を切り離して暗に胎児を独立した人格とみなし、胎児の生命権、あるいは生命保護に関する利益との対立関係で中絶権を捉える見方を、問い直すことも含意されなければならない。

さて、このようにメイハー判決からウェブスター判決に至る判例は、ロー判決で承認された中絶権の内容を徐々に削り落としていった。その流れを受けて、ケイシー判決が下される。

ケイシー判決では、オコナー判事、ケネディ判事、スーター判事たちが法廷意見を形成し、その合憲判断の部分に、ブラックマン判事とスティーヴンス判事が賛成し、違憲判断の部分に、レーンキスト判事、スカリア判事、トーマス判事、ホワイト判事が賛成している。そこでは、ロー判決が維持されたものの、これまで違憲だとされてきたいくつかの規制形態が合憲とされた点で、ロー判決の枠組みの動揺が、いっそう鮮明なものになったといえる。

ケイシー判決で、オコナー判事たちは、中絶権に対する自らの立場を、次の五つに要約している。すなわち、①「潜在的生命（potential life）における州の重大な利益を適応させると同時に、ロー判決によって承認された主要な権利を保護するため、われわれは……不当な負担テストの分析を用いる」。②「われわれは、ロー判決の厳格なトリメスターを拒否する」。③「医療手術において、州は、妊娠中絶を求める女性の健康、あるいは安全を促進するために規制を定めることができる」。④「不当な負担テストの分析の採用は、ロー判決の中核部分を否定するものではない」。「州は、胎児の独立生存可能性が生じる以前に、女性が自分自身の妊娠状態を終わらせるかについての最終的決定を行うことを禁止することができない」。⑤「われわれは、ロー判決の次の点も、あらためて確認する。すなわち、『胎児の独立生存可能性が生じて以降、人間の潜在的生命における州の利益を促進するために、もし、そうすることを選ぶならば、州は、適切な医療判断において母体の生命、あるいは健康の保護に必要とされた場合を除いて、妊娠中絶を規制あるいは禁止さえすることができる』という点である」[75]。

つまり、オコナー判事たちの共同意見は、次の三点を明確にしたといえる。第一に、中絶権について、コンペリング・テストではなく、不当な負担テストを採用すること、第二に、トリメスターを放棄して、独立生存可能性を基準とした期限規制型立法を採用すること、そして、第三に、胎児に独立生存可能性が生じる以前は、妊娠状態を終えるかどうかに関する終局的決定が、女性に保障されていることである。

第一の点に関しては、実のところ、ケイシー判決の段階では、多数派が形成できていなかった。すなわち、ケイシー判決では、ブラックマン判事とスティーヴンス判事がコンペリング・テストを主張し、レーンキスト判事、スカリア判事、トーマス判事、ホワイト判事が合理性の基準を主張しており、不当な負担テストを支持したのは、オコナー判事、ケネディ判事、スーター判事だけであった。ただし、その後、スタンバーグ判決で、不当な負担テストの支持に関して、多数派が形成されている。この不当な負担テストに関しては、今日もなお議論があるものの、少なくとも、中絶権について、柔軟で緩やかな解釈の余地が生まれたといってよい。

次に、第二、第三の点についてであるが、米国連邦最高裁の立場では、刑罰を用いた形で、胎児の独立生存可能性が生じる以前の妊娠中絶を禁止することは違憲とされている。しかしながら、メイハー判決からウェブスター判決に至る判例から明らかだったように、中絶権は、妊娠中絶よりも出産に高い価値をおく州の価値判断や、その価値判断の実現のための州の資源配分に対して、ほとんど妨げにならないことを考え合わせると、実質的な意味において、すでに期限規制型立法の構想は相対化しているといえる。ケイシー判決は、一連のポスト・ロー判決を受けて、あらためて、そのことを確認したものだといえる。

こうしたことを前提として、ケイシー判決は、インフォームド・コンセント、二四時間待機要件、妊娠中絶に関する一定事項の届出などを合憲と判断した。

なお、ケイシー判決で示された不当な負担テストに関しては、前述のスタンバーグ判決でも争点となった。スタンバーグ判決では、パーシャル・バース・アボーションを禁止する当該州法に関して、「少なくとも、二つの別個の理由から連邦憲法に違反する。第一に、母体の健康保護のための例外を欠いている。第二に……不当な負担を課している」(76)としたが、これには、レーンキスト判事、スカリア判事、ケネディ判事、トーマス判事の反対意見が付けられた。

まず、レーンキスト判事は、次のように述べている。すなわち、「私は、ケイシー判決でオコナー判事たちの意見に同調していないし、その判例は誤りであると信じ続けている。そのオコナー判事たちの意見に対する私の反対にもかかわらず……ケイシー判決の共同意見が……連邦最高裁の考えを示している。私は、ケネディ判事とトーマス判事がケイシー判決の原則を正確に適用していると信じ、彼らの反対意見に同調する」[77]。つまり、レーンキスト判事は、ケイシー判決で示された不当な負担テストに疑義を述べつつも、先例にしたがって、その適用を前提とした上で反対意見を述べたのである。

さて、レーンキスト判事が同調するケネディ判事は、次のように述べている。すなわち、「連邦最高裁がロー判決の中核部分の判断をあらためて確認したとき、その中核的前提は、州が、連邦最高裁が繰り返し述べて保障してきた女性の権利によって制約されつつも、妊娠中絶の問題に対する立法にあたって、重要で、かつ正当な役割を保持することであった。州の政治的手続は、いまだ生まれていない生命の保障を促し、すべての人間の生命とその潜在性を尊重することを保障する法を定めることから締め出されるべきではない」。そして、「私の意見によると、今日の連邦最高裁の判決は、その法によって妊娠中絶を選ぶ女性の権利を否定しておらず、かつ、その権利に不当な負担を課してもいないにもかかわらず、重要な州の利益を促進する法律を無効にすることによって、この理解を否認するものである。その立法は、十分、州の制定権限の範疇にある」[78]。そもそも、「ケイシー判決は、州が、妊娠中絶の議論において州の利益を守るために重要な憲法上の役割をもつことを前提としている」[79]。そして、「当該州は、ケイシー判決において繰り返し述べられた女性の自律的選択の権利を保護しつつも、多くの寛大で啓蒙された人々(decent and civilized people)が、もっとも重大な犯罪だとするほどに嫌悪を覚える手術を禁止することを選んでいる。連邦最高裁は、これらの深遠な気遣いに目を閉ざしている」[80]。

他方、同じくレーンキスト判事が同調するトーマス判事は、不当な負担テストを肯定しながらも、その適用範囲に関する問題を提起している。すなわち、「ケイシー判決では、健康例外が、女性にとって『妊娠状態の継続が脅威を構成する』[81]場合に設けられなければならないと述べている」[82]。それにもかかわらず、「今日の多数意見やオコナー判事は——理由の如何にかかわらず——女性が妊娠中絶を望み、かつ、いくつかの特定の方法で妊娠中絶を行うことを求めるという状況に適用されるように、ロー判決とケイシー判決を歪めている」。「言い換えれば……多数意見とオコナー判事は、健康問題が女性に妊娠中絶の利用を求めている事例と、健康問題が（理由の如何にかかわらず）妊娠中絶を望む女性に、別の方法よりも、ある一つの方法を優先させる結果を生む事例との間に、区別をおき損なっている[83]」とした。

さて、これら三つの反対意見が、不当な負担テストを肯定することを前提としたものであったのに対して、スカリア判事の反対意見は、不当な負担テストそのものを否定している。すなわち、「当該法律によって禁止された、人間の子供を殺す方法——その子供は完全には生まれていない子供だと、誰も正確に言うことさえできない——が、あまりに恐ろしいものであるため、その医学的記述は、憎悪のあまり、打ち震えを呼び起こすものである」。そして、「州が、半ば生まれようとするわれわれの子孫を排除する明らかに残虐な方法を禁止するだけのことを……合衆国憲法が許さないとする考えは、まったくもって非常識である」。また、「私は、ケイシー判決の説明しようのない説明をあまり信用していない」。そもそも、「ケイシー判決が、今日の悲劇的な結論を支持しないとする私の判断は、私が『不当な負担』と考えるものが、多数派が『不当な負担』であると考えるものと異なっているという事実に由来するものだろう。つまり、事実審査や法的理論によって是非を示すことのできない結論に由来するものである」。したがって、「ケイシー判決を信じている人が、この結果によって裏切られたと感じる理由はない。それは、ケイシー判決で示された手続に正確に沿って到達したのである。その手続とは、九人の法律家による民主的投票である。そして、その投票は、この議題について憲法テキストが何かを語っているのか、いないのか、という問題に基づくものではなく（明らかに語っていないのだが）、アメリカ人民の法的伝統が妊娠中絶に対するそうした制限を支持するかどうか（明らかに支持しているのだが）、という問題にさえ基づくことなく、妊娠中絶に対する制限が『不当』であるかどうかという純粋な政治的問題に基づいて行われる。すなわち、行き過ぎなのである」としたのである。つまり、スカリア判事にすれば、判決の内容は、ケイシー判決の不当な負担テストを前提とするなら予期されたものであって、問題は、不当な負担テストそのものに内在していることになる。そうであるならば、「われわれがケイシー判決に基づいて、この母体の健康保護例外の必要性の問題を議論していく限り、われわれ反対派が、多数意見はその法に関して間違っていると主張することは、実際、全く不可能である」。「われわれが正直にいうことができるのは、多数意見が法として表す政策判断について、われわれは多数派に同意できないとするのが精一杯なのである」。したがって、「ケイシー判決は、退けられなければならない」。そして、「今日の判決、すなわち合衆国憲法が恐ろしい妊娠中絶の方法の禁止を妨げているという判決は、非難の嵐で迎えられるだろうし、そうあるべきだろう」。そのため、彼は、「当裁判所は、この問題を人民に戻すべき——憲法は、この問題に対する沈黙によって、この問題を人民に委ねている——であり、そして、州ごとに、この実施が許されるかどうかの決定を人民に任せるべきなのである。ケイシー判決は退けられなければならない」とする。(84)

パーシャル・バース・アボーションの制限に限った表面的な問題は、トーマス判事の指摘によく示されているように、ケイシー判決で求められた女性の健康保護例外が、妊娠中絶の制限に対して求められたものだったのか、それとも、妊娠中絶の方法の制限についても求められるものだったのかという解釈問題である。しかしながら、その背景には、妊娠中絶問題一般の重要な問題として、不当な負担テストそのものの不明確性がある。反対意見でも示されたように、ケイシー判決は、妊娠中絶の制限に関して、州に、重要でかつ正当な役割を認めている。しかしながら、はたして、それはどの程度のものなのかは、必ずしも明確ではない。ケネディ判事にすれば、不当な負担テストは正しい解釈によって適用可能だということになるが、スカリア判事にすれば、その不明確性は法的推論や事実審査を受け付けるものではなく、不当な負担テストを前提とするならば、連邦最高裁判事の多数決に従うしかないことになる。

トーマス判事が指摘した適用範囲に関しては、その後、パーシャル・バース・アボーションのうち、いわゆるintact D&Eを禁止する連邦法の合憲性が争われたゴンザレス判決で、再び不当な負担テストの適用が認められている。また、スタンバーグ判決では、パーシャル・バース・アボーションの禁止に関して、母体の健康保護例外の欠如の違憲性が示されたにもかかわらず、ゴンザレス判決では、母体の健康保護例外を定めず、母体の生命保護例外に限定して定めた上で、intact D&Eを禁止する連邦法に関して、連邦最高裁が合憲判断を下したことは、スカリア判事が主張した問題が顕在化したといえるのかもしれない。したがって、スカリア判事が指摘するような不当な負担テストに関するこの問題は、今後とも検討が必要になるように思われる。

さて、このように一連のポスト・ロー判決をみてみると、憲法上の権利としての中絶権は、胎児の生命保護に関する利益に基づいて、実質的に大幅な制約が許容されていることがわかる。そして、一連の判決は、そもそも、妊娠中絶という事実に関する「一つの見方」を想定しているように思われる。

たとえば、ケイシー判決の反対意見で、レーンキスト判事は、次のように述べている。すなわち、「ロー判決において、連邦最高裁は、『女性が妊娠を終了させるかどうかの決定を含むほど、十分に広い』ものである『個人のプライヴァシーの保障』を承認した」が、しかし、「妊娠中絶の決定は、『連邦最高裁が個人的事柄、あるいは家族のプライヴァシーや自律の下で保護してきたものから区別される、固有のものとして理解され(85)』なければならない」。つまり、「妊娠状態において、女性は（胎児の生命と）無関係でいるわけではなく、妊娠中絶の決定が、胎児の損壊を必然的に伴うという事実を無視することはできない」とする(86)。

レーンキスト判事の主張は重要なものである。彼は、どのように妊娠中絶という「事実」を解釈するのかに関する問題を提起している。レーンキスト判事は、妊娠中絶が、必然的に胎児の損壊を伴う点を強調して、プライヴァシーとして承認されてきた他の諸権利に関する事実と区別している。レーンキスト判事の主張では、明らかに、女性から切り離された胎児という独立した人格の存在が想定されており、中絶権は、その胎児の生命権、あるいは生命保護に関する利益との対立構造のなかで理解されている。もし、こうした妊娠中絶という事実に関する「一つの見方」を当然のものとするのなら、そもそも認識の最初の段階から、中絶権は脆弱な立場におかれてしまい、妊娠中絶は、よくても必要「悪」に過ぎなくなる。

そして、レーンキスト判事の想定する見方によって、中絶権が脆弱な立場におかれてしまうなら、中絶権を憲法上の権利として維持し続けることは、きわめて困難であり、結局のところ、スカリア判事が主張するように、妊娠中絶に関する問題は民主的決定に委ねざるを得なくなるだろう。

4　配偶者の同意要件の違憲性——女性「個人」の権利の強調

いくつかの合憲判決も出されている状況にあって、なお、連邦最高裁が違憲判決を下し続けているものがある。それは、配偶者の同意要件についてである。

中絶権に関して争われた同意要件は、大きく二つある。第一に、未成年者に対する親の同意要件であり、第二に、配偶者の同意要件である。

これらの同意要件について争われた初期の判例に、前述のダンフォース判決がある。連邦最高裁は、まず、配偶者の同意要件に関して、プライヴァシー権が個人の権利であることを強調したアイゼンシュタット判決を踏まえて、「われわれは、女性が妊娠を終了させることを一方的に禁止する権利を州がもたないときに、州が、そうした能力を、その配偶者に与える憲法上の権限をもつと考えることはできない」とした。また、配偶者に同意権、すなわち妊娠中絶に対する拒否権を与えても、「婚姻における相互関係や信頼を促進したり、婚姻関係や婚姻制度を強めたりする目的を達成するとは信じがたい」として、違憲判断を下している。[87]

他方、未成年者に対する親の同意要件に関しては――具体的には、未婚の一八歳未満の者の妊娠中絶の決定に対する親、あるいは親権者の同意要件に関して――、母体の生命保護に必要な場合を除いて、親、あるいは親権者の書面による同意を必要としたことが争われたが、この点に関して連邦最高裁は、基本的に配偶者の同意要件と同様の趣旨から違憲判断を下した。また、同意要件によって示唆されている利益を、家族の団結と親の権威の保障としつつも、それらが親や親権者の同意要件によって強められることはないとした。

しかしながら、未成年者に対する親の同意権は、ベロッティ判決[88]において一定の条件のもとで認められることになる。ベロッティ判決は次のように述べる。

まず、一般論として、「親の権限の伝統は、個人の自由におけるわれわれの伝統と矛盾していない。むしろ、前者は後者の基本的前提条件の一つである」[89]としながらも、「憲法上の権利を保護する必要性と、妊娠中絶の決定の独特な性質とは、州がこの事柄において親子関係を促進するために法律を制定するとき――とくに未成年者によってその決定がなされる場合には――、特別な繊細さを伴う措置を州に要求する」[90]として、妊娠中絶における親の同意要件が認められる場合に、一定の限定をかける。すなわち、「もし、州が、未成年者の妊娠中絶に、一方、あるいは両親の同意を得ることを必要とするのなら、同時に、妊娠中絶の許可を獲得できる代替的手続を定めなければならない」[91]とした。そして、具体的には次のように判断する。すなわち、「すべての未成年者は――もし望むのなら――初めに親への相談や通知を経ることなく、直接、裁判所へ行く機会をもたなくてはならない。もし、彼女が、自分自身の妊娠中絶の判断を理性的に行うことに関して、十分に成熟し、十分によく認識していることを裁判所に納得させるなら、裁判所は、親への相談、あるいは親の同意なしに、彼女がそうする許可を与えなければならない。もし、彼女が、自律してこの判断をする適格をもつことを裁判所に納得させることに失敗した場合には、彼女は、それにもかかわらず妊娠中絶が自分自身にとって最善の利益になるだろうことを示さなければならない。もし、裁判所が、そのように説得させられたならば、裁判所は、妊娠中絶の許可を与えなければならない。しかしながら、もし、彼女が成熟していることについて、あるいは、妊娠中絶が彼女の最善の利益であることについて、未成年者によって説得させられないのなら、裁判所は、その行為の許可を断ることができる」[92]とした。

このようにベロッティ判決は、親の同意要件を合憲だとしている。もっとも、親の同意権を認めるのは、あくまで未成年者の利益のために、その判断能力を補う目的からであり、したがって、未成年者の利益に反する、あるいは、未成年者の利益のために判断能力を補う必要がない場合には、親の同意要件は否定される。そのため、親の同意の必要性が否定される場合を保障できるようなバイパス手続が必要とされた。つまり、バイパス手続を設けることによって、個人の権利である中絶権の侵害を回避したのである。

このベロッティ判決の考えは、その後の判例においても踏襲されている。その後の判例で具体的な争点となったのは、設けられた手続が、ベロッティ判決で示されたバイパス手続の要件を満たすかどうかである。たとえば、アクロン市判決では、少年裁判所によるバイパス手続が定められていたものの、少年裁判所がベロッティ判決で示された判断を行う保障がないことから、バイパス手続が不十分であるとされ、違憲判断が下されている。それに対して、アクロン市判決と同日のアシュクロフト判決[93]では、手続における考慮事項が明らかであるため、十分なバイパス手続であるとして合憲とされた。その後のホジソン判決、[94]オハイオ判決、[95]ケイシー判決、ランバート判決[96]においても、同種の事例が争われることになるが、これらの判決においても、ベロッティ判決の枠組みが維持されている。

このように一定の条件を前提としつつも親の同意要件を認めたこととは対照的に、連邦最高裁は、配偶者の同意要件に関しては、今日に至るまで一貫して違憲判断を下し続けている。たとえば、中絶権の制限を大幅に認めたケイシー判決においてでさえ、配偶者の同意要件に関して、オコナー判事たちの共同意見は、次のように述べて、違憲判断を下している。すなわち、「よく機能している婚姻において配偶者は、子供を産むかどうかといったような重要で親密な決定を議論する。しかし、この国には、夫の手による日常的な身体的及び精神的な暴力の犠牲者である数百万人の女性がいる。万が一、これらの女性が妊娠した場合、彼女たちには、妊娠中絶を行う決定を自分たちの夫に告げたくないもっともな理由がある」[97]として、違憲判断を下したのである。このように判例が、配偶者の同意要件について判断する際に、その問題を女性の身体的・精神的危機として理解し、夫の暴力といった現実の具体的な社会的コンテクストに目を向けて、踏み込んだ判断を行っている点は、注目すべきものと思われる。

三　憲法上の権利としての中絶権と妊娠（中絶）に対する二つの見方
——米国連邦最高裁判例が示すもの

ロー判決は、中絶権を憲法上のプライヴァシー権として承認した。また、ロー判決は、中絶権の制約原理として、トリメスターと胎児の独立生存可能性の期限区分の枠組みを示した。前者は、妊娠中絶を女性の精神的・身体的危機の問題として理解する見方を反映させており、後者は、女性から胎児を切り離して、両者を対峙させる見方を反映させている。

さて、メイハー判決以降、連邦最高裁は、州が、妊娠中絶よりも出産に高い価値をおいてもよいと認め、公的資源の配分を通じて、州の価値判断を実現してもよいとしてきた。つまり、公的資源の配分に関してまで、中絶権の保障は及ばなくなったのである。また、従来、妊娠中絶に対する直接の制限に関しては、コンペリング・テストで判断されてきたが、ケイシー判決では、それよりも緩やかな不当な負担テストで判断され、最近のスタンバーグ判決以降の判例でも、その審査基準が用いられている。判例がより緩やかな審査基準を採用していることを考えるならば、トリメスターの枠組みはもちろんのこと、胎児の独立生存可能性を基準とする期限規制型立法の構想さえ、かなりの程度、相対化されたといってよい。

これら一連のポスト・ロー判決（とくにメイハー判決以降）の多くは、女性から胎児を切り離して、両者を対峙させる見方に基づいてきたように思われる。その見方では、すでに胎児は（少なくとも、暗に）独立した人格を与えられており、中絶権は、独立した人格を有する胎児の生命権、あるいは生命保護に関する利益との対立枠組みのなかで理解されている。そして、中絶権をその対立枠組みの中で理解すれば、妊娠中絶は、女性の自由のために胎児の生命や生命保護に関する利益を犠牲にするものであり、せいぜい必要「悪」に過ぎないことになる。ポスト・ロー判決の多くは、この対立枠組を前提とするため、中絶権を憲法上のプライヴァシー権と位置づけながらも、それに対する実質的な制限を許容してきたのではないだろうか。

しかし、その一方で、連邦最高裁は、配偶者の同意要件を違憲だと判断しており、また、母体の健康保護のために課された場所、資格、方法に関する規制について、医療水準や医療慣行など、現実の具体的な社会的コンテクストの実情にまで踏み込んだ実質的な判断を行ってきた。これらの判例は、中絶権を、あくまで女性個人のプライヴァシーの問題として扱ったものであり、妊娠（中絶）を女性の身体的・精神的危機の問題とする見方を反映させているものであるように思われる。

このように米国連邦最高裁判例では、中絶権に関して、二つの見方が示されてきた。つまり、女性から胎児を切り離して、両者を対峙させる見方が唯一のものではないのである。それにもかかわらず、われわれは、女性たちに関わる特定の見方を、妊娠中絶をする女性たちに押し付けてよいものだろうか。[98]

そもそも、妊娠中絶という事実に関して、女性から胎児を切り離して、両者を対峙させるという見方をした場合、議論の中心的論点は「胎児は、人か否か」、あるいは「胎児は、いつから人となるのか」であるように思われる。

ところが、こうした問題設定に囚われる限り、中絶権に関する議論は、憲法論として深まらないだろう。なぜなら、ロナルド・ドゥオーキンが主張するように、もし、こうした問題設定を前提とするなら、すでに胎児を人だと考える立場にとって、中絶権を肯定することは、殺人を認めることに他ならないだろうし、いまだ胎児を人だと認めない立場にとって、中絶権を否定することは、著しい人権侵害だということになるだろうからである。[99] そして、「もし両者の見解の不一致がそのように動かしがたいものであるのならば、原則的な解決はありえず、粗暴な政治的権力によって明確にされる高々陰鬱でもろい均衡しかありえないことになる」[100]。たとえば、中絶反対派が、妊娠中絶ができる施設を包囲したり、あるいは、そうした施設へ向かう女性に対して、妊娠中絶を思い留まらせるために、その女性の意思に反して行われる「歩道のカウンセリング」などは、こうした状況を反映させているものではないだろうか。[101]

もちろん、胎児の独立生存可能性という期限区分が、胎児が人（すなわち、独立した人格）とみなされる時期を特定するものだとして、こうした問題を解決できると考えられるかもしれない。しかしながら、胎児の独立生存可能性という期限区分も、必ずしも胎児を独立した人格として扱う時期として、広く共感を得られたのではない。そして、そもそも、「胎児は、いつから人となるのか」という問いは、裁判所が容易に答えられるものではないため、裁判所にすれば、これらの問題の解決について、民主的決定、すなわち政治的判断を尊重せざるを得なくなるだろう。そうであるならば、こうした問題設定をすることそのものが、中絶権に関する問題を政治的判断に委ねるという結論を先取りしたものになってしまう。したがって、こうした問題設定からは、憲法論が深まる可能性は乏しく、結局のところ、これまでのように政策的に決められるしかないだろう。[102] 実際、近時の米国連邦最高裁判例の展開は、そのことを裏づけるものだといえるのではないだろうか。

そのため、中絶権に関する問題を憲法論として深めようとする立場からすれば、女性から胎児を切り離して、両者を対峙させる見方は、その十分要件を満たさないように思われる。

したがって、もし、われわれが、妊娠中絶に関する問題を憲法論として深めようとするのなら、妊娠（中絶）を女性の身体的・精神的危機の問題として理解する見方を選ばなければならないのではないだろうか。

では、そうした見方をするなら、中絶権は、どのように権利構成できるのだろうか。この問題に関しては、第二章で詳しく考察することにしたい。

（1）　*Roe v. Wade*, 410 U.S. 113 (1973).

（2）　妊娠中絶に関わる米国の判例展開に関しては、本書引用文献の他、差し当たり、以下の文献を参照のこと。石井美智子「プライヴァシー権としての堕胎決定権——アメリカ判例法における堕胎自由化」東京都立大学法学会雑誌一九巻二号（一九七九年）七九頁、根本猛「人工妊娠中絶とアメリカ合衆国最高裁判所（一）」静岡大学法政研究一巻一号（一九九六年）三九頁、同（二）静岡大学法政研究一巻二号（一九九七年）二八九頁、同（三・完）静岡大学法政研究二巻二号（一九九七年）一八五頁、拙稿「妊娠中絶の自由の本質とその限界——米国連邦最高裁判例を素材として」関西大学法学論集第五二巻第一号（二〇〇二年）七三頁。また、米国の社会的・政治的展開に関しては、荻野美穂『生殖の政治学——フェミニズムとバース・コントロール』（山川出版社、一九九四年）、同「中絶論争とアメリカ社会」（岩波書店、二〇〇一年）を参照のこと。

（3）　第二章で詳述するように、ドゥルシラ・コーネルは、ロー判決で示されたトリメスターの枠組みと独立生存可能性の枠組みは、切り離された別の枠組みであるとしている。そして、コーネルによれば、第二トリメスターは、女性の精神的・身体的危機に対する保護に関連する枠組みであり、他方、独立生存可能性の枠組みは、胎児の生命保護に関連するものである。本書では、こうしたコーネルの理解を踏まえて、中絶権について、女性の精神的・身体的危機に関わる問題とする見方と、女性から胎児を切り離して、両者を対峙させる見方とを区別して、分析をしている。コーネルの見解については、以下の文献を参照のこと。*See* Drucilla Cornell, The Imaginary Domain: Abortion, Pornography & Sexual Harassment (Routledge, 1995). なお、同著の邦訳書として、仲正昌樹監訳『イマジナリーな領域——中絶、ポルノグラフィ、セクシャル・ハラスメント』（御茶の水書房、二〇〇六年）も併せて参照のこと。

（4）　*Griswold v. Connecticut*, 381 U.S. 479 (1965).

（5） *NAACP v. Alabama,* 377 U.S. 288（1964）, at 307.
（6） *Supra* note 4 at 485－486.
（7） *Eisenstadt v. Baird,* 405 U.S. 438（1972）.
（8） *Id.* at 443.
（9） *Id.* at 453.
（10） *Id.* at 453.
（11） 橋本公亘「プライバシーの権利」芦部信喜、奥平康弘、橋本公亘編『アメリカ憲法の現代的展開1　人権』（東京大学出版会、一九七八年）二二頁。
（12） *Union Pacific R. Co. v. Botsford,* 141 U.S. 250（1981）.
（13） *Palko v. Connecticut,* 302 U.S. 319（1937）, at 325
（14） 判例は、婚姻について *Loving v. Virginia,* 388 U.S. 1（1967）, at 12、生殖について *Skinner v. Oklahoma,* 316 U.S. 535（1942）, at 541－542、避妊について *Eisenstadt v. Baird,* 405 U.S.438（1972）, at 453－454, 460, 463－465（WHITE,J.,concurring in result）、家族関係について *Prince v. Massachusetts,* 321 U.S. 158（1944）, at 166（1944）、子供の養育および教育について *Pierce v. Society of Sisters,* 268 U.S. 510（1925）, at 535, *Meyrer v. Nebraska,* 262 U.S. 390（1923）, at 399、を先例としてあげている。
（15） *Supra* note 1 at 152.
（16） *Id.* at 153.
（17） *Id.* at 163－163..
（18） *Doe v. Bolton,* 410 U.S. 179（1973）
（19） *City of Akron v. Akron Ctr. For Reproductive Health,* 462 U.S. 416（1983）.
（20） *Id.* at 434－435.
（21） 同旨の判決として、同日に出されたた *Planned Parenthood Ass'n v. Ashcroft,* 462 U.S. 476（1983）がある。アクロン市判決やアシュクロフト判決の背景には、塩水羊水穿刺法やプロスタグランディリンの羊水穿刺法に代えて、D&E（Dilatation & Evacuation）が普及したことがある。塩水羊水穿刺法とは、塩水などの注入によって陣痛を促して妊娠中絶を行うものであるが、それには時間がかかるため、病院への入院が必要であった。しかしながら、D&Eは、比較的短時間で行われ、妊娠の週数が進むにつれて子宮損傷や大量出血などのリスクが高くなるものの、比較的安全な方法とされ、妊娠中絶手術には、必ずしも、病院への入院が必要でなくなった。なお、アクロン市判決とアシュクロフト判決の事実概要と判決内容などは、丸山英二「アメリカ連邦最高裁と堕胎――

州法による堕胎規制の合憲性」判例タイムズ五三五号三四頁（一九八四年）に詳しい。ところで、D&Eの規制に関しては、パーシャル・バース・アボーション（partial birth abortion）との関係で、後述の *Stenberg v. Carhart*, 530 U.S. 914（2000）で問題とされている。また、後述のように、*Gonzales v. Carhart*, 127 S. Ct. 1610（2007）では、パーシャル・バース・アボーションの禁止に関して、母体の健康保護例外の要件を緩和することで、医師の裁量を制限する傾向を示している。

（22）*Simpoulos v. Virginia*, 462 U.S. 506（1983）.

（23）*Id*. at 516.

（24）*Id*. at 516.

（25）*Id*. at 519.

（26）*Mazurek v. Armstrong*, 520 U.S. 968（1997）.

（27）*Id*. at 974.

（28）なお、わが国の母体保護法一四条は、妊娠中絶手術のできる者を各都道府県の医師会が指定する医師（指定医師）に限定している。そのため、わが国では、通常、医師はすべての医療行為ができるはずが、妊娠中絶手術に限っては、特別の資格をもつ医師にしか許されていない。このように、医師の資格以上の制限を加えることは、母体保護法の特徴の一つであるが、それに関しては、母体保護法の前身となった優生保護法の「制定当時は産婦人科以外の専門の医師が妊娠中絶を行うことが少なくなく、知識・経験の不足から母体の健康を損ない、生命を失う例も稀ではなかったので、母体保護のために妊娠中絶はすべて信頼できる専門医の手によって行われるようにする必要があったことが指定医師制度採用の理由であると言われている」（石井美智子『人工生殖の法律学』（有斐閣、一九九四年）一九四頁）。したがって、わが国の母体保護法が妊娠中絶手術のできる資格を指定医師に限定することは、必ずしも、不当なことではないように思われる。しかしながら、そもそも、病院・診療所施設や医師が不足している地域に関していえば、場合によって、わが国においても、アクロン市判決にみられた事情が生じる可能性は否定し切れない。近時、わが国では、地域によって医師不足が深刻な問題とされている。とくに産科医不足は、深刻な問題となっているといわれる。こうした状況に鑑みれば、妊娠中絶を望む女性がアクセス可能な場所に、指定医師がいなくなるという懸念は、杞憂ではないだろう。もし、アクセス可能な場所に指定医師がいなければ、女性たちは、妊娠中絶を断念せざるを得ないか、あるいは、非合法で危険な手術を受けなければならない。中絶権を実質的に保障するのなら、安全な妊娠中絶手術を受けられるために、病院要件や資格要件を課すことは必要なことだと思われる。しかし、実質的な保障のためには、それだけではなく、同時に、女性たちが、それらの要件を整えた施設に、現実にアクセス可能でなければならない。女性の精神的・身体的状況や妊娠期間によっては、指定医師でなくとも、安全に妊娠中絶手術のできる場合もあるだろう。したがって、今後の状況次第で、女性の精神的・身体的状況や妊娠期間に関わりなく、その資格を指定医師に限定する現行制度は、見直されなければならないように思われる。あるいは、経口中絶薬の開発を考えるなら、そもそも、一律に医師に限定することも、見直されなければならないのかもしれないように思われる。

(29) *Planned Parenthood v. Danforth*, 428 U.S. 52 (1976).

(30) *Id.* at 76.

(31) 当該州法では、「塩水その他の溶液の注入 (insertion of a saline or other fluid)」が禁止されていた。

(32) *Supra* note 19 at 451.

(33) なお、正常分娩の際に胎児の健康・生命に対し要求されるものと、同様の注意義務を妊娠中絶の際にも要求することで、妊娠中絶の方法に一定の制限を設けたことが争われた事例として、前述の *Planned Parenthood v. Danforth*, 428 U.S. 52 (1976) の他、*Colautti v. Franklin*, 439 U.S. 379 (1979) があり、ともに違憲判決が下されている。

(34) *Stenberg v. Carhart*, 530 U.S. 914 (2000). なお、スタンバーグ判決に関しては、根本猛「人工妊娠中絶論争の新局面」静岡大学法政研究七巻二号（二〇〇二年）一頁、小竹聡「アメリカ合衆国における妊娠中絶をめぐる法理の展開」同志社アメリカ研究四四号（二〇〇八年）も併せて参照のこと。

(35) クリントン政権の下では、二度の拒否権発動によって否定されてきたが、ブッシュ政権の下で二〇〇三年に成立した。

(36) *Gonzales v. Carhart*, 127 S. Ct. 1610 (2007).

(37) 緒方房子『アメリカの中絶問題――出口なき論争』（明石書店、二〇〇六年）二三八頁。

(38) *Supra* note 36 at 1638.

(39) 丸山英二は、「医師の裁量による最善の医学的判断が妊婦の堕胎決定と対立することもありうるし、医療慣行が妊婦の堕胎決定を非合理に妨げることも考えられる」と指摘する（前掲注21・丸山、四二頁）。このことは、妊娠中絶問題に限らず、患者の自己決定権について考える際にも重要な問題である。たとえば、エホバの証人の輸血拒否に関する判例（最判平一二・二・二九民集五四巻二号五八二頁）は、まさにこの点が問題となったものといえるだろう。

(40) 医療情報・健康情報サービスの整備に関しては、木幡洋子・石井保志「権利としての健康／医療情報サービスへのアクセス――日本の図書館における実践と法的理論構築の試みとして」愛知県立大学文学部論集五四号一頁（二〇〇六年）に詳しい。

(41) ただし、わが国でパーシャル・バース・アボーションを認めることには、次のような問題が考えられる。すなわち、わが国においては、堕胎罪の成立要件について、胎児が実際に死亡するかどうかを問わない（大判明四四・一二・八刑録一七号二一八三頁）とされるため、パーシャル・バース・アボーションによる妊娠中絶を行った場合、もし、胎児が生存していたなら、その処理が問題となる。そのことが問題となった事例として、わが国では、次のような最高裁判例（最決昭六三・一・一九刑集四二巻一号一頁）

がある。これは、妊娠第二六週の堕胎を行った医師が、その堕胎によって出生した低出生体重児に対し、適切な医療を施せば成育可能性があることを認識し、かつ、そのための措置が迅速容易にできたにもかかわらず、同児を自己の病院内に放置して死亡させたものである。この事件が起きた一九八〇年代当時、厚生省の事務次官通知によって、妊娠中絶手術ができる期間は、妊娠第二三週以前とされていたため、本件が業務上堕胎罪に当たることは明らかであった。しかし、ここで問題となったのは、それと同時に、保護責任者遺棄致死罪が成立するかどうかである。この問題に関して、最高裁は、保護責任者遺棄致死罪の成立を認めている。したがって、パーシャル・バース・アボーションによる妊娠中絶手術を行った場合には、その行為の道徳性を差しおいたとしても、法的問題として、特に、出生の時期に関するわが国の刑法の判例・通説である一部露出説を前提とした場合、保護責任者遺棄致死罪との関係で大きな問題が潜在していることになる。そのため、わが国におけるパーシャル・バース・アボーションに関しては、その点からも慎重に判断されなければならないように思われる。

(42)　パーシャル・バース・アボーション禁止法をめぐる展開に関しては、前掲注（34）小竹および前掲注（37）緒方、二三三－二七二頁、三〇七－三三〇頁も併せて参照のこと。

(43)　*Maher v. Roe,* 432 U.S. 464（1977）.

(44)　*Id.* at 469－470.

(45)　*Id.* at 471.

(46)　*Id.* at 471－472.

(47)　*Id.* at 473－474.

(48)　*Id.* at 476－477.

(49)　ドイツでは、妊娠中絶に対する医療保険の給付を違憲としている。堀内捷三「揺れ動くドイツの堕胎罪――一九九三年五月二八日のドイツ連邦憲法最高裁判所判決を読む」法学セミナー四六四号（一九九三年）二二頁を参照のこと。

(50)　なお、妊娠中絶への医療補助につき、州が治療目的の場合に限定したところ、それが連邦社会保障法第一九編に違反するかを争ったものとして、メイハー判決の同日に出された *Beel v. Doe,* 432 U.S. 438（1977）があり、連邦最高裁は、合法と判断している。

(51)　*Harris v. McRae,* 448 U.S. 297（1980）.

(52)　*Everson v. Board of Education,* 330 U.S. 1（1947）, at 15

(53)　*McGowan v. Maryland,* 366 U.S. 420（1961）, at 442

(54)　*Supra* note 51 at 319.

(55)　*Rust v. Sullivan,* 500 U.S. 173（1991）. 事実概要および判決内容については、丸山英二「妊娠中絶をめぐる合衆国最高裁判所判例」

法学セミナー四四〇号一〇頁（一九九一年）に詳しい。

（56） *Id.* at 193.

（57） なお、最近は、妊娠中絶手術を活動内容に含む米国外の団体への援助を禁止する政策（global gag rule）によって、単に米国内に留まる問題ではなくなっているように思われる。詳しくは、前掲注（37）緒方、二七三頁を参照のこと。

（58） *Poelker v. Doe*, 432 U.S. 519 (1977).

（59） *Id.* at 521.

（60） *Id.* at 523–524.

（61） *Webster v. Reproductive Health Services*, 492 U.S. 490 (1989). 事実概要および判決内容については、岩井宜子「堕胎を制限するミズーリ州法に対する米国連邦最高裁の合憲判決」ジュリスト九四七号（一九八九年）六二頁に詳しい。また、ウェブスター判決からケイシー判決前後に至るまでの米国のフェミニズムを中心とした政治的動向に関しては、小竹聡「アメリカ合衆国における妊娠中絶をめぐる議論の一断面」浦田賢治編『立憲主義・民主主義・平和主義』（三省堂、二〇〇一年）七三頁を参照のこと。

（62） *Planned Parenthood of Southeastern Pennsylvania v. Casey*, 505 U.S. 833 (1992).

（63） *Supra* note 43 at 474.

（64） *Supra* note 61 at 506–507.

（65） *Supra* note 43 at 474.

（66） *Id.* at 474.

（67） *Supra* note 61 at 509–510.

（68） *Id.* at 512.

（69） *Id.* at 514.

（70） *Id.* at 518.

（71） *Id.* at 519.

（72） *Id.* at 521.

（73） *Supra* note 43 at 483.

（74） *Supra* note 58 at 523.

（75） *Supra* note 62 at 878–879.

（76） *Supra* note 34 at 930.

(77) *Id.* at 952.
(78) *Id.* at 956－957.
(79) *Id.* at 961.
(80) *Id.* at 979.
(81) *Supra* note 62 at 879, and supra note 1 at 164－165.
(82) *Supra* note 34 at 1009.
(83) *Id.* at 1010.
(84) *Id.* at 953－956.
(85) *Thornburgh v. American College of Obstetricians and Gynecologists*, 476 U.S. 747 (1986), at 792 : WHITE, J., dissenting
(86) *Supra* note 62 at 951－952.
(87) *Supra* note 29 at 70－71.
(88) *Bellotti v. Baird*, 443 U.S. 622 (1979).
(89) *Id.* at 638.
(90) *Id.* at 642.
(91) *Id.* at 643.
(92) *Id.* at 647－648.
(93) *Planned Parenthood v. Ashcroft*, 462 U.S. 416 (1983).
(94) *Hodgson v. Minnesota*, 497 U.S. 417 (1990).
(95) *Ohio v. Akron Ctr for Reproductive Health*, 497 U.S. 502 (1990).
(96) *Lambert v. Wicklund*, 520 U.S. 292 (1997).
(97) *Supra* note 62 at 892－893.
(98) 第二章で詳述するように、コーネルも、そうした特定の見方を女性に押し付けることに、反対している。*See* CORNELL *supra* note 3.
(99) *See* RONALD DWORKIN, LIFE'S DOMINION: AN ARGUMENT ABOUT ABORTION, EUTHANASIA, AND INDIVIDUAL FREEDOM (Random House, 1994) at 9－10.〔邦訳〕水谷英夫・小島妙子訳『ライフズ・ドミニオン――中絶と尊厳死そして個人の自由』(信山社、一九九八年)二二頁。

(100) *Id.* at 9−10. 邦訳書一三頁。なお、キャス・R・サンスティンは、一般論として、われわれが他者の見解から影響を受けて、自己の見解を変えることを指摘しているが、中絶権に関しては、例外的に他者からの影響を受け難いとしている。*See* Cass R. Sunstein, Why Societies Need Dissent（Harvard University Press, 2003）at 183. なお、同書の抄訳紹介として、孝忠延夫・小林直三・大江一平・奈須祐治・辻雄一郎訳「キャス・R・サンスティン著『なぜ社会は反対意見を必要とするのか』（Cass R. Sunstein, Why Societies Need Dissent, HUP, Cambridge, 2003）（一）」関西大学法学論集五四巻六号（二〇〇五年）二四二頁、同（二・完）関西大学法学論集五五巻一号（二〇〇五年）二六三頁を参照のこと。こうしたサンスティンの分析は、中絶権をめぐる論争では、対話によってコンセンサスが生じ難いことを示唆しているといえるだろう。

(101) なお、これらを制限するためのバッファ・ゾーン規制については、以下の判例を参照のこと。*See Madsen v. Women Clinic Center Inc.*, 512 U.S. 753（1994）, *Hill v. Colorado*, 530 U.S. 703（2000）. なお、前者の判決に関しては、大沢秀介「アボーション抗議活動と表現の自由」—— *Madsen v. Women Clinic Center Inc.*, 114 S. Ct. 2516（1994）」ジュリスト一〇七五号（一九九五年）一六五頁も併せて参照のこと。また、後者の判決については、蟻川恒正「表現の自由」法律時報七二巻一一号（二〇〇〇年）八八頁もあわせて参照のこと。とくに後者の判決は、フローティング・バッファ・ゾーン規制を合憲だとした点で、とくに注目される。

(102) この点に関して、詳しくは、拙稿「自己決定権と裁判所の役割——妊娠中絶の自由からの予備的考察」関西大学大学院法学ジャーナル七四号（二〇〇三年）二八一頁を参照のこと。

第二章　中絶権の再定位

――胎児の生命との対立を超えて

序章でも述べたように、ほとんどの人たちは、一般に妊娠中絶が道徳的に望ましくないことだと考えているだろうが、しかし、様々な理由から、妊娠中絶を選ぶ、あるいは、選ばざるを得ない女性たちがいることも事実である。しかも、妊娠中絶を考える女性の立場は、非常に個性的なものであり、一概に道徳的批判に値するとは限らない。ところが、多くの人たちは、そうした状況に立たされることも、具体的にそうした状況を想像することもないため、妊娠中絶を選ぶことを考える女性の立場を理解することは、非常に難しい。そのため、妊娠中絶を選ぶことを考える女性の立場や主張は、民主的な決定システムでは配慮され難い。したがって、妊娠中絶を求める主張が正当な利益である限り、憲法上の権利として中絶権を保障すべきだろうし、少なくとも、憲法論として、中絶権に関する議論を深めていくべきだろう。

もっとも、わが国では、合法的な妊娠中絶の範囲を大幅に拡大した優生保護法（今日の母体保護法）のいわゆる経済的理由要件はおもに人口政策の観点から追加されたものであるが、その運用によって、比較的自由に中絶が認められてきたために、中絶権に関する議論は、必ずしも憲法論としてなされてきたようには思われない。

一方、米国では、判例上、中絶権を憲法上の権利として認めており、多くの憲法的論議がなされてきた。そこで、第一章では、中絶権に関する米国連邦最高裁判例の展開を分析、検討してきた。

米国連邦最高裁判例では、中絶権に関して、二つの見方が示されてきた。一つは、妊娠中絶を女性の精神的・身体的危機の問題として理解する見方であり、もう一つは、女性から胎児を切り離して、両者を対峙させる見方である。

このうち、後者の見方を前提とした場合、その中心的論点は「胎児は、人か否か」、あるいは「胎児は、いつから人となるのか」であるように思われる。

しかも、近年、米国では、胎児の人格化――われわれと同じ人として扱うこと――傾向がみられる。州の法案レベルでは、妊娠中絶には裁判所の死刑宣告書（death warrant）を要求するなど、従来から様々なものがあったが、近時の傾向として注目すべきは、連邦レベルでも、胎児の人格化をすすめる法律が成立してきたことである。たとえば、二〇〇四年の「生まれる前の暴力による犠牲者に関する法律（the Unborn Victims of Violence Act）」の成立があげられるだろう。これは、連邦法上の犯罪について、妊婦だけではなく、胎児も犠牲になった場合には、妊婦への犯罪とは別に、胎児への犯罪も、独立した犯罪として扱うというものである。州法レベルでは、これに類似する法はすでに存在していたが、胎児の人格化をすすめる法律が連邦法でも成立したことは、重要な意味をもつものといえるだろう。(1)

さらに、注目すべきものとして、パーシャル・バース・アボーション禁止法（the Partial-Birth Abortion Ban Act）成立に関する一連の展開がある。(2)

パーシャル・バース・アボーションに関しては、あまりに残虐な中絶方法だということで多くの批判があり、一九九五年と一九九七年とに、連邦レベルで禁止法案が提出され、上下院で可決された。しかし、当時のクリントン大統領のいわゆる拒否権が発動され、上院での再可決もできず、成立しなかった。一方、州レベルでは、すでに同様の法律が成立しており、そのうちの一つであるネブラスカ州法について、その合憲性が争われている。それがステンバーグ判決(3)であるが、連邦最高裁は、その法律の規定が曖昧なためにD&Eまで禁止されかねないこと、そして、母体の健康保護例外が明記されていないことから、違憲判決を下している。

ところが、その後、パーシャル・バース・アボーション禁止法は、ブッシュ政権下で、二〇〇三年に連邦法として成立することになる。その連邦法の合憲性が争われたのが、二〇〇七年のゴンザレス判決[4]である。この事案においては、ネブラスカ州法と異なってD&X（intact D&Eも含む）に禁止規定が限定されていることから、スタンバーグ判決での事案と異なることが強調されながらも、母体の健康保護例外を文面審査でなく、適用審査の問題だとし、母体の生命保護例外は明文化されているものの、健康保護例外は明文化されていない連邦法が合憲だとされている。

さて、こうした一連のパーシャル・バース・アボーション禁止法に関する動きやそれに伴う論争は、中絶方法の残虐性を強調することで、中絶論争の焦点を胎児の存在に移し、胎児の人格性を具体的にイメージさせることで、妊娠中絶規制の道徳的論拠を強化したともいわれている。[5]

しかし、女性から胎児を切り離して、両者を対峙させる見方、そして、そうした見方を前提とした「胎児は、人か否か」、あるいは「胎児は、いつから人となるのか」という問題設定に囚われる限り、中絶権に関する議論は、憲法論として深まらないだろう。なぜなら、ロナルド・ドゥオーキンが主張するように、もし、こうした問題設定を前提とするなら、すでに胎児を人だと考える立場にとって、中絶権を肯定することは、殺人を認めることに他ならないし、胎児を人だと認めない立場にとって、中絶権を否定することは、著しい人権侵害にあたると考えられるからである。[6]そして、「もし両者の見解の不一致がそのように動かしがたいものであるのならば、原則的な解決はありえず、粗暴な政治的権力によって明確にされる高々陰鬱でもろい均衡しかありえないことになる」[7]。

しかも、「胎児は、人か否か」、あるいは「胎児は、いつから人となるのか」という問いに関して、われわれの主観を越えた客観的な答えは、容易に見つかりそうにもない（だからこそ、今日に至るまで、争いが続いているのだろう）。また、これらの問いは、裁判所が容易に答えを出せるものではない。そうであるならば、裁判所は、その問題を法原理的に解決できず、解決を民主的決定、すなわち政治的判断に委ねざるを得ないだろう。つまり、こうした問題設定そのものが、その答えを政治的判断に委ねるという結論を先取りしたものである。したがって、こうした問題設定から、憲法論が深まる可能性は乏しく、結局のところ、これまでのように政治的・政策的に決められるしかない。そのため、中絶権を憲法論として深めていくためには、従来の問題設定そのものを見直さなければならず、裁判所が、憲法論として議論できるような問題設定に変えなければならないのである。[8] つまり、新たな問題設定をした上で、憲法上の中絶権（あるいは、その可能性）は、再定位されなければならないものと思われる。

そこで、本章では、まず、中絶権に関する従来の見解を概観し、次いで妊娠（中絶）に関して、必ずしも、女性から胎児を切り離して、両者を対峙させる見方を前提としない三人の論者――ロナルド・ドゥオーキン、ジェド・ルーベンフェルド、そしてドゥルシラ・コーネル――の学説を紹介、検討したい。なぜなら、彼／彼女らの法理論は、わが国の学説にも影響を与えているものであり、検討すべき重要な学説であるように思われるからである。そして、それらの検討を通じて、女性の中絶権を憲法論として深める可能性を探りたいと思う。

一　中絶権に関する従来の学説

これまでも、中絶権に関して、多くの学説が展開してきた。しかし、それらの学説は、女性から胎児を切り離して、両者を対峙させる見方を当然のことだとしており、そこでは、当たり前のように、中絶権は、胎児の生命権、あるいは胎児の生命保護に関する利益との対立関係で理解されてきたように思われる。ここでは、まず、そうした従来の学説を確認しておきたい。

もちろん、これまでの学説を簡潔に纏めることは、容易なことではない。しかし、幸いなことに、足立幸男が、欧米での論争を踏まえて、その包括的な分析を行っているため、ここでは、それを参照していきたいと思う。

足立によれば、「妊娠中絶に対する法的規制強化をめぐる論争の場合、中心的争点は、いうまでもなく、ただ一つしか存在しない。『中絶は殺人か否か』が、それである」と述べる（傍点、引用者）。そして、「殺人とは人間を殺害することであ」り、「それゆえ、中絶が殺人であるためには……胎児は人間でなければならない」とする。もちろん、生物学上の人間かどうかは、分類学にしたがって確証できるため、「中絶論争で問題となっている『胎児は人間であるか否か』は……むしろ、『胎児を道徳的人格とみなすべきか』という倫理的判断に関わる問題と理解されなければなら」ず、「道徳的人格であることは、道徳的配慮が与えられるべき存在であること、道徳共同体（moral community）の構成員であることを示唆」しており、「道徳共同体の構成員であるということは……少なくとも生命への権利を認められた存在であることを示唆する」と述べる。したがって、「『胎児は道徳共同体の構成員とみなすべきか否か』という問いが問題にしているのは、実質的には、『胎児は道徳共同体の構成員に与えられるもっとも基本的な権利、すなわち生命への権利を有する存在とみなされるべきか否か』であると考えてよ」く、「通常の意味における人間（すでに出生している人間）はすべて生命への権利をもつと今日一般に承認されているのであるから、この問いは、『出生後の人間が享有する生命への権利を胎児にも認めるべきか否か』を意味するとも、いえよう」と述べる[9]。

ここでは、女性から胎児を切り離して、胎児を人格化させ、両者を対峙させる典型的な見方を、当然のものとして扱っていることが明らかだといえるだろう。

そして、足立は、この争点に関する従来の学説を、三つに大別している。すなわち、「第一は、『胎児は生命への権利を有しえない』とする主張」であり、「第二は、受胎の瞬間から胎児に生命への権利を認めようとする主張」であり、そして、「第三は、胎児期を一様のものとは見ず、胎児の発達段階におけるある時期（質的変化が生じるとみなされる時期）を境に、それ以前の胎児には生命権を否認し、それ以後の胎児にのみ生命への権利を認めようとする主張」である。[10]

足立は、さらに第一の立場を、(i)出生を生命権獲得の十分条件としない考え、(ii)出生を生命権獲得時期とする考え、(iii)胎児に生命権を認めるものの、それを弱い権利だとする考え、(iv)胎児の道徳的地位に関する意見の不一致のために、胎児の生命権を否定する考え、に分ける。(i)に関して、足立は、「この議論は、議論そのものとしてはなるほど明快であろうが、実際問題として、そこから導き出される結論を受け入れることのできる者はほとんどいないだろう」として否定する。なぜなら、この立場のように「生命権享有のための要件としてあまりに高度な基準を設定することは、人工妊娠中絶を正当化するうえではたしかに効果的であろうが、論理に忠実であろうとすれば、ついには幼児殺し、一部の成人の抹殺をも是認せざるをえない帰結に陥る」ものだからである。(ii)に関しては、「出生直前の胎児と出生直後の新生児は、本質的諸要素に関するかぎり、ほとんど同等である。両者の差異は、新生児と成人の間の差異に比べれば、なきに等しい。それゆえ、胎児にのみ生命権を否認し、出生後の人間に対しては、新生児であると成人であると問わず、そのすべてに生命権を認めようというのは、およそ健全な論理的判断からはほど遠いものといわねばなるまい」とする。(iii)の立場に関しては、それを「知的誠実さを欠いた議論」だとする。なぜなら、「そもそも、生命権に強力なものと脆弱なものとがあるという主張は、とうてい承服できない。かかる主張は、生命権と通常の権利とを分かつ深淵、諸々の権利の中で伝統的に生命権に与えられてきた特別の地位を無視し、ないがしろにするもの」だからである。また、「胎児に生命権は認められないがその生命はできうるかぎり尊重されねばならない」ことから、胎児の生命保護は、「すでに出生し生活している人間の利益を著しく損なわない程度の保護でなければならない」とする議論に対して、「この議論の根底にあるのは、疑いもなく、胎児は犬や猫、その他保護に値する野生動物と同レベルの道徳的地位しかもたないという認識であ」って、「かかる認識は、胎児の実相に対する無理解に由来する」として否定する。(iv)に関しては、「まったく同一の前提から出発して正反対の結論、人工妊娠中絶に対する法的規制の強化を導き出すことも、けっして不可能ではない」として否定する。つまり、胎児の生命権と女性の中絶権という権利の葛藤状態に関して、もし、理性的解決が不可能だとしたとき、「われわれは、二つの好ましくない選択肢（殺人を許容することと、女性のプライヴァシーの権利に対する侵害を許容すること）のうち、より小さな悪（lesser of two evils）である後者を選択すべきであろう――胎児に生命権を是認する方が無難であろう」ともいえるからである。[11]

次に、第二の立場に関して、足立は、「この議論は、ホモサピエンスという生物分類学上の一つの種に属することを生命権享有のための必要十分条件とみなしている」ものだとする。そして、足立は、「ホモサピエンスに属するものに生命権享有を限定することは、哲学的にも倫理学的にも許されないことではないだろう」が、しかし、「受精後まもないころの細胞（接合子 zygote）と、すでに知覚の能力を獲得し――それが、いかに原始的な知覚の能力であろうと――、単なる反射運動だけでなく能動的な運動をも見せるようになる妊娠四、五ヶ月頃の胎児（fetus）とに、同一の道徳的地位を与えること、生命への『不可侵の』権利を等しく認めることには、かなりの論理的飛躍があるのではなかろうか」とする。この論理の飛躍を補う「胎児の潜在的可能性（potentiality）」に関する議論、すなわち、「通常の発育の条件が与えられさえすればある高等な属性……をもつようになるところの存在は、すでにその属性を獲得している存在と同様、生命への権利を認められるべきである」とする立場に対しては、「なんらかの欠陥のため、たとえ通常の発育の条件を与えられても問題の属性を獲得しえそうにない胎児や乳幼児は、生命への権利を否認されても仕方ないことになってしまう」として、その帰結の不合理性を指摘する。足立によれば、この第二の立場は、「受胎直後の接合子と出生直前の胎児を一括して論じることに、そもそも無理がある」のである。[12]

第三の立場に関して、足立は、さらに、(a)母親が胎動を感知した時期から胎児に生命権を認める立場、(b)胎児の独立生存可能性が生じた時期から胎児に生命権を認める立場、(c)胎児が知覚(厳密には、知覚の中でもっとも原始的な快感・不快感)を獲得した時期から胎児に生命権を認める立場、に分ける。

まず、(a)に対して、足立は、「科学的な胎児学が未発達で、胎児の成長ぶりを知る唯一の方法が胎動であった時代にあってこそ、胎動説はそれなりに有意義なものであったかもしれない。だが、胎動説は、今日、その正当性をほとんど失った、といわざるをえない。第一に、胎動を感知する時期は、母親によって必ずしも一定しない」からであり、「第二に、胎動を感知するか否かは、そもそも、胎児の本質とはほとんど無関係な事柄」だからである。また、(b)に対しても、「医療機器や医療技術が今日ほど進歩していなかった時代においては、母体外生育が可能か否かはそれなりに有意義な指標であったかもしれない」が、現代において、「母体外発育が可能か否かは、胎児の本質と無関係な事柄になったのである。とすれば、そのようなものを胎児の道徳的(及び法的)地位を決定するための基準とはなしえないこと、自明であろう」とする。[13]

そして、足立自身は、(c)の立場を支持している。足立は、「快感・不快感の知覚を有するホモサピエンスであることを生命権享有の要件(必要十分要件)とすることの最大のメリットは、この基準に従うかぎり、生命権を否認される『すでに出生している人間』がほとんど出ない」ことだとする。また「第二の、副次的なメリットは、中絶を原則的に許容する政策や、受胎の瞬間から中絶を原則として禁止する政策に伴う様々なデメリットをほぼ解消しうる」ことだとする(ただし、足立は、この副次的メリットは、妊娠中絶を許可する根拠になりえないとしている)。つまり、「この規準からすれば、妊娠三ヶ月の末までの中絶のみ許可され、それ以降の中絶は、正当防衛に該当する場合を除いて、原則的に禁止されることになろうが、そのことによって、一方では、従来中絶されていた数多くの胎児の生命を救うことが可能になり、他方では、様々な事情のためどうしても子供を生み育てることができない女性に救いの手を差しのべることが可能になる」として、支持するのである(足立によれば、「多くの胎児研究者は、妊娠四ヶ月から六ヶ月にかけてのある時期に胎児が知覚を獲得するものと推定している」[14]）。

しかしながら、快感・不快感を生命権の要件とすることも、それほど自明なことのようには思われない。足立自身が認めるところだが、この「規準を採用する者は、当然のことながら、心臓死ではなく、いわゆる『脳死』を――もっとも、脳幹・脊髄系の機能が多少なりとも残っている以上、脳死という表現を用いることは必ずしも適切とは思われないのだが――死の基準として選択することになろう」[15]。ところが、死の基準として、心臓死とすべきか、脳死とすべきかも、そもそも自明のことではないのである。したがって、結局のところ、生命権の始期を画定する客観的で明確な基準は、現在のところ見当たらないように思われる。

足立のように、女性から胎児を切り離して、両者を対峙させる見方を当然の前提とした場合、胎児の生命権の始期の画定作業が不可欠となる。しかし、その客観的な基準は明らかではないため、こうした見方を前提としたとき、妊娠中絶問題の原理的な解決は不可能となってしまう。そこで、妊娠中絶に関わる問題を憲法論として深めていこうとする立場からすれば、こうした見方をとることは、そのための十分条件を満たさないといえるだろう。

つまり、この問題を憲法論として深めていくためには、われわれは、もっと別の見方をしなければならないのである。

そこで、次に、こうした従来の見方と異なる見方をする見解をみていきたいと思う。

二　ドゥオーキンの見解

ドゥオーキンは、「胎児は、人か否か」という問題設定を否定する。なぜなら、そうした問題設定からは、中絶権の是非に関して、妥協の余地が許されないからである。

実際、妊娠中絶に関する保守的な見解（中絶権に対して否定的な立場）にしても、リベラルな見解（中絶権に対して肯定的な立場）にしても、こうした問題設定を前提とした場合、その主張は非常に矛盾したものになってしまう。そこで、彼は、妊娠中絶に関する見解の相違が、胎児が人であることを前提に生じる「派生的（derivative）利益」を巡るものではなく、胎児が人か否かに関わりなく生じる「独自的（detached）利益」の理解を巡るものであると主張する。そして、「独自的利益」について、州は「責任」という目標を追求することはできるものの、「強制」、あるいは「服従」という目標を追求することはできないとする。

ここでは、こうしたドゥオーキンの見解に関して、みていきたい。

1 「派生的利益」をめぐる問題から「独自的利益」をめぐる問題へ

ドゥオーキンによれば、「胎児は、人か否か」という問題設定を変えない限り、中絶権に関する論争に、何らかの理性的妥協が図られることはない。なぜなら、前述したように、こうした問題設定に囚われる限り、保守的な立場からすれば、妊娠中絶は殺人に他ならず、リベラルな立場からすれば、その禁止は著しい人権侵害だからである。したがって、こうした問題設定の下で、「もし両者の見解の不一致がそのように動かしがたいものであるのならば、原則的な解決はありえず、粗暴な政治的権力によって明確にされる高々陰鬱でもろい均衡しかありえないことになる」[16]。

そこで、ドゥオーキンは、こうした問題設定そのものが間違ったものだと考える。そのことを説明するために、彼は、胎児の生命に対する「派生的利益」と「独自的利益」とを区別する。前者は、胎児が人であることを前提として主張される利益のことである。つまり、人であることから派生的に主張される利益である。たとえば、すべての人には、殺されない権利が保障されているため、もし、胎児が人であるならば、胎児にも殺されない権利が認められなければならないことになる。したがって、中絶権に関する論争を、胎児の「派生的利益」に関する問題だと考えるのなら、そこでの中心的論点は、「胎児は、人か否か」、あるいは「胎児は、いつから人となるのか」になる。それに対して、「独自的利益」とは、胎児が人であるかどうかに関わりなく、その生命の神聖さに基づいて主張される利益のことである。そのため、中絶権に関する論争を、胎児の「独自的利益」に関する問題だと考えるのなら、そこでの中心的論点は、必ずしも、「胎児は、人か否か」、あるいは「胎児は、いつから人となるのか」に関わらないことになる。そして、ドゥオーキンによれば、中絶権に関する論争は、しばしば、胎児の「派生的利益」に関する問題だと考えられているが、実のところ、それは「独自的利益」に関する問題なのである。

彼によれば、そもそも妊娠中絶を法によって禁止すべきだとする保守的な人々であっても、いくつかの例外を認めているが、例外が認められる場合は、母体保護のために必要な場合だけでなく、しばしばレイプや近親相姦による妊娠の場合にまで拡大している。しかしながら、「一方では、たとえ子供の出産が母親や家族の生活を破壊することがあっても、胎児は中絶禁止を正当化するに足りる生きる権利を有していると主張しながら、他方では、その妊娠が、もちろん胎児の全くあずかり知らない性犯罪の結果による場合には、胎児はその存在を終えざるを得ないと主張することは矛盾であろう」。また、妊娠中絶に関してリベラルな立場の人々の見解も、従来の問題設定だけを前提としたなら、不十分な主張だといえる。彼によれば、リベラルな見解は四つの要素を含んでいる。すなわち、①妊娠中絶の決定はモラル上深刻なものであること、②胎児、母親の深刻な理由に基づく妊娠中絶の許容、③母親の生活上の不利益に基づく妊娠中絶の許容、④州は刑罰法規で胎児の利益を擁護する権限を有しないこと、である。そうであるならば、結局のところ、「リベラルな見解も保守的な見解と同様に、人間の生命はそれ自体本来的にモラル上重要な価値をもったものである、という前提に立っており、それ故、誰の利益も危機に瀕していない場合ですら、生命を断つことは原理的に悪と考えているものである」[17]。

したがって、ドゥオーキンによれば、実際に争われているモラル上の問題は、「胎児は、人か否か」に由来するものではない。彼によれば、「ほとんどの人々は、明示的又は暗黙に、あらゆる人々にとって、人間の生命は自らの個人的価値から全く独立した客観的・本来的価値を有しているという考えを共有しているのである」(18)。このように問題設定を捉え直すことによって、一方で保守的な立場の人々が、しばしば妊娠中絶の禁止に例外を認め、他方でリベラルな立場の人々が妊娠中絶を単なる外科手術と異なり、深刻なモラル上の問題を含むものだと考えていることも理解できるのである。

2 「独自的利益」をめぐる保守的な見解とリベラルな見解の相違

さて、ドゥオーキンによれば、生命の神聖さは、人間と自然との創造的な投資努力の産物だとされる。人間の投資努力とは、生命を創造するために行われる個人的な選択、訓練、献身、決定のことであり、自然の投資努力とは、そうした個人的な選択や献身によらないものである。彼によれば、このように考えることによって、妊娠中絶に関する保守的な立場とリベラルな立場とを適切に理解できる。彼によれば、中絶権の保障に対して否定的な立場(保守派)も、肯定的な立場(リベラル派)も、生命の神聖さを認めており、かつ、生命の破壊の悪性に程度があると考えている。なぜなら、二つの立場はともに、同じ妊娠中絶であっても、しばしば、妊娠の早い時期よりも遅い時期の中絶の方が悪いことだと考えており、また、胎児に障害があるなどの事情がある場合よりも、そうした事情がない場合の中絶の方が悪いことだと考えているからである。問題は、その悪性の判断基準である。

ドゥオーキンによれば、その判断基準は、単に生命の喪失の時期が早いか遅いかではない。なぜなら、彼によれば、「早死による悲劇度に関して大多数の人々が抱く意識は、仮にそれを死亡した時の年齢と悲劇の程度の関係としてグラフに表わすならば、それは誕生してから子供期の後半又は青年期の初期のある時点までは上昇し、次いで少なくとも中年期の極めて初期までは水平線をたどり、やがて最晩年期に至るまで下降するというものであろう」[19]からである。

　そこで、彼は、その判断基準として「挫折（frustration）」概念を用いる。つまり、人間の生命に対する自然、あるいは人間の重要な投資努力が行われたにもかかわらず、それが十分に満足させられていない場合ほど、悪性が高くなるというものである。そして、彼によれば、「中絶に関する人々の間の意見・信念の深刻な不一致点のいくつかは、個々人の生命の不可侵性に対する自然と人間の貢献のモラル上の相対的な重要性に関して、人々の意見が深く分裂していることの反映であると考えることによって、最もよく理解することができる」。つまり、「そのバランスが、生命に対する人間の投資を挫折させないことに重要性がおかれるにつれ、保守性がうすれてよりリベラルなものとなっていくのである」。したがって、「リベラルな見解は程度の差はあるものの、人間の生命は神や自然の力によって創造されるだけではなく、それと同時に、かつそれとは異なって、なおかつ基本的な方法としては個人的な選択、訓練、献身、決定によって創造されるものであることを強調する」。「このようなリベラルな見解によると……予測不可能な望まれない妊娠によって、成人の野心・才能・訓練・希望が破壊させられることの方が、その種の重要な人間的投資がなされる前に胎児が死亡することよりも、より一層重大な生命の驚異に対する挫折とされる」のである。もちろん、リベラルな見解をもつ人々の多くが自然の投資を完全に無視するわけではなく、逆に、保守的な見解をもつ人々の多くも人間の投資を無視しているわけではない。したがって、いくつかの事例において、両者の結論は一致する。しかしながら、「保守派とリベラル派の考えが一致しないのは……彼らが共に基本的で重要なものとして承認しているこれらの価値の相対的重要性に関して、異なった――しばしば劇的に異なった――立場をとるからなのである」[20]。

3　ロー判決の再考と二つの目標

ドゥオーキンは、こうした理解や問題設定の捉え直しを踏まえて、ロー判決を再考する。

彼によれば、ロー判決は、第一に、妊娠している女性に、憲法上の権利としての生殖に関する自己決定権（a right of procreative autonomy）を認めることで、州が妊娠中絶を完全に禁止する権限までは有しないことを宣言し、第二に、それでもなお、州には中絶権を規制する正当な利益があることを認め、そして、第三に、そうした州の利益と女性の中絶権とを調整する枠組みを構成したものである。

まず、第一の点に関して、彼は、グリスウォルド判決は人々に受け入れられているが、そのグリスウォルド判決を正当なものとして認めるのなら、中絶権も正当なものとして認められなければならないと主張する。なぜなら、ドゥオーキンによれば、グリスウォルド判決を含めて、プライヴァシーに関する諸判決は、婚姻や出産に関する自由を認められるという仮説を受け入れなければ、正当化できるものではないからである。

そのため、ドゥオーキンは、「生殖に関する自己決定権は、デュー・プロセス条項の正当な解釈、及びそれを適用した最高裁の過去の諸判決の正当な解釈から導かれる」と述べる。ただし、実際のところ、彼は、むしろ、修正一条の国境樹立禁止や宗教の自由によって中絶権を擁護しようとしているように思われる。なぜなら、彼は、「中絶の権利に関する修正一条による擁護は、デュー・プロセス条項による擁護よりも、より一層複雑」だが、「それは無理のない擁護論」だと述べているからである。もちろん、ドゥオーキンの主張は、妊娠中絶に関する論争が、宗教団体間の対立だからというものではない。ドゥオーキンは、宗教上の信念かどうかの判断基準として、二つの可能性を述べる。すなわち、「ある信念は、その意味内容のゆえに――コミュニティーが紛れもなく宗教的であると認める問題について論じるがゆえに――、宗教上の信念とみなされる」というものと、「ある信念は、正統な宗教上の信念が敬虔な信者にとってそうであるように、その信念がそれを有する人々にとってきわめて重大な主観的な価値を有するがゆえに、宗教上の信念とみなされる」というものである。そして、ドゥオーキンは、「ある種の内容に関するテストは最低限必要であり、私はそれで十分であると思う」として、内容テストを支持する。ドゥオーキンにとって、「人間の客観的かつ固有の（本来的）価値に関する信念は、紛れもなく宗教上の意味内容をもつ」ものであり、避妊や妊娠中絶に関する人々の考えは、まさにこれに該当するものなのである。(21)

もちろん、中絶権が正当なものだとされても、問題の解決にはならない。重要なことは、どのような場合に、州が、胎児の生命保護のための規制を、やむにやまれぬ利益ではないもの、あるいは、不当な負担でないものとして主張できるのかである。

この第二の点の問題に関して、ドゥオーキンは、生命の保護を理由とした規制に、異なる二つの目標が存在していると指摘する。一つは、「責任」という目標で、市民が、その「吟味された信念によって思慮深く決定することを目標とする」ものであり、もう一つは、「強制」あるいは「服従」という目標で、「生命の神聖さを最もよく表現し擁護する、と多数派が思うような法規及び実践に市民が従うことを目標とする」ものである。(22)

前述のように、「生命の保護」の主張の根拠には、「派生的利益」によるものと「独自的利益」によるものがあるが、もし、「派生的利益」を前提とするのなら、その目標は当然に強制という目標となるだろう。しかしながら、彼によれば、「派生的利益」は、妊娠中絶規制の根拠となり得ない。なぜなら、妊娠中絶に関して、派生的理由を根拠に異議を主張することは、第一に、現実の法実践との整合性がないからである。つまり、これまで存在した「もっとも厳格な中絶法ですら、謀殺（murder）を通常処罰するのと同じ程に中絶を重く処罰することはなかった」し、それればかりか、「むしろ、中絶はまさに原則として謀殺ほど深刻な事柄ではない、と決めてかかっていた」からである。第二に、モラル上の正当性もないからである。前述のように、保守的な立場の人々も含めて、現実には派生的理由を主張していない。つまり、「このような主張はほとんど理解できないものであり、それを信じている人はほとんどいない」のである。[23]

そのため、ドゥオーキンによれば、そもそも、ロー判決は、胎児が人か否かを巡る派生的利益に関する判例ではなく、独自的利益に関する判例であったといえ、ケイシー判決は、ロー判決で解決されなかった問題——妊娠中絶の制限の目標が「責任」なのか、それとも「強制」あるいは「服従」なのか——を扱ったものである。そして、ケイシー判決では、「州には、いかになぜ生命が神聖であるのか、に関するある特定の見解を市民に押し付ける権限はないと強く主張することと、そのうえさらに州には、市民が中絶の問題をまじめに扱うように促す権限があると主張することは、およそ矛盾しない[24]」ことが示されたのである。つまり、ドゥオーキンによれば、「アメリカ合衆国憲法は、まさに、州政府が『責任という目標』を追求することを許している[25]」のであり、ケイシー判決は、そのことを確認したのである。

ドゥオーキンによれば、それでも胎児の脳が十分に発達した段階では、生命に関する独自的利益とは別の正当な利益が州に生じる。なぜなら、「苦痛を感じることのできる生き物はそれを回避する利益を有している」のであり、「胎児の神経細胞が苦痛を感じるまでに発達している場合に、（それに対して）苦痛を加えることは胎児の利益に対する重大な侵害である」からである。[26] つまり、そうした段階では、胎児は胎児自身の諸利益を有しているのであり、州は、胎児自身の諸利益を擁護することができるのである。もちろん、胎児が胎児自身の諸利益をもったからといって、胎児が憲法上の人になるわけではない。しかし、たとえそうだとしても、その生物がそれ自身の諸利益をもつのなら、「憲法上の人ではない生き物——たとえば、動物——の諸利益でさえも、これを擁護するために行動することができる」のである。こうしたことを踏まえて、ドゥオーキンは、ロー判決が判示した第三の点に関しても、不当なものではないと主張する。ロー判決は、胎児の独立生存可能性が生じた時点で、州が妊娠中絶を禁止できるとしたが、胎児の独立生存可能性を基準として用いることの是非に関して、ドゥオーキンによれば、次の二つの問い方が可能である。一つ目は、「いったいなぜ、胎児の生存可能性というものが、州が中絶を禁止することができる最も早い時点を画するのか？　その時点で州が中絶を禁止することができるなら、多くの市民が明らかに望んでいるように、なぜもっと早く禁止できないのか？」であり、二つ目は、「いったいなぜ、胎児の生存可能性というものが、妊娠中の女性の擁護されるべき権利の終期を画するのか？　州がその時点より前に中絶を禁止することができないなら、なぜそれ以降なら禁止できるのか？」である。[27]

一つ目の問いに関しては、まず、「責任」という目標を考えるなら、「通常の状況下であれば、女性に対して自分の権利を行使するだけの公正な機会を与えるのに十分なほどあきらかに遅い、と考えた妊娠中のある時点」を選択しなければならないが、「胎児が生存可能となる時点は、権利の行使を故意に遅らせて、ついにその時点を過ぎてしまうことが人間の生命の固有の価値を侮辱するように思えるほど、胎児の自然な発育がずっと進んでいる時点」といえる。つまり、ドゥオーキンによれば、胎児の独立生存可能性が生じるほど、十分に遅い時期になって、はじめて、「責任」という目標に基づいて、禁止が許されるようになるのである。もちろん、胎児それ自身の諸利益が生じた時期以降なら、州は「責任」と異なる「強制」、あるいは「服従」という目標をもつことができるかもしれないが、胎児の独立生存可能性が生じる時点こそ、「発育についての最良の証拠によれば……胎児がそれ自身の諸利益を有すると考えうる最も早い時期」なのである。[28]つまり、この時期になって、はじめて州は、胎児が胎児自身の諸利益をもつことから派生する利益を主張することができ、その利益に基づいて、州には、妊娠中絶の禁止が許される可能性が生じることになる。

二つ目の問いに関しては、すでに述べてきたことから説明できる。第一に、「おおよその時点では、胎児の感覚の原初的な形態が存在しうる程充分に脳が発達しているであろう」ことから、「その時点においては、良識をもって、胎児はそれ自身の諸利益を有すると言ってよい」からである。つまり、胎児がそれ自身の諸利益を有するようになって以降なら、州には、そうした利益に基づいて、中絶の禁止が許される可能性が生じるのである。第二に、「胎児が生存可能となる時点が到来する前に、通常、妊娠中の女性は、妊娠を続けることが最良であり正しいことであると思うか、妊娠を終わらせることが最良であり正しいことであると思うかについて、熟考し決断するだけの十分な機会を有している」からである。[29] つまり、ドゥオーキンによれば、これだけ十分な時間があれば、「責任」という目標に基づいて、妊娠中絶を禁止することも、許されるのである。

したがって、ドゥオーキンによれば、胎児の独立生存可能性が生じる時点こそ、「胎児の諸利益を擁護する州の派生的な（derivative）諸利益と、責任に関する州自身の独自の（detached）利益を適切に主張することができる最も妥当な時点」ということになる。[30]

4 検討

以上のように、ドゥオーキンは、中絶権に関するリベラル派、保守派の双方の主張を、派生的利益でなく、独自的利益を巡る議論だと分析する。したがって、彼によれば、中絶権に関する問題設定は、「胎児は、人か否か」に帰結することはない。そして、この「胎児は、人か否か」という問題設定から解放されることによって、中絶権をめぐる対立は、たんなる一時的な政治的解決（つまり、粗暴な政治的権力による陰鬱で脆い均衡）ではなく、法的で原理的な解決が可能となる。

このようにドゥオーキンが、従来の問題設定を批判的に検討し、それに代えて新たな問題設定を試みようとしたことは、評価できるものと思われる。しかしながら、彼の主張には、以下のような問題を指摘できるだろう。

まず、中絶権と他のプライヴァシーに関する事例との相違点に関する理解である。ドゥオーキンは、避妊の自由を認めたグリスウォルド判決やその他のプライヴァシーに関する諸判例を正当化するのなら、中絶権も許されるという仮定がなければならないとする。しかし、そこでは、比較的容易に、避妊に関する自由などと中絶権との間の類似性が前提とされてしまっているように思われる。

ダニエル・J・ソロブは、（中絶権に関する文脈ではないが）ドゥオーキンの法解釈手法[31]に関して、「ドゥオーキンの法体系は、適合（fit）の問題の説得力のある解決を提供し損ねる」と指摘する。なぜなら、「ドゥオーキンがほとんど排他的に法的論証に焦点を当て、判決における事実の役割を考察していない」からである。ソロブによれば、ドゥオーキンにとっての重要な争点は、正義に関する正しいテストに関するものであり、具体的事実がそうしたテストを満たすかどうかではないが、しかし、「ドゥオーキンの主張とは対照的に、法における多くの不合意は、原理の識別に関するものではなく、特定の事案への原理の適用に関するものなのである」[32]。つまり、抽象的な法命題の整合性だけではなく、事実の解釈――見方――こそが重要なのである。

実際、中絶権に関する論争は、事実の解釈を巡って争われてきたものだといえる。たとえば、保守派を代表する判事であったレーンキストにすれば、（第一章で説明したスタンバーグ判決の反対意見で述べたように）中絶権と避妊の自由との間には、胎児の損壊を必然的に伴うか否かという決定的な違いが認められるのである。そして、レーンキスト判事の意見では、妊娠中絶に関して、女性から胎児を切り離して、両者を対峙させるという見方がとられている。

もちろん、ドゥオーキンは、胎児の法的人格性を否定することで、レーンキストのような見方を退けている。しかし、ドゥオーキンの考えは、中絶権を根拠づけようとするあまり、他の権利との類似性を強調し過ぎて、かえって、妊娠（中絶）という事実の特殊性を理解し損なっているように思われる。そのことは、中絶権を政教分離の問題と考えたなら、なおさらのことではないだろうか。

次に、ドゥオーキンのリベラル派と保守派のモラル上の対立の整理の仕方についてである。ドゥオーキンは（本書では、その詳細を割愛しているが）様々な立場からの主張を分析し、そのモラル上の対立点を整理しているが、しかしながら、それらの主張の分析および整理は、妊娠中絶に関わる当事者、すなわち、妊娠した女性（あるいは、より広くいうなら、妊娠するかもしれない女性）の立場を反映させたものではない。あくまで、彼女らの決断（あるいは、彼女ら自身）に関心をもつ人々の考えを分析したものである。そのことは、ドゥオーキンの主張の中心的概念である「挫折」概念の問題にも関連しているように思われる。

コーネル（中絶権に関する彼女の理論は後述する）は、ドゥオーキンが、この「挫折」概念を利用して示した直観に強く反対する。コーネルは、次のように述べる。すなわち、「私は、乳児が死ぬ時よりも三歳の子供が死ぬ時の方がひどい悲劇であるという思想を却下する。そうしたひどい悲劇には、いかなる尺度の基準も存在しえない」。ドゥオーキンの挫折概念は、悲劇性の程度を測る消耗概念であり、挫折概念を利用することによって、われわれは、「より大きな悲劇」だとか、「より小さな悲劇」を説明できるようになる。しかしながら、コーネルは、「一人の母親が別の母親に対して、自分の方がもっとひどい悲劇だ。なぜなら自分は乳児ではなく三歳の子どもを失ったのだからと語っている場面を想像して頂きたい」という。おそらく、われわれの直観は、そうした母親の主張を受け入れることができないだろう。コーネルによれば、「ある人格の生活の中での、そうした圧倒的な惨害（devastation）は、比較や尺度を受け付けない」ものなのである。[33]

たしかに、そうした悲劇について、ある程度の距離を保って語る人たちにすれば、ある悲劇と別の悲劇とを比較して測ることもできるかもしれない。しかし、コーネルのいうように、悲劇の当事者にとって、悲劇性の程度の比較はできようはずがない。そのことは、ドゥオーキンの示す枠組みが、妊娠中絶を決断する（あるいは、決断するかもしれない）女性の立場に基づくものではないことを示唆するものだといえるのではないだろうか。

また、ドゥオーキンの主張には、実践的な点においても、批判されるべき点があるように思われる。言うまでもなく、米国の中絶権の擁護に関して、重要な役割を果たしてきたのは、フェミニズムの考えであるが、レイチェル・N・パインとシルビア・A・ローによれば、生殖の自由に対するフェミニズムの主張には、①州のコントロールからの自由の原則、②政府の中立性の原則、③生殖の積極的自由の原則の三つの要素が含まれている。[34]しかし、ドゥオーキンの主張は、州のコントロールからの自由の原則は満たされたとしても、その他は、必ずしも、満たされないように思われる。

ドゥオーキンによれば、ロー判決は独自的利益に関する判例であり、ケイシー判決は、そのロー判決を前提として、州が「責任」という目標を追求できることを確認したものである。一方で、胎児の独立生存可能性が生じる以前において、州は、「強制」、あるいは「服従」という目標を追求することは許されないとされる。

ところが、この「責任」という目標の追求と、「強制」あるいは「服従」という目標の追求との違いは、非常に曖昧である。もし、この概念の区別が、現実の法的プラクティスの解釈や分類に際して、必ずしも明確なものとして機能しないのなら、「責任」という目標の追求の名の下で、なし崩し的に「強制」あるいは「服従」という目標の追求が認められていくことになるだろう。そして、その現象は、（第一章で考察した）一連のポスト・ロー判決においで現実のものとなっているのではないだろうか。したがって、ドゥオーキンの考えは、ポスト・ロー判決の枠組ばかりか、その具体的内容まで正当化することがあったとしても、それを批判的に検討する道具としては、必ずしも十分に機能しないように思われる。そうであるならば、ドゥオーキンの考えから、政府の中立性の原則や生殖の積極的自由の原則が満たされる可能性は、それほど期待できないといえるだろう。

そして、最後に、妊娠中絶を決断する（あるいは、決断するかもしれない）女性は、州から「責任」という目標を追求されなければならない存在なのだろうか。そうした「女性」は、「無責任」な存在なのだろうか。[35]ドゥオーキンは、必ずしもこの問題に答えていないように思われる。そのため彼の議論では、政府が、多数意見にしたがって、そうした女性に対して、「責任」という目標を追求することの意味や効果に対して、必ずしも、十分に配慮がなされていないのではないだろうか。

州が、「責任」という目標を追求できるとすることは、妊娠中絶を決断しようとする女性が「無責任」であるというように、女性をみなすことにほかならないように思われる。そうであるならば、妊娠中絶を決断した、あるいは、決断するかもしれない女性に対する社会的抑圧は、その自由の保障——女性の妊娠中絶や出産の決断にあたって、「強制」、あるいは「服従」という目標の追求を認めないだけのこと——によって、(妊娠中絶を決断した、あるいは、決断するかもしれない女性は、「無責任」なのだというように)再生産されてしまうだろう(この問題は、後述のルーベンフェルドによる人格性理論の批判とも関連している)。

したがって、結局のところ、ドゥオーキンの考えは、妊娠(中絶)という事実に向き合う女性たちを擁護するものではないように思われる。

三　ルーベンフェルドの見解

ルーベンフェルドは、自己決定(self-definition)権——'self-definition' は、自己「定義」と訳した方が正確かもしれないが、日本では、まだ、それほど馴染みのある表現ではないため、ここでは、あえて、「自己決定」としている——としてのプライヴァシー権に関して、修正四条や不法行為法で保障されるプライヴァシー権と区別した上で論じている。ルーベンフェルドによれば、従来、自己決定権としてのプライヴァシー権は人格性に関連づけて論じられてきたが、そうした試みは必ずしも成功していない。そこで、彼は、従来のプライヴァシー権に代えて、反全体主義としてのプライヴァシー権という考えを主張する。ここでは、こうした彼の見解をみていきたい。

1　人格性理論に対する分析的批判

ルーベンフェルドによれば、「『人格性』の起源がいかなるものであるにせよ、これは、プライヴァシーの法理に深く入り込んだがゆえに、プライヴァシーを基礎づける価値とか、プライヴァシーの権利そのものと看做されるのが当たり前となっている」[36]。そして、人格性から自己決定権としてのプライヴァシー権にアプローチする考え方、つまり、人格性理論（personhood theory）とは、ルーベンフェルドによれば、「われわれのアイデンティティーまたは自己決定が、危機に晒されるとき、国家の干渉は許されない、というものである」[37]。しかしながら、ルーベンフェルドは、人格性理論が自己決定権の範囲をうまく画定できないとして、その分析的批判を展開する。

たとえば、多くの人々は、（少なくとも直観的には）性の問題が個人的アイデンティティーの中核であり、そのため、性の問題に関して、自己決定が保障されるべきだと考えているかもしれない。しかし、だからといって、売春、姦通、近親相姦、あるいは強姦を禁止する法律が違憲だとは思わないだろう。もちろん、人格性理論の支持者も、すべての性的関係が個人的アイデンティティーの中核にあると主張しているわけではなく、彼らの主張では、「むしろ、性的関係の親密性――二人の間の絆――の方が、中心をなすものかもしれない」。もし、この考えを受け入れるなら、売春は商売であって、親密性と関わらないものだといえるだろう。しかし、それでも「姦通と近親相姦は、婚姻と同様、『親密な』関係を含むであろう」し、また、「心理学的な観点からすると、強姦犯は、その行為によって最も広い意味では、彼のアイデンティティーを表明し、確立しているのかもしれない」のであり、やはり問題が残る[38]。

ルーベンフェルドによれば、人格性理論の支持者は、この問題に関して、二つの回答をもっている。第一に、「それは、『悪い』または『不健康な』アイデンティティー」だというものである。しかしながら、こうした「明らかに規範的な回答では、人格性の論者の断固擁護しなければならない事柄、すなわち、広く受け入れられている、伝統的な『通常』の価値に逆らっても自己決定する権利が、放棄されるように思われる」。第二の回答は、いわゆる「危害原理」に訴えるものである。これは、ジョン・スチュアート・ミルの「自分に関わる行為（self-regarding）」のテーゼに関連するものである。たしかに、この危害原理によれば、強姦が禁止される理由は明らかである。しかしながら、姦通が禁止される理由に関しては、強姦の禁止の理由ほど明らかではない。姦通に関しては、姦通が配偶者や子に与える精神的危害から説明できるかもしれないが、しかし、「ミルのテストは、『精神的危害』の主張について極めて懐疑的であるのが普通なのである」[39]。

さて、仮に精神的危害の主張を受け入れるとして、「人格性の保護領域から排除しようとする行為は、必然的に他者に影響を与えたり、あるいは、他者に危害を加えるものである」としたとしても、そもそも、「人格性に含ませようとする行為も、同じように他者に影響を与えるかもしれないという問題が残る」。とくに、この問題は、精神的危害の主張を受け入れた場合に顕著なものとなる。たとえば、「人格性自体の見解では、プライヴァシーの権利は、偶像破壊を擁護するのであり、この権利によって人々は何らかの広範かつ強固に支持されている価値を無視しても、自己決定することができる」が、しかしながら、「人格性の保護しようとする行為の反対者は、彼らの伝統的価値が衰退すれば、子供たちの幸福や社会の崩壊の危機に晒されるかもしれない、と固く信じている」のである[40]。

もし、精神的危害の主張を受け入れるとするならば、他者にこうした懸念を抱かせることも危害として受け入れざるを得ないだろう。ここで注意しなければならないのは、必ずしも「無節操や混乱が蔓延するという脅威が、問題とされているわけではない」ことである。米国の判例でプライヴァシー権の問題であるとされた異人種間の婚姻などに関していえば、むしろ、「それは、共同体を改造し、多くの人に安全と優越感（他の人には劣等感）とを保障する制度を掘り崩し、人種間の自然で絶対的な分離をという前提に依拠した社会制度や社会慣行の総体に疑いを持たせるという脅威を与えた」ことが問題なのである[41]。

制度や慣行に依存する人々にとって、それらに疑いを持たせることは、明らかな危害だといえる。したがって、ルーベンフェルドは、危害原理では自己決定権の範囲を画定できないとする。

2　人格性理論に対する共和主義的批判

そのため、ルーベンフェルドによれば、もし、人格性理論の擁護者が、なおも弁明するならば、ミルの（少なくとも表面的な解釈による）見解、すなわち、危害原理を放棄して、「人格性によって保護される行為が、他者に影響をもたらすことを認め、社会は、そうした行為に多大な関心を抱くこともあることを認識」しなければならない。その代わりに（あるいは、そうすることによって）、人格性理論の擁護者は、「その目的は、正当な国家権力の限界を画定すること――政府が個人の生活と自由の根本をなす事柄に介入するのが許される場合を述べることだ」と弁明することができる。すなわち、人格性理論の擁護者が主張すべきことは、危害原理そのものではなく、「ある個人が誰かを攻撃したり、あるいは、口にするのがはばかられるやり方で社会機構を脅かしたという理由だけで、本当にそのように介入できるのだろうか」という問いなのである。そして、「このような考え方をすると、人格性からその支配原理として、周知の利益衡量テストを取り出すことができる」[42]。

しかしながら、ルーベンフェルドによれば、こうした主張も不十分なものである。なぜなら、人格性理論の擁護者が想定する利益衡量テストの前提、すなわち、自由主義的な自己決定観に疑義が生じるからである。

人格性理論の擁護者が想定する利益衡量テストとは、それを通じて、社会の価値観の押し付けから、個人の自己決定の自由を守ろうとするものである。ルーベンフェルドによれば、「そのような自由の前提は、人間の自己決定を自由主義的に理解することである。つまり、それは、人は、社会とは独立して、何事かをなすことができ、また、近時、なすことができるはずだという自己決定の概念である」。しかしながら、こうした自由主義的な見解に対して、近時、共和主義的な見解が有力に主張されている。共和主義的な見解によれば、むしろ、問題とすべきは、社会のアイデンティティーへの脅威なのである。すなわち、「偶像破壊は、社会が自ら選択し、決定してきた特定のアイデンティティーを破壊し、あるいは、それを作り変えるという脅威を与えるのである」[43]。

したがって、もし、人格性理論の擁護者が自由主義的な自己決定権を主張するなら、その反対者は、共和主義的な解釈で応酬するだろう。その場合、人格性理論の擁護者は、どのように反論すればよいのだろうか。

ルーベンフェルドによれば、「人格性からの回答は、以下のごとくである。共和主義は、『共同体』をその構成員を超えて存在するものと考える点で、誤っている。『人民の意思』が無いように、『集団のアイデンティティー』のごときものも無い」のである。この人格性理論の擁護者からの主張には、実のところ、存在論的なものと規範的なものとが混在している。しかしながら、ルーベンフェルドは、その双方に対して疑義を提示する。まず、存在論としてなら、集団のアイデンティティーが疑われるのと同じ強さで、そもそも個人のアイデンティティーも疑わしい。一方で、「われわれは、普通ある種の集団――大学、町、国――を時を超えて全く明瞭な性格とアイデンティティーを持つものと考える。われわれは、この意味においては、ある共同体の死についてさえ語ることができよう」[44]。

もちろん、人格性理論の擁護者の存在論的な主張が退けられたとしても、規範的な主張は残るかもしれない。しかしながら、規範的な主張があるのは、共和主義者も同様である。そして、自由主義者と共和主義者との論争は、容易に決着がつくものではない。つまり、人格性理論の擁護者の主張は、必ずしも当然のものとは考えられないのである。

こうした自由主義者（つまり、人格性理論の擁護者）と共和主義者との論争を別の次元で考えるなら、それは人間のアイデンティティーそのものに関する相違として捉えることもできる。すなわち、「自由主義者には、個人は個人で完全だと看做す傾向があ」るのに対して、共和主義者の考えでは、「人のアイデンティティーは、人の親密な諸々の関係、人の共同体および人の奥底にある価値に先行するものなのではなく、むしろそうしたものによって規定されるものと解されるのである」。ところが、自由主義的な立場であるはずの「人格性の見解では、婚姻、育児および性的な親密性についての決定は、人のアイデンティティーの中核をなしているがゆえに、憲法上の保護に値する」とされるが、「少なくとも重要な部分は、個人は、何らかの役割、価値および関係を通じて、アイデンティティーを形成するのだという仮定が人格性には、含まれている」のであって、「ここでは、人格性は、共和主義の領域に足を踏み入れているのであり」、そのため、「人格性の理論は、当然矛盾に陥るのである」。つまり、同じ人格性理論によって、共和主義的な見解も擁護できてしまうのである。しかも、ルーベンフェルドによれば、自由主義的な見解に基づく利益と共和主義的な見解に基づく利益とが対立した場合における「比較衡量では、自己決定のとき伝統に頼る人達が、かなり多いという理由だけで、人格性の天秤は、このような人達の方に傾くであろう」[45]と考えられる。

したがって、ルーベンフェルドによれば、利益衡量テストは、必ずしも、人格性理論の擁護者の考えているような形で展開するわけではないことになる。

3　フーコーの見解に基づく批判

さて、これまでみてきたところでは、まず、人格性理論では、自己決定権の範囲がうまく画定できないことが示された。そこで、人格性理論の目的は、自己決定権の範囲の画定ではなく、正当な国家権力の限界を画定することだと考えることで、利益衡量テストに訴え得るかもしれないことが考えられた。しかしながら、自由主義的な見解を擁護するはずの人格性理論は、同時に共和主義的な見解も支持してしまい、しかも、利益衡量テストは、必ずしも、人格性理論の擁護者の考えているような形で展開するわけではないことが明らかとなった。それでも、ルーベンフェルドによれば、人格性理論には、弁明すべき最後の可能性が残されている。すなわち、性に関する決定こそ個人のアイデンティティーの中核を占めているため、他の事柄に関する決定と異なって、そうした決定には憲法上の保護が必要だというものである。そして、この推論は、ジークムント・フロイトの見解によって支えられる。しかしながら、ルーベンフェルドは、こうした推論を、ミシェル・フーコーの見解を踏まえながら、批判的に検討する。

ルーベンフェルドによれば、フロイトの見解を用いることで、人格性理論は、「性（sexuality）は、心理学上（あるいは生物学上でも）われわれがアイデンティティーを形成するさいに、特権的な領域を占めるばかりでなく、同時に、きわめて個人的なアイデンティティーの内面的な境界を描いているのであり、国家は、この境界を超えてはならない」と主張できる。そして、「性のなかにこそ、我々のアイデンティティーの隠された真実が存在しているのであり、社会がその真実を抑制したり、発見するのを妨げたりすることは、われわれのアイデンティティーのためには、あってはならない」ことになる。このようにフロイトの見解を踏まえて展開すれば、「人格性には、人のアイデンティティーの精緻な理論が突如現れ」る。しかも、「このアイデンティティーの理論は、現在のプライヴァシーの事例と偶然にも奇跡的に一致する」。そして、「最終的に、人格性によって、解放の見通し（an emancipatory vision）が得られ、これによって自己補完できる。つまり、個人は社会的・性的な抑圧から自己を解放するという見解を獲得するのである(46)」。

さて、こうした推論は、いわゆる「抑圧仮説」を前提としている。すなわち、「この見解によると、われわれの性は、相当の期間にわたって体系的に社会により抑圧されてきたのであり、社会は、われわれが、真の性欲について語らぬよう命じ、性欲にしたがって行動しないよう命じ、事実、性欲を知ってはならないと命じているのである(47)」。こうした抑圧仮説が前提にあるからこそ、人格性理論によれば、われわれは、自らの性を解放して自己に関する真実を発見し、社会を変えていかなければならないというわけである。

ルーベンフェルドによれば、この抑圧仮説によって、人格性理論は、次の二つのことを意味することになる。第一に、性にこそ、自己に関する真実があり、したがって、性関係が保護されなければならないことである。第二に、自己の性を表現できるようにすることこそ、国家から個人を解放することに繋がるということである。しかしながら、ルーベンフェルドは、これら二つの事柄に疑義を示す。すなわち、第一の点に関しては、性と自己に関する真実との関連性は、生物学的、あるいは心理学的に当然のものではなく、むしろ、社会的慣行によって生み出されたものに過ぎないというものである。そして、第二の点に関しては、人格性理論では、克服すべき害悪が、人格性理論そのものによって再生産されてしまうというものである。ルーベンフェルドは、第一の点に関して詳しく論じることを避けており、その代わりに、第二の点から人格性理論を批判している。

ルーベンフェルドは、フーコーの見解を踏まえて、「今日では、技術の発展やはるかに組織的な文化の包摂作用(acculturation)を通じて、国家権力は、われわれの生活を監視し、形成し、また、われわれを利用し、方向づけ、さらに、我々の生活や意識に特定の型を押しつけようとして、積極的に作用する」[48]と指摘する。すなわち、国家権力は、個人の生活様式や慣行を、まさに生産するのである。しかも、国家権力の積極的作用（個人の生活様式や慣行の生産）は、現実には、ある集団を「救済」するという名目で行われてきた。[49]たとえば、同性愛についていえば、同性愛者に「治療を施すことが決められたことによって、それまでは決して絶対的でなかった同性愛者と異性愛者との区別が生じ、それと同時に、個人は、ますます鋭く自己を特定し、特定され、同性愛者として選び分けられることになるような新しい制度的な慣行が、出現したのである」。このように考えるなら、人格性理論が推論する解放の見通しは、非常に疑わしいものになる。なぜなら、「人格性では、抵抗すべき対象とされる害悪それ自体が、再生産されるかもしれない」からである。たとえば、ここで、同性愛に関する人格性理論の推論を考えてみよう。「人格性の立場は、同性愛的性行動が、個人の自己決定——個人のアイデンティティーにとって極めて重要であるがゆえに、憲法上の保障を受けるべきであるというものである」[50]。しかし、この主張は、はたして、同性愛的「性行動」も「性行動」であるから保障すべきということなのか、それとも、「同性愛的」性行動は、「同性愛的」だから保障すべきということなのだろうか。ルーベンフェルドによれば、前者の意味だとすると、すでに述べてきた理由から支持し難いことになる。したがって、この主張は、後者の意味として理解されなければならないことになる。つまり、同性愛者にとって、同性愛的性行動は、同性愛的アイデンティティーを示す根源的なものだからこそ、憲法上の保障を受けなければならないのである。

しかしながら、実際のところ、「同性愛的性行動を行う人々は、自分は『同性愛的アイデンティティー』を有していると考えるかもしれないが、そうでないかもしれない」。それにもかかわらず、「人格性の中心では、明確に画定された『同性愛的アイデンティティー』が援用され、人が、同性愛的性行動をしようとすると、直ちにこの同性愛的アイデンティティーに当てはめられるのである」。したがって、「人格性からすると、同性愛的関係が護られなければならないとしても、これも、本質的に異性愛者とは厳密に区別すべき種類の人が存在し、かれらが同性愛関係によって基本的に定義される限りにおいてでしかない」のである。しかも、「『同性愛的アイデンティティー』という考えは……ひどく差別的な分類の仕方そのものに由来するものである」。つまり、「同性愛であるということを見せるだけで、異常なことであると思われてしまうがゆえに、それだけで自己を決定するものと見做され、同性愛者がどのような種類のパートナーあるいは性的出会いを追い求めようと、同性愛であることによって、彼は依然として全面規定されるのである」。そのため、「人格性からは、同性愛に対する異性愛の見方が再生産され、この見方は、同性愛は、一つの性質であって、何らかの性格学的なウィルス（some characterological virus）のように、人のアイデンティティーの中核に侵入し、それを根本的に変えてしまっているのである」[51]。

もちろん、アイデンティティーの区別そのものではなく、その区分に序列をつけることが問題なのだと反論できるかもしれない。しかし、ルーベンフェルドによれば、序列化の衝動こそ、アイデンティティーの区別に先行するものなのである。つまり、「自己を他者より『優れた者』と考えたり、あるいは、自己を『正常な者』と考えようと思うからこそ、そうしたアイデンティティーの差異が、アイデンティティーに転化するのであり、この特定のアイデンティティーに照らし合わせることによって、われわれは自己決定するのである」。したがって、「自己決定の自由が宣言されるや、人格性によってアイデンティティーに対する制約に抵抗しようとしても、この制約自体が、人格性から再生産されるのである」(52)。

そこで、ルーベンフェルドは、人格性理論に関して、次のように結論づける。すなわち、「『人格性』という着想は、分析的に首尾一貫していないからでもなく、また、それが、あまりに『個人主義的』に過ぎるからでもなく、結局それが、プライヴァシーの政治的な願望——人格性自体のそれでないとしても——を裏切るがゆえに、われわれは、人格性テーゼを拒否しなくてはならないのである」(53)。

4　反全体主義からのアプローチ

さて、これまでみてきたような理由から、ルーベンフェルドは、プライヴァシー権（としての自己決定権）を支えるものとして、人格性理論を拒否する。そして、ルーベンフェルドは、プライヴァシー権の原理を「いくつかの特定の行為の自由」ではなく、「徐々にではあるが益々基準化されつつある国家によっては、人の生活がそれほど何から何まで決定されるものではないという基本的自由」だとする。ルーベンフェルドにとって、「危険なのは、特種な忍び寄る全体主義、つまり、力によらずして個人の生活を支配することなのである」。そして、ルーベンフェルドによれば、「それが、プライヴァシーの権利のみならずフーコーもわれわれに警告している危険なのである。

つまり、それが、標準化され、基準化された社会であり、そこでは生活があまりに広く、あるいは、厳格に教示されるのである。それが、今世紀、国家権力が示した脅威なのである」。そのため、ルーベンフェルドは、ある法律が何を禁止しているのかに関心を払うのではなく、むしろ、その法律が何を生みだそうとしているのかに注目するのである。ルーベンフェルドによれば、「プライヴァシーの権利が活用されてきた法律の特徴で際立った点は、その法律の生産的もしくは積極的結果に存するのである。プライヴァシーの権利を侵害したとして無効とされた法律を除けば、個人の生活に深く、広くあるいは永続的な積極的影響をもたらす法的禁止行為は、おそらく存在しないのである[54]。

プライヴァシー権の原理をこのように考えた場合、グリスウォルド判決において、メイヤー判決やピアース判決が先例とされたことは、容易に理解できるだろう。これらの先例は、単に一定の行為を禁止したというよりも、(外国語教育を禁止したり、私立の学校を禁止したりすることによって)人々を画一化しようとしたものである。

ルーベンフェルドによれば、「禁止の観点だけから考えると、中絶禁止法は、『規準化する』ことでは殺人を禁ずる法律と何ら異なるところはない」。「しかしながら、禁止の観点よりもむしろ生産の観点から考えると、構図は、全く違ってみえる」。つまり、殺人を禁止することは、それによって「殺人」という一定の行為が禁止されるだけであるが、妊娠中絶を禁止することは、それによって「母性」を生み出すのである。「数か月間、また、数年間ということもあるが、母性が押しつけられることによって、女性に対する支配や先入観が細部にいたるまで形作られるのである」。それればかりか、「この母性によって、女性のために認知されたアイデンティティーが作られて、女性はこのアイデンティティーに閉じ込められるのである」。そして、「母性を押しつけることによって、女性問題に対処する多様なアプローチがかき集められてひとまとめにされ、これら全てのアプローチがたった一つの母性という規範に還元されるのである[55]」。

5　検　討

こうしたルーベンフェルドの考えは、ロー判決であげられた先例との整合性においても、中絶権の制限という特殊な事実の解釈においても、非常に良くできたものだと思われる。ルーベンフェルドによれば、中絶権を制限することは、ある一定の行為を禁止するということではなく、母性を生み出すという積極的・生産的な行為として理解される。

このように中絶権の制限の有害性（不正）を、母性を生み出す積極的・生産的作用として理解することで、その理論からは、州のコントロールからの自由の原則ばかりでなく、政府の中立性の原則も導き出せるだろう。

しかしながら、ルーベンフェルドのように、中絶権の制限を反全体主義のみから捉えてしまうことには、少なからず問題があるように思われる。なぜなら、本人の意に反して、特定のアイデンティティーが押し付けられ、生産されることは、何も国家による積極的な画一化・標準化によってのみ、引き起こされるわけではないからである。それに、国家による積極的な画一化・標準化に限定して理解するのなら、生殖の積極的自由の原則は、必ずしも、導き出せないように思われる。

ダニエル・J・ソロブは、二つのメタファを対比することによって、現代のプライヴァシー問題が全体主義への懸念のみから捉え切れないことを論じている。彼にとって、メタファは、たんなる記述ではなく、概念化の方法である。誤ったメタファは、現実を歪めて記述するだけでなく、不適切な現実を構築する。逆に、正確なメタファは、適切に構築するものである。

ソロブによれば、プライヴァシーの議論で広く用いられるものは、ジョージ・オーウェルの『１９８４』の「独裁者（Big Brother）」のメタファである。それは次のようなものである。すなわち、「独裁者のメタファ（が示すもの）は、すべてを知っていて、常に警戒を怠らない政府で、それは人の存在のすべての側面を規制する。プライベートな考えさえもである」。こうした「独裁者の目的は、画一性と完全な規律であり、容赦のない形で人々を管理下におくことである。もっとも深層の考えさえもである」。そのため、「あらゆる個人主義の形跡が、完全に姿を消す」ことになる。(56) かつてのパノプティコンは、『1984』のテレスクリーンとなり、そして現代のサイバースペースになる。つまり、このメタファは、『1984』の独裁者が社会的コントロールと個性の抑圧のためにテレスクリーンを監視やモニタリングに使用したように、現代の政府が、データベースを使用することを懸念させる。したがって、このメタファでは「監視」こそが重要な問題なのである。

このメタファがルーベンフェルドの主張に通底していることは、明らかだろう。

しかしながら、ソロブによれば、データベース化に伴う現在のプラクティスには、『1984』の「独裁者」のメタファの最も重要な側面が欠けている。すなわち、「観察される行動に対する人間の判断である（あるいは、その判断に対する恐怖である）。人間の判断を含む場合に、監視は、順応、抑制、そして自己検閲を招く。壁にいる虫に観察されたところで、プライヴァシーは侵害されないのである」。もちろん、ソロブも、監視に伴う問題をまったく無視しているわけではない。しかし、ソロブによれば、「一般に、マーケターは集積されたデータに興味があって、特定の人々の私生活を詮索することに関心はない。多くの個人情報はコンピュータによって集積され、処理される。この非人間性は、監視をそれほど侵害的にしないのである」(57)。

つまり、データベース化に伴って、多くの人たちは、政府が、ますます巧妙にわれわれを監視して、画一化・標準化する世界を思い描いてしまうかもしれないが、ソロブによれば、データベース化に伴う非人間性によって、むしろ、監視への懸念が和らいだことになる。

ところが、ソロブによれば、データベース化に伴う非人間性は、『1984』の「独裁者」のメタファでは捉えきれない新たな問題を生み出している。そこで、その新たな問題を理解するために、ソロブは、「独裁者」のメタファに代わって、カフカの『審判』のメタファを用いる。「『審判』（のメタファ）は、巨大な官僚組織が、人の人生に関する詳細についての莫大な書類を支配するときに、その人が経験する無力さ、挫折、そして弱さの感覚を捉えている」[58]。「独裁者」のメタファで示されるパワーは、特定の目的（社会的コントロールと個性の抑圧）のために用いられるが、カフカの『審判』のメタファは、異なるパワーを示す。すなわち、「『審判』で使用されるパワーは、明白な目標がない。いかなる目的もミステリーに覆われたままである」。そして、「『審判』は、われわれの伝統的な全体主義国家の概念とかなり異なる世界を描写する。『審判』が表すものは……官僚政治に対する関係性が、個人を弱い立場に立たせる影響を持ち得ることである。それは、官僚政治の目的に関わらないものである」。そこには、「悪魔のような動機や支配のための秘密の計画は存在しない。むしろ低レベルの官僚、規格化された方針、厳格なルーティン、そして……思慮の足りない決定のウェブが存在するのである」[59]。

こうした『審判』のメタファによれば、現代のプライヴァシー問題は、物事に無関心で、規格化された方針や厳格なルーティンにしたがうばかりの思慮の足りない判断のウェブにある。その前で、われわれは、無力さ、挫折、そして弱さを感じることになるのである。

ソロブは、これらのメタファにつき、とくに情報プライヴァシーを念頭において論じているのだが、これら二つのメタファは、何も情報プライヴァシーに限定されたものではないように思われる。中絶権に関する問題においても、伝統的な全体主義の世界観のみから描写すると、現代のプライヴァシー問題の諸側面を捉え損ねてしまうだろう。不本意な妊娠をした女性は、傷つき易いだけでなく、特殊で個性的なものであって、他者から理解されにくい状態にある。しかも、あたかも中絶権が十分に保障されているように思われている状況においては、多くの人たちは、中絶権に関する問題に無関心となり易い。しかし、われわれのアイデンティティーが歪められてしまう現象は、われわれの私生活に対する詮索好きな人々や政府によって引き起こされるばかりではない。むしろ、そうした事柄に関心を持たない人々による思慮の足りない判断によっても、起こり得るものである。[60]

また、ルーベンフェルドは、その議論を「正当な国家権力の限界を画定すること」に限定し過ぎているように思われる。このような議論の限定は、中絶権に関する問題を、「国家権力がそうした自由をどこまで制限できるのか」という点に留めてしまう。そのことは、ルーベンフェルドが人格性理論に対して批判したのと同様に、プライヴァシー権の政治的な願望を裏切ることになりかねない。たとえば、社会のほとんどの人々が妊娠中絶に対して否定的な見解を共有していたなら（少なくとも、ほとんどの医師がそうした見解を共有していたなら）、国家権力が中絶権を制限しなくとも、事実上、妊娠中絶は安全に行うことができなくなるかもしれない。それは、とくに医師の少ない地域の貧しい女性にとっては、深刻な問題となるだろうし、その状況は、まさにポールカー判決の反対意見において、ブレナン判事が懸念した事態である。ルーベンフェルドの議論の立て方では、こうした問題をその射程外においてしまう。

実際、妊娠中絶が安全に行われるためには、一定の施設や医師の協力などが必要なことを考えれば、施設や人材などの資源の整備への要求も含めて問題としなければならない。そして、中絶権を実質的に保障していくのなら、こうした問題に無関心でいてはならないはずである（逆に、こうした問題に無関心であることによって、現実には安全な妊娠中絶が利用できなくなり、母性が押し付けられ、結果として、画一化・標準化が引き起こされるように思われる）。そのためには、単に正当な国家権力の限界を画定するという議論の立て方ではなく、無関心な人たちの判断のウェブから、この問題を解放するためにも、女性の権利という視点からアプローチしていく必要があるのではないだろうか。

そこで、次に、こうした問題を克服する可能性をもつものとして、コーネルの見解をみていきたいと思う。

四　コーネルの見解

コーネルは、中絶権に関する議論が派生的利益をめぐるものではないとするドゥオーキンの主張に同意しながらも、かなり異なる主張を行っている。

コーネルにとって、妊娠とは、身体的統合性（bodily integrity）のファンタジーを打ち砕くものである。したがって、女性は、妊娠したとき、一貫した身体的統合性のファンタジーを作り直し、「自己」を再想像できなければならない。そうした権利を、コーネルは、「身体的統合性への権利」と呼ぶ。

身体的統合性とは、自分の身体が自分そのものだと考えられる状態のことをいう。コーネルがそれをファンタジーだとするのは、彼女が、身体的統合性は現実のものではなく、そのように想像できるに過ぎないものだと考えているからである。

しかしながら、大文字の他者として、法システムが妊娠中絶を否定してしまうなら、女性は、身体的統合性の一貫したイメージを作り直す――つまり、「自己」を再想像する――ために必要なイマジナリーな領域（imaginary domain）を、著しく制限されてしまう。そのため、コーネルは、身体的統合性への権利として、オン・ディマンドの妊娠中絶の権利を擁護する。ここでは、こうしたコーネルの見解をみていきたい。

1　イマジナリーな領域と性的イマーゴ

当然のことながら、法的には、われわれは、一人の「人格（person）」として平等に尊重され、それぞれが個体化されていなければならない。そして、個体化されるということは、その者が全体として一つの人格になるということであり、また、少なくとも、その身体の一部が他者のものとなっていてはならないことを意味する。しかしながら、われわれは、他者との様々な関わり合いに応じて、ペルソナを使い分けており、その意味で分裂した状態にある。さらに、たとえば病気や怪我で、激しい苦痛に襲われたり、身体の自由が利かなくなって、その身体（の一部）が他者のコントロールにおかれたとき、それまでのように自分の身体（の一部）を自分そのものだと考えられなくなってしまう。つまり、実際の「自己」（the self）は、一つの人格となっていないのである。その意味で、「自己」と「人格」とは同一ではあり得ない。したがって、コーネルは、「人格」や「個体性」は所与のものではないと主張する。

コーネルによれば、このように「自己」と「人格」との区別を前提とするのなら、「人格は『そこ』にある何かではなく、一つの可能性であり、可能性であるがゆえに決して最終的に実現されることはありえない強い願望」であり、「人格は自己でもなければ伝統的な哲学主体でもない」[61]。そのため、権利主体として、ア・プリオリに自由な人格を設定すべきでなく、人格の設定に先行する形で、そうした人格を形成するプロジェクトのための条件を整えなければならないはずである。しかしながら、ジョン・ロールズは、正義の感覚と善へのキャパシティをもつ人格を前提としてしまっているが故に、そうした人格になるためには、どのような条件が必要なのかという問題に取り組めていない[62]。しかし、この条件に関する問題は、ロールズの議論に先行する問題のはずである。

コーネルは、「人格は自己の置かれている状況と折り合いをつけるための終わりなきプロセスに関わっているという私の理解を前提にすれば、男も女もそれぞれのやり方でこの闘争に乗りだす機会を持っていなければならない。それは、私の定義では、想像力を更新し、それと共時的に、自分は誰であり、何になろうとするのか再想像するための空間を要求するプロジェクトである」と主張する。つまり、「イマジナリーな領域」を要求するのである。コーネルにとって、「自身を変える自由は、所与のものではなく、まして保証されるものでもなければ、法によってもれることになる。

たらされることもない[63]」のであり、イマジナリーな領域を保障することで、そうした自由への「可能性」が確保さ

　こうした自由への可能性において、とくに問題となるのが、性やセクシャリティである。なぜなら、「性は私たちが誰であるのかということにとって極めて基礎的なものであり、私たちが自分自身を想像するとき性は常に現れて」おり、「押し付けられた、すなわち仮の（assumed）ペルソナと折り合いをつけようとする闘いのまさにその中心に、性とセクシャリティの問題が位置する」からである。つまり、「性に関わる存在（sexuate being）としての私たちは、『性』を有する生物であるということが何を意味するのかについての文化的にコード化された一連のファンタジーを通じて自分たちが何であるかを含意することなしにアイデンティティーを引き受ける（assume）ことはできない」のであり、したがって、「『性化された存在（sexed being）』としての私たちは無意識の内にコード化された同一化を通じてペルソナを表示している」のである[64]。

　コーネルによれば、われわれは、性的イマーゴを非常に深く内面化している。そのため、われわれは、「自らをこのイマーゴから切り離すことがたとえ可能だとしても、それは決して容易ではない[65]」のである。つまり、われわれにとって、慣習的な性やそのイメージは、それらを超えて、自らを想像できないほどに、リアリティを持ってしまっているのである。したがって、性やセクシャリティに関する場合においてこそ、性的なイマーゴを超えて「人格」になるプロジェクトに参加できるようにするために、イマジナリーな領域への権利が保障されなければならない。

　しかしながら、同時に、コーネルは、それぞれの性的イマーゴを他者が否定することに反対する。なぜなら、ある者にとって、「性に関わる存在としての生（their life as a sexuate being）」を否定されることは、その者のアイデンティティーの根本的な部分を否定されることになるからである。コーネルによれば、「精神分析的に言えば想像界

は人の性的なイマーゴから切り離すことはできないものであり、従って想像界は、彼あるいは彼女から性に関わる存在への敬意を奪われるような仕方で、他者の想像界が彼あるいは彼女に押し付けられることがないよう要求する」のである。つまり、コーネルは、一方で、「性とセクシャリティが人の存在にとって形成的なものであり、人格になるための闘争は、負わされ、かつ自らが引き受けることになった性的ペルソナと真に折り合いを付けるために必要とされる心的空間と不可分である」と主張するが、他方で、他者が性的イマーゴを否定することで「負わされた性的な恥辱は、セクシャリティについての自由な振る舞いのための心的空間を……厳しく制限してしまう」ため、「自己尊重という基本財は自分自身を人格へと変換する自由にとって根本的なものである」と考えているのである。[66]

2 「格下げ禁止」原理

それでは、コーネルは、イマジナリーな領域の保障と自己尊重の要請とを、どのように調整するのだろうか。コーネルは、「公共的な空間で人のセクシャリティに関する自由な振る舞いに正当に負わせることができる――自己尊重という基本財とも整合性がある――制約として私が提唱したい制約は、『格下げ禁止 degradation prohibition』である」と主張する。コーネルのいう「格下げ」とは、ある人を人格に値しないもの、あるいは、幸福（を追求する）に値しないものだとしてしまうことである。たとえば、コーネルによれば、「ある人格を『うすのろとんまな（尻）女 dumb-ass woman』あるいは『おろかなホモ stupid fag』と見なすことは、格下げ禁止に違反する。というのも、私たちの内の何人かを、幸福に値する人格とは言えないとして傷付けてしまうような、性差のヒエラルキー的等級づけを作り出すからである」。[67] つまり、他者が、性に関する特定のステレオタイプを押し付けることで、相手が、特定の性のステレオタイプを負わされ、幸福に値しない存在にされてはならないのである。

したがって、コーネルは、トランスセクシャルな人もゲイやレズビアンの人も、他の人たちと同じように自由に愛を表現できるべきだとする。もちろん、それらのアイデンティティーに嫌悪感をもつ人たちは、それによって不快感をもつかもしれない。しかしながら、それらのアイデンティティーをもつ人たちが愛を表現していたところで、それらを嫌悪する人たちが格下げされたわけではない。それでも、「もしあるヘテロセクシャルの男性にとってのヘテロであることへの自由に、ヘテロセクシャリティこそが正常（normal）であるという信念が含まれるとすれば、彼は自らの幸福の追求の途上で『侵害される』ことになる」かもしれない。とくに「彼が、自分のセクシャリティが規範として君臨できる権力に依拠していると感じているならば、まさにトランスセクシャリティや異性装（transvestism）の容認は、彼の自らの性に対する見方と彼のセクシャリティの行使を直撃することになるだろう」。その意味では、「彼の幸福は掘り崩される」。しかし、「彼が幸福に値すること（*worthiness*）が脅威に曝されるわけではない」のである。[68] コーネルにとって、このように幸福に値すること、あるいは、人格性において平等に扱われるに値することへの脅威こそ、「格下げ」の問題なのである。

3　鏡像段階論と身体的統合性

では、こうしたイマジナリーな領域に関する議論を、中絶権に関して当てはめたなら、どのようになるのだろうか。

コーネルは、中絶権の問題を、身体的統合性との関連で捉える。つまり、われわれが一つの人格として個体化するためには、自分の身体を一貫して統一された自分そのもの、すなわち、「自己」として「想像」できなければならない。ここで「想像」とするのは、身体的統合性は、必ずしも現実のものではなく、まさにファンタジーに過ぎないからである。前述したように、普段、われわれは、自分の身体を自分そのものだと考えているが、たとえば病気や怪我で、激しい苦痛に襲われたり、身体の自由が利かなくなって、その身体（の一部）が他者のコントロール下におかれたとき、それまでのように自分の身体（の一部）を自分そのものだと考えられなくなってしまうことがある。しかし、だからこそ、身体的統合性というファンタジーを維持するために、われわれは、われわれが想像する身体的統合性のイメージを他者から尊重されなければならない。そして、コーネルによれば、妊娠中絶の権利を否定することは、まさに身体的統合性を想像できなくする象徴的暴力として理解される。そのため、コーネルは、身体的統合性への権利として、オン・ディマンドの妊娠中絶の権利を擁護する。

コーネルは、ジャック・ラカンの鏡像段階論を踏まえながら、身体的統合性のファンタジーを守るためには、身体的統合の投影とそれを他者に尊重してもらうことが必要であると主張する。鏡像段階論によれば、幼児は神経系が未発達であるため、自らの身体をコントロールできず、自らの身体を全体として一つのものとして把握していない。しかし、鏡に映る自らの像を観ることによって、自らの身体を全体として一つのものとして把握することができ、アイデンティティーを形成していく。ここでいう「鏡」とは、実際の鏡だけでなく、他者からの見られ方も含まれる。もちろん、「幼児が……自分自身に鏡像を与えることができないのは明らか」であり、その意味で「幼児は完全に他者に依存している」。したがって、幼児にとって、「他の人間を見ること……は、アイデンティティー形成にとって決定的に重要なのである」。つまり、幼児は、他者からの見られ方を取り込むことによって、自身のアイデンティティーを形成できるのである。ただし、ここで注意すべきは、実際の幼児の状態と、幼児が観る像とが異なるものだということである。つまり、「この全体性の知覚は、実際幼児が全く無力な状態にある時に起こる。したがって、像は、その幼児がなりうるものであるが、今はそうでないものの投影あるいは予期として機能する」。その意味で、重要なものは、幼児の「正確な像ではなくて、幼児自身の身体とは合致しない、自己としての身体的統合性の映像なのである」。このように考えるなら、コーネルによれば、「自らの身体を有するという観念は、前未来（in the future anterior）の中に常に留まり続けるものを完成されたものとして想像してしまうファンタジーである」。ところで、コーネルにとって、こうした鏡像「段階」は、幼児期という発達「段階」に限って生じるわけではない。つまり、「鏡像段階は決して発達の『より高次の』段階において乗り越えられはしない。鏡像段階とは、転換点なのであって、自己はこの転換点をめぐって、自己の解体や崩壊や壊滅へと導く社会的で象徴的な諸力に対して絶えず防衛しようとして、繰り返し変転するのである」[69]。

想像された身体の全体性を否定され、諸部分に解体されてしまう経験は、前述したように、たとえば、病気や医学的治療などに関連して多く存在している。しかしながら、「身体的統合への権利がより尊重され、患者が単なる病気になった身体でなく一つの『自己』であるように扱われるようになるほど、原初的自己感覚が侵襲されることは少なくなることを示す多くの研究がある。自己が、投影された自らの一貫性の中にありつつ、病気という分裂作用によって攻撃されている場合、身体的統合性への権利の法的認知によって自己に対する権原の感覚が保護されることは、一層必要になる」[70]。

つまり、われわれの身体的統合性のファンタジーが打ち砕かれるような事実に直面したとき――すなわち、重要な転換点において――、他者からの見られ方が、われわれのアイデンティティーに取り込まれ、アイデンティティー形成に決定的な影響を及ぼすことになる。したがって、そうしたときにこそ、われわれが一つの人格として個体化するための必要条件として、自己の身体に対する自己所有感覚を保つ身体的統合性への権利が、尊重されなければならないのである。そして、そのためには、重要な転換点において、自己を再想像できるイマジナリーな領域の保障が必要となり、また、他者は、われわれの身体のすべて、あるいは一部を他者に引き渡すような見方を押し付けてはならないことになる。

コーネルによれば、まさに妊娠は、こうした重要な転換点なのである。そして、法システムこそ、最も重要な（大文字の）他者として、そのあり方が問われなければならないものなのである。

4 中絶権を否定することの不正の意味

コーネルによれば、「中絶の非合法化は、依然として『そこに』一つの自己が存在するという不可欠の投影、より具体的には、子宮はその自己の一部であって自己とは分離していないのだという投影を保護することが最も必要なまさにその時に、自己に対する権原を掘り崩してしまう」ものである。つまり、妊娠とは、それまで自らの身体は全体として一つの自己として想像してきたにもかかわらず、その身体の一部に、胎児という自分であって、かつ自分でもない存在が現れ、身体的統合性のファンタジーが打ち砕かれる重要な転換点なのである。したがって、そのときにこそ、女性は、身体的統合性（のファンタジー）を取り戻すために、「自己」を再想像できなければならない。ところが、大文字の他者である法システムが、妊娠中絶を否定するのなら、妊娠している女性は「自己」を再想像できず、身体的統合性のファンタジーを維持し続けることができなくなってしまう。なぜなら、その者の子宮と身体とは、妊娠中絶の否定を生み出した「他者による想像（imagination）」に引き渡されてしまっているのであり、そうした想像行為（imagining）は、法という形で彼女の身体を統治することを許されている」からである。したがって、コーネルによれば、「中絶権の否定の不正は、女性が自分の身体を侵略者としての胎児に引き渡すことを余儀なくされるという点だ、と考えられることが多い」が、もし、法システムが妊娠中絶を否定してしまうことの問題が、妊娠によって打ち砕かれた身体的統合性のファンタジーを取り戻すために必要な自己の再想像を妨げることだとするなら、むしろ、その「不正は、決定的に重要な瞬間に、女性をしてその身体を男性の精神に引き渡しつつ、女性を巻き込むという点にある」。中絶権の否定の不正を、女性が自分の身体を侵略者としての胎児に引き渡さざるを得なくすることだと考えることは、すでに妊娠を独立した二つの人格間の問題として捉える想定が含まれている。つまり、胎児は依然として女性の身体の内部に存在し、女性の身体の一部であるにもかかわらず、「この定式は、子宮と胎児を彼女の身体の一部というよりむしろ女性とは別のものとして想定している」のであって、すでに「こいる」のである。コーネルにとって、胎児のステイタスの理解と女性の見方は不可分のものであり、したがって、コーネルは、ヴァイオリニストに繋がれた者のメタファを否定する。[71] なぜなら、「胎児を既に自律的になった存在に結び付けるいかなるアナロジーも、女性の消去に依拠している」からである。[72] しかも、「それは、女性を単なる胎児にとっての環境に還元してしまう」ものである。[73] なぜなら、そうした見方は、女性のアイデンティティーに取り込まれてしまうからである。

コーネルにとって、「中絶論議のまさに中心にあるのは、胎児と女性がどんなふうに『見られる』か」であり、そして、女性の消去、すなわち、女性を胎児にとっての環境に還元してしまう「男性的な想像界（masculine imaginary）から『私たち自身』を取り戻す作業、つまり性差の内にある女性的なものの再イメージ化と再象徴化」が権利の再文節化に不可欠なものとなる。[74] もし、女性を胎児の単なる環境に還元してしまう想像界へ引き渡してしまうなら、まさに女性は（コーネルの言う意味で）幸福に値しない存在として「格下げ」されたことになるだろう。

ところで、コーネルによれば、中絶権の否定の不正は、女性が不本意な妊娠に直面する時期に生じるのではない。もっと以前から生じるものである。これは、他者によって示される像が予期として機能していることに関連している。コーネルによれば、「女性に中絶権を否認することは、彼女の身体を『彼女のもの』ではないものにすると同時に、女性を、限定的に母的機能として定義された彼女の『性』に還元すること」であり、「そのような拘束的な象徴化は女性に彼女のイマジナリーな領域を与えない」ものである。つまり、大文字の他者である法システムが中絶権を否定することは、単に不本意な妊娠をした女性が、妊娠中絶をできないというだけではなく、母的機能に還元された像（つまり、女性が胎児にとっての環境になってしまう像、あるいは子宮が身体の一部でなくなってしまう像）を予期として女性一般に示すことによって、そして、その像が女性のアイデンティティーに取り込まれてしまうことによって、女性たちが自分たち自身について想像する余地（イマジナリーな領域）を予め奪い取ってしまうものなのである。したがって、個々の妊娠中絶が（たまたま）認められたか否かだけが問題となるわけではない。コーネルにとって、「中絶は、女性にとって、個体化のためのミニマムな条件の確立に必要とされる権利として擁護されるべきであり、その条件の中には、身体的統合性についての個人の投影の擁護を含まなければならない」のである。[75]

5 中絶権に対する規制

では、コーネルは、ロー判決をどのように理解するのだろうか。

コーネルによれば、ロー判決は中絶権とそれを規制する州の利益との間に、胎児の独立生存可能性が生じる時期という妥協点を見出したが、その具体的な時点は、必ずしも明確ではない。しかも、「ひとたび中絶権が絶対的なものでないと定義され、州のやむにやまれぬ利益[76]が不明確なままにされると、中絶権に対する更に大きな制限を正当化する可能性は開かれたままになった」のである。そして、「この可能性は、今やポスト・ローの諸決定において現実のものになっている」[77]。しかしながら、コーネルは、ポスト・ロー判決の展開の中で忘れられがちであるもう一つの枠組み、すなわち、トリメスターに注目する。

コーネルによれば、トリメスターの枠組みと独立生存可能性の枠組みとは、切り離されたものである。なぜなら、独立生存可能性の枠組みではなく、トリメスターの枠組みによって、ロー判決で法廷意見を書いた「ブラックマンは中絶権が絶対的なものとなる時期、すなわち第一トリメスターと、女性の健康次第で彼女にサービスを提供する中絶施設の側からのより大きな規制が加えられることになる第二トリメスターをはっきり分けて呈示することができるようになった」からである。コーネルによれば、「生存可能性とトリメスターは、ポスト・ロー判決においてしばしば、あたかもこの二つの分析がもっぱら胎児に関わるものであるかのように解釈されてきた。しかし、ブラックマンは、女性の健康に焦点を置く仕方でトリメスターを使用している」[78]。コーネルにとって、「遅い段階の中絶のための適切な施設と、中絶に反対する州の機関による女性の身体と女性のセクシャリティについての特別な見解の押し付けとの区別は維持されるべき」[79]ものなのである。つまり、コーネルの理解では、第二トリメスターは、女性の精神的・身体的危機に対する保護に関連する枠組みであり、他方、独立生存可能性の枠組みは、胎児の生命保護に関連するものである。

そして、コーネルは、身体的統合性のファンタジーを維持するために必要な自己の再想像への権利という点から、胎児の独立生存可能性の枠組みを拒否する。ただし、トリメスターの枠組みについては肯定している。すなわち、安全な妊娠中絶のための条件を整えるための規制は認められるとしている。コーネルによれば、「子宮と胎児の双方が女性の一部として想像されるならば、胎児の健康の問題は女性の健康の問題から分離され得ず、またそうされるべきではないと論じる方が論理的」なのである[80]。

6　検　討

コーネルは、ドゥオーキンと同様に、妊娠中絶の問題を胎児の派生的利益を巡るものではないとしている。また、ルーベンフェルドと同様に、中絶権を制限することの不正を、単に一定の行為が制限されることではなく、女性を母性に還元してしまう積極的・生産的行為と関連していることを認めている。しかしながら、コーネルは、身体的統合性という観点から中絶権を捉えることで、独自の見解を主張している[81]。

ところで、コーネルは、「個体化のための条件は社会的で象徴的なものであるゆえ、身体的統合性への権利は、プライヴァシーの権利が一人で放っておかれる権利であると了解されるとすれば、そのような権利であるとは考えられない」とする。したがって、彼女によれば、「国家が、中絶するかしないかの女性の『選択』を積極的に妨害するのをさし控えるだけでは不十分なのである。身体的統合性への権利は、それが実際どのようであるかは社会的・象徴的な承認次第で変わってくるにせよ、すべての人種、階級、国籍の女性にとって安全な中絶が利用可能であるという条件を確立することを要求する」[82]ものだとされる。つまり、コーネルによれば、身体的統合性への権利は、単なる個人的選択の問題ではなく、安全な妊娠中絶への実質的なアクセスの積極的保障をも要求するものであることから、それを、一人で放っておいてもらう権利としてのプライヴァシー権概念に位置づけることができないとされる。このようにコーネルが積極的権利の側面を主張することは、州のコントロールからの自由の原則や政府の中立性の原則ばかりでなく、生殖の積極的自由の原則をも満たす可能性をもつものとして、評価できるだろう。[83]

もちろん、コーネルの議論は、いわゆるラカン主義的な色彩が強く、「性」を特権化しがちであり、ある種の（心理学的）構造主義の弊害に陥る可能性が指摘できるだろう。[84]しかし、女性が不本意な妊娠という事実に直面したときに、それまでの一貫したアイデンティティーが危機に曝されるだろうことや、法が大文字の他者として、人々のアイデンティティー形成に大きな役割を果たすだろうという理解は、何もラカン主義に頼らなくとも、おそらく、ほとんどの人たちの直観が共有するものだろう。したがって、この問題は、コーネルの議論の決定的な批判とはならないように思われる。

このように留意も必要だが、こうしたコーネルのアプローチは、中絶権を女性の精神的・身体的危機に関わる問題として理解しようとするなら、最も適切なものとして評価できるのではないだろうか。

まず、コーネルが、妊娠中絶に関する中心的論争が、胎児と女性の見られ方に関わるものだとする点は、本書の立場からすれば、妥当なことだと思われる。そして、コーネルは、妊娠（中絶）を、すでに独立した二つの人格間の問題だとする見方に反対している。なぜなら、その見方は女性を胎児の単なる環境に還元してしまい、母性を押しつけるものだからである。コーネルにすれば、その一つの見方に過ぎないものを当然のものだとすることは、女性を「男性的な想像界」に巻き込むものである。しかも、そうした見方は、女性のアイデンティティーに取り込まれてしまう。したがって、「男性的な想像界」から女性たちを引き戻す作業こそが、中絶権を構成するにあたって、重要となってくる。

そして、もし、女性たちが胎児の環境に還元されてしまい、母性を押しつけられてしまうのならば、女性たちは社会的に抑圧された立場に追い込まれてしまうことになるだろう。コーネルの言葉で言い換えるなら、女性たちを、幸福に値しない存在として「格下げ」することになる。

しかし、誰かを「格下げ」するのは、国家の積極的作用だけではない。われわれも、不当に誰かを「格下げ」してしまうかもしれない。したがって、この「格下げ」という評価は、ルーベンフェルドの考えのように限定されたものではない。また、この「格下げ」という評価を用いることによって、われわれは、母性を生産する積極的作用の問題を、単なる画一化としてだけではなく、女性たちを社会的に抑圧された立場に追い込んでしまう問題として、いっそう明確に理解することができるだろう。(85)

さて、コーネルが用いる「男性的な想像界」という呼称が適切なものかはさておき――おそらく、その是非は、性差に関する問題意識をどの程度、特権的に考えるかによるのだろう――、女性から胎児を切り離して、両者を対峙させ、その結果、女性を胎児の環境に還元させてしまう見方は、一つの見方に過ぎず、必ずしも、当然の見方だというわけではない。そして、もし、われわれが、女性たちを人格として、個体化しているかのように扱わなければならないなら、こうした見方は、とり得ないはずであるし、また、われわれが、あたかも一つの人格として個体化しているかのように扱われるためには、われわれの身体的統合性が、他者から尊重されなければならない。そして、そのためには、いまだその体内に存在し、女性の身体の一部でもある胎児を、女性から切り離す見方を押しつけるわけにはいかないのである。

また、コーネルによれば、妊娠とは、それまで自らの身体を全体として一つの自己だと想像してきたにもかかわらず、その身体の一部に胎児という自分であって、かつ自分でもない存在が現れ、身体的統合性のファンタジーを打ち砕くものである。つまり、妊娠とは、原初的自己感覚が動揺する大きな転換点なのである。そして、少なくとも、望まない妊娠に直面したことを想像するなら、われわれの直観も、こうしたコーネルの理解を否定できないように思われる。もし、そうであるならば、望まない妊娠に直面したときにこそ、われわれは、他者から一つの人格として個体化されたものとして尊重されながら、自己を再想像できなければならない。

それにもかかわらず、大文字の他者としての法が、女性から胎児を切り離して、それらを独立した人格として対峙させる見方を当然のものだとしてしまうのなら——つまり、そうした見方を押しつけてしまうのなら——女性たちが自己を再想像する余地は、ほとんど残されなくなってしまう。

つまり、コーネルにとって、中絶権は、胎児の生命との対立関係で理解されるものではなく、望まない妊娠によって原初的自己感覚の動揺した女性たちが、どのようにして、自己を再想像できるようにするのか、という問題なのである。

このように妊娠（中絶）の問題を理解するなら——そして、女性から胎児を切り離して、両者を対峙させる見方を否定するのなら——、中絶権は、胎児の生命権、あるいは胎児の生命保護に関する利益によって制限されてはならない。それは、妊娠（中絶）した人たち（そして、そうするかもしれない人たち）から、自己を再想像する可能性を奪い取ってしまい、女性たちを社会的に抑圧された立場に追い込んでしまう。また、妊娠中絶に関して、国家が「責任」という目標を追求することも許されない。それは、女性たちが「無責任」であることを前提としており、まさに女性たちを「格下げ」することになるだろうからである。それに対して、コーネルのいうように、少なくとも（身体的、精神的なケアも含めて）女性の健康保護のために課される規制は——それが妊娠中絶を困難なものにしない限りにおいて——許されるように思われる。

しかしながら、コーネルが、妊娠期間の程度に関わりなく、中絶権に対する規制を否定することには、疑問をもたざるを得ない。コーネルは、妊娠が大きな転換点であることから、イマジナリーな領域を保障しなければならないとするが、そうした転換点は、妊娠の全期間に渡っているものだろうか。あるいは、自己を再想像するためには、妊娠の全期間に渡って、イマジナリーな領域が保障されなければならないのだろうか。

この問題に関しては、ドゥオーキンの考えが参考となるように思われる。ドゥオーキンは、なぜ、胎児の独立生存可能性の生じる時期が女性の中絶権の終期を画するのか、という問いに関して、「胎児が生存可能となる時点が到来する前に、通常、妊娠中の女性は、妊娠を続けることが最良であり正しいことであると思うか、妊娠を終わらせることが最良であり正しいことであると思うかについて、熟考し決断するだけの十分な機会を有している」という理由をあげている。(86) このドゥオーキンの考えをコーネルの考え方を踏まえて言い換えるのなら、たとえば、「胎児が生存可能となる時点が到来する前に、通常、妊娠という事実を知って大きな転換点を向かえた女性は、自己を再想像するのに十分な機会を有している」ということになるだろう。もちろん、それが実際に胎児の独立生存可能性が生じる時点なのか、それ以外なのか、あるいは、具体的にいつなのか、に関しては学際的な分析が必要とされるもので、本書で答えることはできないが、いずれにしても、自己を再想像するために十分に必要とされる期間が保障されるのなら、それ以降に中絶権を制限したとしても、身体的統合性への権利としての中絶権を否定したことにならないように思われる。(87)

五　中絶権の積極的な権利としての側面の保障

妊娠中絶を考える女性の立場は、非常に個性的なものであるだけに、そうした女性の立場や主張は、民主的な決定システムでは配慮され難く、そうした女性の主張は、ある種の特殊性をもっている。一方で、女性一般について考えた場合、いつ何時、妊娠中絶を選ばざるを得ない状況に立たされるかもしれない。あるいは男性であっても、自分の近しい関係者が、そうした状況に立たされるかもしれない。その意味では、中絶権に関する問題は、一定の普遍性をもっている。

したがって、妊娠中絶を求める主張が正当なものである限り、憲法上の権利として中絶権を保障すべきであろうし、少なくとも、憲法論として、中絶権に関する議論を深めていかなければならない。

しかし、近時、米国では胎児の人格化がすすめられている。そして、その胎児の人格化は、行き着くところ、中絶権の否定になりかねない。したがって、中絶権を擁護する立場からすれば、あらためて胎児の人格性を否定するか、あるいは中絶権を胎児との対立図式から脱構築しなければならない。

そこで、本章では、そうした脱構築の可能性を含む学説として、ドゥオーキン、ルーベンフェルド、そして、コーネルの見解に関して、検討してきた。そして、中絶権の理解において、（自己を再想像するために十分に必要とされる期間が保障されるのなら、それ以降の中絶権を制限できるとしながらも）基本的にコーネルの見解が妥当なものだとした。

ところで、米国における妊娠中絶に関する近時のもう一つの問題として、妊娠中絶を行う医師の減少があげられる。つまり、妊娠中絶を行う考えのある医師を、中絶反対派の病院が意図的に積極的に雇ってしまうことで、地域によっては、事実上、妊娠中絶を行う医師がいなくなってしまうのである。

現実に安全な妊娠中絶を行うには、多くの場合、医師の存在が不可欠であり、したがって、妊娠中絶を行う医師がいなくなれば、いくら理論的に、あるいは法的に中絶権が擁護されたとしても、安全な妊娠中絶を受けられなくなってしまう。

この妊娠中絶を行う医師の減少という問題は、わが国では、必ずしも、顕在化はしていない。しかし、深刻な産科医不足が指摘されている今日、そうした問題が生じる可能性は十分にあるから、潜在的には、わが国においても、重要な問題だといえるだろう。

妊娠中絶を行う医師の減少という問題は、胎児の人格化にも関連しており、コーネルたちのように、胎児の人格化を否定する主張は、法的専門家には理解されたとしても、ひろく一般の人たち、あるいは、少なくとも医師や病院経営者たちに理解されなければ、現実に妊娠中絶を受けられる環境は失われてしまうかもしれない。

こうした問題を克服するためには、中絶権の保障に関して、ひろく市民に理解を求め、そして、少なくとも医師や病院経営者に中絶権擁護のコンセンサスを拡大するか、あるいは、政府が安全な妊娠中絶への実質的なアクセスを積極的に保障するように根拠づける法理論が必要となるように思われる。ところが、最初に述べたように、妊娠中絶を考える女性の立場や主張は、他者からは理解され難く、また、胎児の人格化がすすめられている現状において、中絶権擁護のコンセンサスの拡大は、それほど期待できないように思われる。

しかしながら、もし、安全な妊娠中絶への実質的アクセスの積極的保障を法的に根拠づけるとすれば、単にリベラルな立場からの主張だけでは、妊娠中絶に反対する医師や病院経営者の自由も擁護することになってしまい、問題の克服としては不十分だろう。したがって、安全な妊娠中絶への実質的アクセスの積極的保障の法的な根拠づけのためには、たとえば、中絶問題を女性に対する社会的な抑圧の問題として理解し、その抑圧の積極的な是正を国家に求めるラディカルな立場が求められるものと考えられる。

その意味でも、コーネルの理論は評価できるものと思われる。しかしながら、コーネルの理論においても、安全な妊娠中絶への実質的アクセスの積極的保障の根拠づけは、必ずしも、十分なものではないように思われる。また、このことに関連して、コーネルは、中絶権が積極的な権利の側面をもつために、中絶権をプライヴァシー権として構成することに反対している。しかし、今日、コーネルが想定するような消極的な権利として、プライヴァシー権を捉える見解は、ごく少数説である。むしろ、現代においては、積極的な権利の側面を含むものとしてプライヴァシー権を理解する見解が一般的であり、したがって、コーネルの主張する中絶権（の理解）をプライヴァシー権として再構成することで、中絶権の積極的な権利としての側面を補い、より強く根拠づけることができるのではないだろうか。

そこで、第三章では、中絶権とプライヴァシー権概念との関係について、検討していきたい。

（1）詳しくは、緒方房子『アメリカの中絶問題——出口なき論争』（明石書店、二〇〇六年）三七五－三七九頁を参照のこと。

（2）この妊娠中絶方法は、まさに部分的に出産させた上での妊娠中絶だということで、（とくに中絶反対派から）パーシャル・バース・アボーションと呼ばれ、その呼び方が一般化したのである。その意味では、この呼称そのものも、胎児の人格化傾向のあらわれといえるかもしれない。なお、一般に、牽引する途中で胎児の生命は失われてしまうといわれているが、頭部を潰すまで胎児が生きているという証言もある。したがって、一部露出説をとるわが国の刑法理論において、こうした妊娠中絶方法の是非は、慎重に考えられなければならないだろう。念のためにいえば、本書は、胎児の人格化傾向に否定的であるが、しかし、必ずしも、こうした妊娠中絶方法を無制限に認めることを肯定するものではない。

（3）*Stenberg v. Carhart*, 530 U.S. 914 (2000). なお、スタンバーグ判決に関しては、根本猛「人工妊娠中絶論争の新局面」静岡大学法政研究七巻二号（二〇〇二年）一頁、小竹聡「アメリカ合衆国における妊娠中絶をめぐる法理の展開」同志社アメリカ研究四四号（二〇〇八年）も併せて参照のこと。

（4）*Gonzales v. Carhart*, 127 S. Ct. 1610 (2007). なお、ゴンザレス判決に関しては、前掲注（3）小竹も併せて参照のこと。

（5）パーシャル・バース・アボーション禁止法をめぐる展開に関しては、前掲注（1）緒方、二三三－二七二頁、三〇七－三三〇頁、および前掲（注）3小竹も併せて参照のこと。

（6）*See* Ronald Dworkin, Life's Dominion: An Argument about Abortion, Euthanasia, and Individual Freedom（Random House, 1994）, at 9–10.〔邦訳〕水谷英夫・小島妙子訳『ライフズ・ドミニオン――中絶と尊厳死そして個人の自由』（信山社、一九九八年）一二頁。

（7）*Id.* at 9–10. 邦訳書一三頁。

（8）この点に関しては、拙稿「自己決定権と裁判所の役割――妊娠中絶の自由からの予備的考察」関西大学大学院法学ジャーナル第七四号（二〇〇三年）二八一頁を参照のこと。

（9）足立幸男「『生命への権利』はいつ始まるのか」帝塚山大学紀要二〇号（一九八三年）三－五頁。生命権の始期に関する議論に関しては、同論文の掲げる参照文献も参照のこと。

（10）同右、六頁。

（11）同右、七－一三頁。

（12）同右、一五－一七頁。

（13）同右、一八頁。

（14）同右、一九－二一頁。

（15）同右、二一頁。

（16）Dworkin *supra* note 6 at 10. 邦訳書一三頁。

（17）*Id.* at 32–34. 邦訳書五二－五六頁。

（18）*Id.* at 67. 邦訳書一〇五頁。

（19）*Id.* at 87. 邦訳書一四二頁。

（20）*Id.* at 91–94. 邦訳書一四八－一五二頁。

（21）*Id.* at 160–163. 邦訳書二五八－二六三頁。なお、政教分離から自己決定権にアプローチするものとして、以下の文献も併せて参照のこと。*See* Susan Mendus, Toleration and Limits of Liberarism（Macllian Press, 1989）. 邦訳書として、谷本光男・北尾宏之・平石隆敏訳『寛容と自由の限界』（ナカニシヤ出版、一九九七年）も参照のこと。

（22）*Id.* at 150. 邦訳書二四四頁。

（23）*Id.* at 112. 邦訳書二四七－二四八頁。

（24）*Id.* at 153. 邦訳書二四七－二四八頁。

(25) *Id.* at 151. 邦訳書二四六頁。

(26) *Id.* at 16–17. 邦訳書二三頁。

(27) *Id.* at 163. 邦訳書二七一－二七二頁。

(28) *Id.* at 170. 邦訳書二七三－二七四頁。

(29) *Id.* at 169. 邦訳書二七一－二七二頁。

(30) *Id.* at 170. 邦訳書二七四頁。

(31) ドゥオーキンの解釈手法に関しては、差し当たり、以下の文献を参照のこと。*See* RONALD DWORKIN, LAW'S EMPIRE (Belknap Press, 1986). 邦訳書として、小林公訳『法の帝国』（未来社、一九九五年）。RONALD DWORKIN, TAKING RIGHTS SERIOUSLY (Duckworth, 1977). 邦訳書として、木下毅・小林公・野坂泰司訳『権利論〔増補版〕』（木鐸社、二〇〇四年）、小林公訳『権利論Ⅱ』（木鐸社、二〇〇一年）。また、小泉良幸『リベラルな共同体：ドゥオーキンの政治・道徳理論』（勁草書房、二〇〇二年）、深田三徳『現代法理論論争――R．ドゥオーキン対法実証主義』（ミネルヴァ書房、二〇〇四年）も、併せて参照のこと。

(32) Daniel J. Solove, *Postures of Judging: An Exploration of Judicial Decisionmaking*, 9 CARDOZO STUD. L. & LIT. 173 (1997), at 179.

(33) DRUCILLA CORNELL, THE IMAGINARY DOMAIN: ABORTION, PORNOGRAPHY & SEXUAL HARASSMENT (Routledge, 1995), at 73–74.〔邦訳〕仲正昌樹監訳『イマジナリーな領域――中絶、ポルノグラフィ、セクシャル・ハラスメント』（御茶の水書房、二〇〇六年）九九－一〇〇頁。

(34) *See* Rachael N. Pine & Sylvia A. Law, *Envosoning a Future for Reproductive Liberty: Strategies for Making the Rights Real*, 27 HARV. C. R.-C. L. L. REV. 407 (1992), at 414.

(35) *See* CAROL GILIGAN, IN A DIFFERENT VOICE (Harvard University Press, 1982). なお、同書の翻訳書として、岩男寿美子監訳『もうひとつの声』（川島書店、一九八六年）を参照のこと。

(36) Jed Rubenfeld, *The Right of Privacy*, 102 HARV. L. REV. 737 (1989), at 752.〔邦訳〕後藤光男・森下史郎・北原仁訳『プライヴァシーの権利』（敬文堂、一九九七年）三五－三六頁。なお、後藤光男他邦訳書では、「これは、プライヴァシーの法理の深く入り込んだがゆえに」とあるが、本書では、「これは、プライヴァシーの法理に深く入り込んだがゆえに」と直している。なお、ルーベンフェルドに関しては、以下の文献も併せて参照のこと。*See* JED RUBENFELD, FREEDOM AND TIME: A THEORY OF CONSTITUTIONAL SELF-GOVERNMENT, (Yale University Press, 2001), JED RUBENFELD, REVOLUTION BY JUDICIARY: THE STRUCTURE OF AMERICAN CONSTITUTIONAL LAW (Harvard University Press, 2005).

(37) *Id.* at 754. 邦訳書三九頁。なお、ルーベンフェルドのいう「人格性理論」は、わが国で自己決定権に関して議論されている「人格的利益説」と「一般的自由説」とを包摂するものと思われる。

(38) *Id.* at 755–756. 邦訳書四〇–四一頁。

(39) *Id.* at 756–757. 邦訳書四一–四三頁。

(40) *Id.* at 758–759. 邦訳書四四–四六頁。

(41) *Id.* at 759–760. 邦訳書四六–四七頁。

(42) *Id.* at 760. 邦訳書四七–四八頁。

(43) *Id.* at 761–762. 邦訳書四九–五一頁。

(44) *Id.* at 763. 邦訳書五一–五三頁。

(45) *Id.* at 764–765. 邦訳書五四–五六頁。

(46) *Id.* at 770–771. 邦訳書六六–六七頁。

(47) *Id.* at 771. 邦訳書六八頁。

(48) *Id.* at 775. 邦訳書七四–七五頁。

(49) *See* Corad P. and Schneider J.W., Deviance and Medicalization:from Badness to Sockness (Temple University Press, 1992).

(50) Rubenfeld *supra* note 36 at 777. 邦訳書七七頁。

(51) *Id.* at 779–780. 邦訳書八一–八三頁。

(52) *Id.* at 781. 邦訳書八四–八五頁。

(53) *Id.* at 782. 邦訳書八六頁。

(54) *Id.* at 784. 邦訳書一〇七–一〇八頁。

(55) *Id.* at 788. 邦訳書一一六頁。

(56) Daniel J. Solove, *Privacy and Power:Computer Databases and Metaphors for Information Privacy*, 53 Stan. L. Rev. 1393 (2001), at 1413–1414.

(57) *Id.* at 1417–1418.

(58) *Id.* at 1421.

(59) *Id.* at 1423.

(60) 妊娠中絶への実質的なアクセスを必要とする人たちは、おそらく、そう多くはない。そして、わが国では、母体保護法の解釈によって、実質的に期限規制型立法的運用がなされており、比較的自由に妊娠中絶ができるように考えられがちである。そのため、わが国において、多くの人たちが、そのことに関心をもたないとしても、もっともなことである。しかしながら、現実には、同意要件、届出義務、その費用負担の問題などの様々な障碍がある。そうであるならば、われわれの無関心による思慮の足りない判断こそ、女性のアイデンティーを変容させる抑圧を維持していることになりはしないだろうか。

(61) CORNELL *supra* note 33 at 5. 邦訳書五頁。

(62) ロールズに関しては、差し当たり、以下の文献を参照のこと。*See* JOHN RAWLS, A THEORY OF JUSTICE (Harvard University Press, 1971). 邦訳書として、矢島鈞次監訳『正義論』(紀伊國屋書店、一九七九年)。JOHN RAWLS, POLOTOCAL LIBERALISM (Columbia University Press, 1993).

(63) CORNELL *supra* note 33 at 5. 邦訳書五頁。

(64) *Id.* at 6. 邦訳書六－七頁。

(65) *Id.* at 7. 邦訳書八頁。

(66) *Id.* at 8－9. 邦訳書一〇－一一頁。

(67) *Id.* at 9－10. 邦訳書一一－一二頁。

(68) *Id.* at 10－11. 邦訳書一四頁。

(69) *Id.* at 39－40. 邦訳書五二－五四頁。

(70) *Id.* at 46. 邦訳書六二頁。

(71) *See* Judith Thomson, *A Defense of Abortion*, 1 PHILOSOPHY AND PUBLIC AFFAIRS 47 (1971). なお、同論文の邦訳書として、星敏雄、古郡悦子、木坂貴行、新田章訳「人工妊娠中絶の擁護」加藤尚武・飯田亘編『バイオシックスの基礎――欧米の「生命倫理」論』(東海大学出版会、一九八八年)。

(72) 邦訳書では「自立」だが、原文の'autonomous'は、法学では「自律」と訳される場合が多いように思われるため、本書では、「自律」としている。

(73) CORNELL *supra* note 33 at 46－48. 邦訳書六二－六四頁。

(74) *Id.* at 50. 邦訳書六八頁。

(75) *Id.* at 52－53. 邦訳書七〇－七一頁。

(76) 邦訳書では「切実に必要とされる利益」だが、原文の'compelling interest'は、法学では「やむにやまれぬ利益」と訳される場合が多いように思われるため、本書では「やむにやまれぬ利益」としている。

(77) CORNELL *supra* note 33 at 56. 邦訳書七五－七六頁。

(78) *Id.* at 57. 邦訳書七六頁。
(79) *Id.* at 59. 邦訳書八〇頁。
(80) *Id.* at 69. 邦訳書九二頁。
(81) 竹中勲は、佐藤幸治らの人格的利益説を支持しながらも、その人格的自律、人格的生存などの用語の明確化を目指して、自己統合希求的利益説を主張している。すなわち、竹中によれば、「自己統合希求的個人像は、憲法の念頭におく人間を〈まとまりをもった完成体、自律した個人そのもの〉としてとらえるのではなく、〈かけがえのない人生において、生き方のその人なりのまとまり・自己統合を希求し模索する個人〉ないし〈生の人間〉に着目し、各個人の人生はその生を閉じるまでこうした自己統合への営みをそれ自体として重視しようとするものであ」り、自己統合希求的利益には、「かけがえのない自己存在自体に対する権利利益（自己存在利益）および、自己の人生のまとまり（自己統合）や個人の自律などを企図して懸命に生きようとして模索しつつそのときどきの自己存在を確認するという権利利益（自己存在確認的利益）をも含みうるような一定の包括性をもった利益」である。したがって、「自己統合希求的利益説においては、自己決定は、〈個人的事柄ないし私的事柄のうち、人間として生きていく上において重要な事項について、公権力から干渉されることなく、自ら決定することができる権利〉と定義されることになる」。そして、「ここにいう〈人間として生きていく上において重要な事項〉とは、自己存在利益および自己存在確認的利益を含む自己統合希求的利益を内実とするもの」である（竹中勲「自己決定権と自己統合希求的利益説」産大法学三二巻一号（一九九八年）二四－二六頁）。こうした竹中の自己統合希求的利益説を一般論としなら、コーネルの身体的統合性への権利やイマジナリーな領域の保障の考えは、こうした竹中の自己統合希求的利益説と重なるものだと思われる。しかし、本書で、紹介、検討したコーネルの議論は、妊娠（中絶）という具体的状況におけるその具体化を示したものとして評価でき、その結果、統合すべき人格が、精神的なものだけではなく、とくに身体（に対するイメージ）も含めたものでなければならないことを、あらためて強調した点に、その特徴を見出すことができるといえるだろう（ただし、竹中も、「精神的自律と身体的自律、精神的自律と経済的自律、および、三者は、解きがたく結びついている」（同上、二五頁）ことを指摘している）。
(82) Cornell *supra* note 33 at 33. 邦訳書四五頁。
(83) 蟻川恒正は、「Roe 判決は、中絶を『市場』化した」と指摘する。「ここで、『市場』とは、資格をもった医師を供給者とし、中絶手術を希望する女性を需要者とする市場を指す」。そして、「貧困な女性にとっての中絶の自由を実質化するために、公的医療扶助としての Medicaid 給付を行う、という形で、『市場』原理に一定の修正を加えることは、Roe 判決の論理の枠内で、不可能ではない。しかし、それをこえて、医師による中絶手術を受ける権利までを導出することは、Roe は決の本質に背馳すると云わなければならない」としている（蟻川恒正「身体の自由」法律時報七一巻二号（一九九九年）七八－七九頁）。そのため、蟻川は、「女性の中絶の自由は、これを『市場』の外部から基礎づけるのでなければ、確かな保障を得られないであろう。『市場』の外部としての女性の身体性の次元に定位することは、その際、一つの案たりうるもののように思われる」（同上、八二頁）とする。身体的統合性への権利とは、まさに、中絶権を「市場」の外部としての女性の身体性の次元に定位する試みの一つだといえるだろう。

(84) フェミニズムの理論家がラカン主義に立つことの問題に関しては、以下の文献を参照のこと。*See* Nancy Fraser, Structuralism or Pragmatics ?: On Discourse Theory and Feminist Politics, in Justice Interruptus: Critical Reflections on the "Postsocialist" Condition, (Routledge, 1997). なお、同書の邦訳書として、仲正昌樹監訳『中断された正義：「ポスト社会主義的」条件をめぐる批判的省察』（御茶の水書房、二〇〇三年）も併せて参照のこと。

(85) 画一化や標準化は、つねに悪質なものだというわけではない。「われわれの直観は、すべての画一化を狡猾なパワーだと考えるかもしれないけれども、善についてのほとんどの理論は……相当程度の画一化に依存しているのである」（Solove *supra* note 56 at 1418）。それにもかかわらず、女性が母性に還元され、画一化、標準化されることが悪質だと考えられるのは、それらが、女性を社会的に弱い立場に追い込んでしまう抑圧だからといえるだろう。

(86) Dworkin *supra* note 6 at 169. 邦訳書二七二頁。

(87) なお、山根純佳は、コーネルが「『自己』は身体を直接支配・所有できないが、『所有できるという幻想』をもつことは自己の感覚にとって不可欠なのだとする」が、それでは、結局のところ、「『身体』とは、身体を制御しようとする『自己』（私）に属する（belong to）『モノ』」に過ぎず、「この点では、所有権論とコーネルの議論の間に差異はない」（山根純佳『産む産まないは女の権利か——フェミニズムとリベラリズム』（勁草書房、二〇〇四年）九二－九三頁）として批判する。山根にとって、妊娠中絶問題において重要となる「身体は『自己』の所有物ではなくそれをとおして『自己』が生きていかざるをえない自己の基盤である」（同一〇三頁）。つまり、そこでの「身体」とは、私が所有する対象としての身体ではなく、私そのものである。本書も、山根の考えに同意するが、しかしながら、山根が批判するほど、コーネルの考えは、山根の考えと距離があるように思われない。たしかに、コーネルは、自己感覚の条件として所有のイメージを重視しているが、しかし、それがすべてというわけではなく、やはり、「それをとおして『自己』が生きていかざるをえない自己の基盤」、すなわち、私そのものを問題としているのではないだろうか。そもそも、われわれが、われわれの身体をコントロールできなければ（あるいは、われわれの所有物だと考えることができなければ）、その身体をわれわれそのものだと考えることはできないだろう。その意味では、その身体をわれわれそのものと考えるための必要条件として、われわれの身体に対するコントロールを問題としているように思われる。この点に関して、詳しくは、加藤秀一「身体を所有しない奴隷——身体への自己決定権の擁護」思想九二二号（二〇〇一年）一〇八頁も併せて参照のこと。

第三章　中絶権とプライヴァシー権概念との関係

――プラグマティック・アプローチを踏まえて

第一章でみてきたように、米国の判例では、中絶権がプライヴァシー権として承認されてきた。ところが、第二章でみてきたように、コーネルは、消極的な権利としてプライヴァシー権を捉えた上で、プライヴァシー権概念に中絶権を含めることに反対している。そのため、どのように中絶権を法的に構成するのかが問題となる。

しかし、現代においては、プライヴァシー権を、積極的な権利の側面を含むものとして理解する見解が、一般的である。したがって、コーネルの主張する中絶権（の理解）をプライヴァシー権として再構成することで、むしろ、中絶権の積極的な権利としての側面を補い、より強く根拠づけることができるのではないだろうか。

もちろん、ケイシー判決の反対意見におけるレーンキスト判事のように、妊娠中絶が必然的に胎児の損壊を伴うことから、中絶権をプライヴァシー権概念に含めて理解することに反対する立場も存在している。[1] また、後述するダニエル・J・ソロブが指摘するように、従来の学説は、プライヴァシーの諸利益に共通し、かつ他の権利概念から区別できる本質的要素を設定し、それに基づいてプライヴァシー権概念を定義するものであった。こうした従来の学説のアプローチにしたがえば、たしかに、中絶権を含めて、プライヴァシー権を概念化することは困難であるように思われる。しかしながら、従来のアプローチが、プライヴァシー権を概念化する唯一の方法だというわけではない。したがって、もし、従来のアプローチに拘らないのなら、中絶権を含めて、プライヴァシー権を概念化する可能性も考えられるだろう。

そこで、本章では、プライヴァシー権の概念化に関する従来のアプローチを批判的に検討して、それに代わる新しいアプローチを提示しようと思う。そして、中絶権をプライヴァシー権として位置づけることで、その積極的な権利の側面の根拠づけを補強するために、中絶権とプライヴァシー権との関係について、理解を深めていきたい。

一　プライヴァシー権の概念化に関する問題

もちろん、今日、わが国でもプライヴァシー権の存在は、広く一般に認められている。[2] しかしながら、そもそもプライヴァシー問題が何であるのか、それを引き起こすプラクティスはどのようなもので、その有害性（不正）とはいかなるものか、に関しては、あまり理解できていない。しかし、それらを理解しなければ、プライヴァシー権の保障を実際に進めていくことはできないだろう。

こうした事情は、米国においても同様である。

ソロブによれば、これまで「多くの研究者は、同一の価値をもつ統一的概念としてプライヴァシーを語ってきた」[3]。しかし、統一的概念としてプライヴァシー権を概念化できたとしても、「その『プライヴァシー』の概念は、判例や立法形成を導くには、あまりに曖昧とし過ぎている」[4]し、そうした方法では、プライヴァシー問題に関する様々なプラクティスの意味や、その有害性（不正）を必ずしも明らかにできない。プライヴァシー問題を引き起こすプラクティスが異なれば、そこでのプライヴァシー概念やその価値、あるいは対立利益（プライヴァシー問題を引き起こすプラクティスの有用性）も、様々に異なってくるだろう。このようにプライヴァシー問題は、非常に複雑なものである。ところが、従来の方法では、こうした複雑性を適切に理解できないのである。しかし、プライヴァシーに関する問題を完全に下位概念に分解・還元してしまう考えも、妥当なものとはいえないように思われる。複数のプラクティスがプライヴァシー問題として扱われてきたことは、単なる偶然ではなく、それらに何かしらの類似性や関連性が認められてきたからである。

そのため、ソロブは、プライヴァシーの概念化に関する従来の問題点を、概念化の方法そのものに求め、従来の方法に代えて、プラグマティック・アプローチを提唱している。[5] また、近時、ソロブは、その具体化として、プライヴァシーの新たな分類を行っている。本章では、ソロブの見解を参考にして、プライヴァシー権概念に関する学説を考察していきたい。

ソロブによれば、これまで「『プライヴァシー』の意味を解明する様々な試みがなされてきたが、包括的で具体的な方法でプライヴァシー問題を同定しようとする試みは、ほとんどなかった」が、その数少ない試みのうちで、「もっとも有名な試みは、高名な不法行為法学者のウィリアム・プロッサーによってなされたものである」。もっとも、現代のプライヴァシー問題は憲法上の権利にまで拡大しているが、プロッサーの試みは、四〇年以上も前のもので、情報化社会の発展以前のものであり、また不法行為に関するものに限定されている。「したがって、現代のプライヴァシー違反を考えるにあたっては、新しい分類が、まさに必要とされている」。[6]

そのため、ソロブのプラグマティック・アプローチと、その具体化として、プライヴァシー問題を引き起こすプラクティスの分類を紹介・検討することは、中絶権に関する問題に限らず、ひろく現代のプライヴァシー問題を考えるにあたっても重要な意味をもつだろう。

そこで、ここでは、中絶権とプライヴァシー権との関係を考える前提として、プライヴァシー権の概念化を考察するにあたって、まず、プライヴァシー権の概念化に関する従来の学説のアプローチを批判的に考察し、次いで、ソロブのプラグマティック・アプローチと、その具体化として、プライヴァシー問題を引き起こすプラクティスの新しい分類を検討しようと思う。

二　プライヴァシー権の概念化に関する従来の学説とその批判的考察

これまで、米国連邦最高裁は、プライヴァシー権を憲法上の権利として認めてきたものの、プライヴァシー権の明確な外延を示す定義を述べてこなかった。たとえば、令状のないペン・レジスターの設置とその使用とが争われたスミス判決で[7]、連邦最高裁は、プライヴァシー権の概念化に関して、次のような判断枠組みを示すに留まっている。すなわち、本件での「修正四条の適用は、その保護を求める人がプライヴァシーの『正当な（justifiable）』、『合理的な（reasonable）』、または『合法的な（legitimate）期待』を主張し得るか否かに依存する」とし、このことは二つの別個の問題を内包するとした。まず、「第一に、個人が自身の行為によってプライヴァシーの現実の（主観的な）期待を示しているか否かである」。そして、「第二の問題は、プライヴァシーに対する個人の主観的な期待を社会が『合理的なもの』として認めると考えているか否かである」とした[8]。

つまり、スミス判決は、①プライヴァシーへの現実的な主観的期待があること、②その期待を社会が「合理的なもの」と考えること、を判断枠組みとして、具体的なプライヴァシー権の定義を避けたのである。

このような連邦最高裁の判断を補うために、米国では、これまで多くの学説がプライヴァシー権の定義を試みてきた。ここでは、まず、米国の従来の学説の展開を素描しておきたい。

1　米国のプライヴァシー権概念に関する従来の試みの素描

プライヴァシー権を、はじめて、法律論として明示的に論じた文献として、サミュエル・D・ウォーレンとルイス・D・ブランダイスの論文[9]がある。今日、ウォーレンとブランダイスの論文というと「一人で放っておいてもらう権利（the right to be let alone）」という定義だけが注目されているように思われる。しかしながら、この論文の目的は、プライヴァシー権の定義づけではなかった。実際、この論文は、プライヴァシー権の定義づけについて深い考察を行っていない。後述するソロブも指摘するように、この論文の主な作業は、コモン・ローにおけるプライヴァシー権の根拠とその発展過程を考察することにあった。

しかし、プライヴァシー権は、ウォーレンとブランダイスの論文の意図とは別に、「一人で放っておいてもらう権利」として広く展開していく。その傾向に一石を投じたのが、ウィリアム・J・プロッサーの論文[10]である。プロッサーの考えは、いわゆる還元論として知られるが、その意味づけを、単にプライヴァシー権概念の否定にあったとみることは矮小に過ぎるだろう。この論文の重要な意味は、多様化したプライヴァシー権概念に分析のメスを入れたことだといえる。これまで、プライヴァシー権という新しい概念は、その外延を示さないまま、その対象領域を拡張してきた。それに対して、プロッサーは、その対象領域を分析し、そこには各々別個に論じるべき複数の問題が含まれると主張した。それらの問題領域とは、今日よく知られるように、①私事への侵入、②秘密事の公開、③誤った印象の公表、④氏名・肖像の無断使用、の四領域[11]である。

プロッサーの還元論に反論したのが、エドワード・J・ブルーステインの論文[12]である。ブルーステインは、プロッサーの四領域に共通の法益として「人間の尊厳」を抽出し、その法益が人間にとって基本的な価値であることから、憲法上の権利でもあるとした。

さて、一九六〇年代後半ごろから、多様化したプライヴァシー権の対象領域を一つの包括的概念で定義づける新たな試みがなされる。いわゆる自己情報コントロール権説[13]である。この新しい試みの特徴は、①「自己情報（information for themselves）」がキーワードとして用いられること、②その情報につき所有権的構成をとること、があげられるだろう。その代表的論者であるチャールズ・フリードは、「プライヴァシーとは、単に他者の内心に、われわれの情報が存在していないことをいうのではない。われわれのコントロールが、われわれの情報に及んでいることをさす」[14]とした。ウォーレンとブランダイスの論文にも、こうした新しい定義に馴染みやすい素地があった。たとえばウォーレンとブランダイスの論文では、「コモン・ローは各個人に対して、通常、自己の思想や感情をどの範囲で他人に表示すべきかを決定する権利を保障している」[15]と述べられている。また、「個人は、彼の所有に属するものを公にすべきかどうかを決定する権利をもっている」[16]とも述べられており、その所有権的構成を垣間見せている。

フリードに代表される自己情報コントロール権説に鋭い批判をしたのが、リチャード・B・パーカーの論文[17]である。パーカーは、フリードの学説の保障範囲の不的確性を指摘する。たとえば、試験を受けた生徒が、その点数によって思いがけなく自らの不勉強さを明らかにされてしまった場合や、パーティーの客が主人に冷遇されることで人々に自らの立場の低さを露呈された場合などを例にとって、「われわれの情報のコントロールを喪失し、あるいは確保することのすべてが、プライヴァシーを喪失し、あるいは確保しているということではない」[18]として、自己情報コントロール権説の保障範囲が広過ぎる点を批判する。なぜなら、これらの事例は、いずれも本人の意思によらずして、自己情報が他者に知られたものだが、これらは、通常、プライヴァシーが喪失するとは考えられないからである。また、男女関係にあった恋人が、別れた後に相手の裸体を覗き見した場合などを例にとり、自己情報コントロール権説の保障範囲が狭過ぎる点を批判する。覗き見された者は、相手方の行為によってプライヴァシーの喪失があったが、この者は覗き見した者に対して、すでに自らの裸体に関する情報を知らせていたのだから、自己情報に対するコントロールを喪失してないことになるからである。そこで、パーカーは、「プライヴァシーの喪失の本質は、情報に対するコントロールを喪失することではない。その本質は、誰が裸体をみることができるのかに対するコントロールを喪失することにある」[19]とする。その上で、彼は、「プライヴァシーとは、いつ、誰に、われわれの様々な一部（part of us）が感受され（sensed）得るかをコントロールすること」[20]と定義する。

なお、ここでいう「感受」とは、五感により認識することを指す。また、「われわれの一部」とは、単にわれわれの身体の一部だけでなく、声、創作物、さらにわれわれに強く結びついているものを含む広い概念である。つまり、パーカーは、直接には情報概念を用いてはいないが、「われわれの一部」を広く解することで、事実上、これを情報概念を含む広い意味で用いているのである。

さて、フリードなどの自己情報コントロール権説は、およそプライヴァシー権の問題とされる領域を一つの包括的権利概念で把握するものであるが、プロッサーの還元論を踏まえた立場からも、有力な批判がなされている。トム・ゲラティは、「法的概念が、空間一体に拡がってしまうガスのようなら、われわれにとって益するものは全くない[21]」とし、フリードたちの自己情報コントロール権説の定義が、何らプライヴァシー権概念の外延を示すものではないと批判する。そして、パーカーの学説に一定の評価を下しつつも、それを、不十分だとする。

ゲラティは、プロッサーの「氏名・肖像の無断使用」について、氏名や肖像は、われわれがコントロールし得ない公的アイデンティティー（public identity）であるとして、プライヴァシー権の領域と区別する。また、「誤った印象の公表」についても、公的アイデンティティーの問題としてプライヴァシー権の領域と区別する。そして、これら二領域を内包した自己情報コントロール権説は、「コントロール」と「アイデンティティー」の概念を含むが、それらを限定する「親密性（intimacy）」の概念を含まないとして批判している。そこで、彼は、「プライヴァシーとは、個人のアイデンティティーの親密性に対する自律、あるいはコントロール[22]」と定義する。ここでいう「親密性」とは「自己、あるいは他者の、身体や精神にアクセスする精神作用[23]」を意味している。ゲラティによれば、グリスウォルド判決[24]が避妊の自由を保護したのは、避妊の問題が親密な関係における自律の問題だからである。また、ロー判決[25]が中絶権を保護したのは、それが女性のアイデンティティーと自律に関する親密な決定だからである。一方、予防接種の強制などは自律を侵害するにしても、親密性と関わりないものだから、プライヴァシー権の問題とされない。彼によれば、プライヴァシー権の問題は、アイデンティティーの自律すべてに関わるものではなく、親密性に関わるものに限られるのである。

彼の定義を前提とした場合、個人情報の扱いが問題となるが、これについて、ゲラティは、プライヴァシー権と区別されるところの信頼原則（confidentiality）によって説明している。彼によると、プライヴァシー権は、本人のみで維持できる情報を保障するのに対して、複数人で保持する情報は、信頼原則によって保護すべきものなのである。

このようにゲラティの学説は、プライヴァシー権を包括的に定義づけた自己情報コントロール権説に対し、プライヴァシー権の外延を示すことを意識して、他の法理によって説明すべきものをプライヴァシー権から外し、その概念を限定しようとしたものだといえるだろう。

2 米国の従来の学説の批判的考察

このようにプライヴァシー権に関する従来の学説の試みは、多種多様に及ぶ。しかし、逆にいえば、そうした状況は、従来の試みでは、必ずしも満足のいく結論を出すことができなかった証左ともいえるのではないだろうか。では、従来の学説には、どのような問題があるのだろうか。次に、ソロブによる批判的考察をみていきたい。彼は、単に従来の学説の個々の定義を批判するだけでなく、従来の学説の問題が、そのアプローチ方法そのものに起因するとした点で注目される。

ソロブは、プライヴァシー権の従来の定義化の試みを、プライヴァシー権に含まれる諸利益に共通し、かつ他の権利概念から区別できる本質的要素を設定し、それに基づいて、プライヴァシー権を概念化するものだとした上で、それに代わるものとして、彼がプラグマティック・アプローチと呼ぶ概念化の方法を提案している。それは、トップダウンよりもボトムアップによってプライヴァシー権を概念化するアプローチである。

彼は、従来の学説がプライヴァシー権を定義するときに設定する本質的要素を、次の六つの表題で整理できるとして、①一人で放っておいてもらう権利、②限定されたアクセス、③秘密、④個人情報のコントロール、⑤人格性、⑥親密性、をあげている。

ソロブによれば、従来の学説で定義づけされる「その概念に関するもっとも一般的な問題は、それらが、あまりに狭過ぎるか、あるいは、あまりに広過ぎることである」[26]。そして、ソロブは、「その概念の多くは、プライヴァシーに関する深遠な洞察を捉えている」けれども、「しかしながら、もし、プライヴァシーの概念上の説明として、一般的に用いられるのなら、それらの概念は重大な限界をもつ」として批判している。[27] 以下、六つの概念に基づいて定義する学説に関するソロブの批判をみていきたい。

(1)　一人で放っておいてもらう権利、秘密、制限されたアクセス

ソロブによれば、「一人で放っておいてもらう権利としてのプライヴァシーの定式は、単にプライヴァシーの属性を述べるだけである」。なぜなら、この定義は、「われわれが一人で放っておかれるべき事柄を、われわれに教えることがない」からである。そもそも、こうした定義づけをした「ウォーレンとブランダイスの目的は、プライヴァシーの包括的な概念を提供することではなく、コモン・ローにおけるプライヴァシーへの権利の根拠を調査し、そのような権利がどのようにして発展してきたのかを説明することであった」。ソロブによれば、「たしかに、その論文は、プライヴァシーの概念を発展させる重要な始まりであった。しかしながら、一人で放っておいてもらう権利が、しばしば裁判官や研究者によって用いられるとき、それは、いまだに広く漠然としたプライヴァシーの概念のままなのである」[28]。

それに対して、ソロブは、「制限されたアクセス」を、「何かを隠したり、他者から離れたいという個人の欲求を承認するもの」だとし、それは、「一人で放っておいてもらう権利」の「洗練された定式である」と述べる。[29]しかし、「自分自身に対するすべてのアクセスがプライヴァシーを侵害するわけではない」ために、この理論は、「プライヴァシー侵害を構成するために必要なアクセスの程度の理解を提供できない」。もし、そうだとすれば、「一人で放っておいてもらう権利」と同じように、「制限されたアクセス」の概念は、広く漠然としたままである。結局のところ、ソロブによれば、「この問題は、何がプライヴェートな事柄であるのか、そして、そのプライヴァシーの価値を理解することによってのみ、答えることができる」ものである。[30]

そして、ソロブによれば、その「制限されたアクセス」のサブセットとして理解できるものが、「秘密」の概念であって、それは、プライヴァシーに関して、最も一般的な理解の一つである。しかしながら、ソロブは、現代のプライヴァシー権が、情報を公にされることの回避以上のものを含むことから、「秘密」に基づく定式を批判する。つまり、われわれは、しばしば、すでに公にされているものにもプライヴァシー保護を期待する。したがって、ソロブは、「ほとんどの理論家が特定の秘密を公表することをプライヴァシー侵害だと認めるが、一般的にプライヴァシー侵害だと認められた多くのものが、秘密の喪失に関わらない」ために、「プライヴァシーの公分母としての秘密は、プライヴァシーの概念をあまりに狭くし過ぎる」と指摘する。[31]

(2) 個人情報のコントロール

さて、ソロブによれば、「プライヴァシーのもっとも支配的な理論の一つが、自己情報に対するコントロールのそれであり」、この考えは、「制限されたアクセス概念のサブセットとして理解できる」。しかし、ソロブは、「その理論が情報に焦点を当てることは、その概念をあまりに狭くしてしまう。なぜなら、それは、自分の身体、生殖、子供の養育に関する特定の基本的決定をする権利のように、情報的でないプライヴァシーの側面を排除してしまうからである」と述べる。もちろん、プライヴァシー権に関するいくつかの有力学説は、こうした領域を必ずしもプライヴァシー問題に含めるわけではない。しかしながら、その問題をおくにしても、ソロブは、「その理論の主張者が、諸個人がコントロールすべき情報の類型を定義し損なうために、その理論は、あまりに漠然としている」として、批判する。(32)

実際、多くの学説は、同理論に様々な限定を加えて、独自の定義を主張している。しかしながら、ソロブによると、それらの試みによっても、次のような困難が生じている。

たとえば、前述のようにパーカーは、感受のコントロールを主張している。しかし、われわれは、ほんの僅かなプライヴァシー侵害さえ認識することなく、他者によって感受されている。たとえば、われわれは、街中で多くの人々に見聞きされていることをプライヴァシー侵害だと思わないだろう。フリードは、プライヴァシーの価値（尊敬、愛、友情、および信用を促進すること）に関して述べており、したがって、彼の考えは、「親密」な情報（尊敬、愛、友情および信用に関する関係を作り促進するのに必要な情報）にコントロールされるべき情報の範囲を限定するものかもしれない。しかしながら、もし、コントロールすべき情報を親密な情報だけに限定すると、コントロールの対象から財産的な記録といった重要な情報を排除してしまう（米国の判例上、財産的な記録も修正四条に関する問題としてきたのである）。また、個人識別情報に限定する見解(33)は、われわれがプライヴァシーだと思わない個人識別情報がかなり多くあることから、あまりに広過ぎるものだといえる。(34)

さらに、ソロブは、自己情報コントロール権説を支持する「理論家たちは、実際にコントロールが意味するところについて、ほとんど仕上げを提供しておらず、それは、しばしば狭過ぎたり、広過ぎたりするものとして理解されている」と批判する。ソロブによれば、「しばしば、コントロールは、情報における所有の形態として理解されている」が、情報は物理的なものと異なって、多くの人たちの内心で共有されるものであって、「プライヴァシーの要求は、所有の要求と同じものではない」のである。しかも、ソロブにとって、プライヴァシーには社会構造的問題もあり、「個人のコントロールの行使の問題だけではない」のである。[35]

以上のことを踏まえて、ソロブは、次のように批判を要約する。すなわち、「自己情報に対するコントロールとしてプライヴァシーを概念化することは、あまりに漠然としていたり、あまりに広過ぎたり、あるいは、あまりに狭過ぎたりしている」。なぜなら、(i)「諸個人がコントロールすべき情報の類型を定義し損ねるとき、情報コントロールの概念は、あまりに漠然としている」からである。しかし、だからといって、もし、(ii)「理論家たちが『自己情報』を構成する定義を試みるとき、その概念は、限定され過ぎるか、あるいは広過ぎるものになる」。また、(iii)「理論家たちが、『コントロール』が意味するものを定義しようと試みるとき、しばしば、彼らは、それを所有の形態として定義するが、それによって形成された概念は、多くの点で揺らいでしまう」。そして、(iv)「情報コントロールの概念は、情報的な問題にプライヴァシーを縮減して、プライヴァシーの領域から決定の自由を省いてしまう」。しかも、(v)「それは、あまりに排他的に個人的選択に焦点を当て過ぎている」のである。[36]

(3)　人格性

次に、「人格性」についてであるが、ソロブによれば、「この理論は、他の理論から独立したものではなく、それは、しばしば、なぜプライヴァシーが重要なのか、どの側面が制限されるべきなのか、あるいは、どんな情報をわれわれがコントロールすべきなのか、を説明するために、他の理論とともに使われる[37]」ものである。

ところが、ソロブは、この考えが人格性の定義を明確にできないために、結局のところ、プライヴァシー概念を明らかにできないし、また、この考えは、しばしば、国家の干渉に焦点を当て過ぎるために、民間部門に対する関心を、少なくしてしまうとして批判している。ソロブによれば、「つねに国家の干渉を制限することだけが、プライヴァシー保護にとって重要というわけではない[38]」のである。

(4) 親密性

そして、最後に「親密性」である。ソロブによれば、「この理論は、プライヴァシーが個人の自己創造（individual self-creation）だけでなく、人間の関係性にとっても重要なものであることを認めている」[39]。たとえば、前述のようにゲラティは、親密性をその定義の基礎におく。しかし、ソロブによると、ゲラティの学説は、「アイデンティティー」および「自律」の条件でプライヴァシー権を限定しようと試みるものだが、これらは個人が行うほとんどすべての行為や決定に当てはまる非常に広い条件であるため、範囲の限定が不十分だとされる。そして、もし、「それらの範囲の限定がなければ、『親密性』という語は、単に『プライヴァシー』を言い換えた語に過ぎなくなり、どの事柄がプライヴェートなのかを決定する方法として不十分なものとなる」[40]として批判している。つまり、あまりに漠然としたものなのである。

また、ソロブによれば、「親密性としてのプライヴァシーの理論は、個人間の関係性や、それらから生じた特定の感情に、排他的に焦点を当て過ぎるため、あまりに狭いものである」。なぜなら、「信頼、愛、そして親密性はプライヴァシーによって促進されるけれども、これらはプライヴァシーの唯一の目的というわけではない」からである。つまり、「プライヴァシーは、われわれがこれらの目的を達成するのに役立つけれども、これらの目的が、プライヴァシーの完全な概念を構成するわけではない」のである[41]。

以上、六つの表題でまとめられる従来の学説に対するソロブの批判をみてきたが、ソロブが指摘するように、いずれの概念に基づこうとも、従来の学説のアプローチをとる限り、十分に満足のいく概念化は難しいように思われる。そもそも、今日のプライヴァシー問題は、ある特定の本質的要素によって捉えられるほど、単純なものではなく、もっと複雑なものであるため、従来の学説の概念化の方法にしたがう限り、プライヴァシー権概念は、われわれが共有する直観に整合し切れないのではないだろうか。

三　プライヴァシー権の概念化に関する新たなアプローチ

これまでみてきたように、プライヴァシー権の包括的説明を試みてきた従来の学説は、それぞれ多くの洞察を示しているが、いずれも、満足のいくものではなかった。そのため、いく人かの研究者たちは、いわゆる「還元論」を主張するかもしれない。[42]

しかしながら、ソロブは、「還元論者は、プライヴァシーが他のもっと主要な概念から派生するのだと、十分な正当化なしに仮定してしまう」[43]として批判する。

たしかに、還元論のアプローチは、プライヴァシーの諸利益を分析し、その具体的な内容を明らかにするかのように思われる。しかしながら、還元論は、すでにわれわれの直観に合うものではない。還元論によれば、プライヴァシーの利益は、既存の他の諸利益に完全に分解されてしまうことになるが、われわれは、自分たちがプライヴァシーの利益と感じるすべてのものを、他の言葉で表すことはできないだろう。われわれは、すでに固有のものとして、プライヴァシーの利益を承認しているのである。

それでは、ソロブ自身は、プライヴァシー権の概念化に関して、どのようなアプローチを考えているのだろうか。ここでは、従来の方法に代わる新しいプライヴァシー権の概念化の試みとして、ソロブが主張するプラグマティック・アプローチと、その具体化としての分類をみていきたい。

1　ダニエル・J・ソロブのプラグマティック・アプローチ

ソロブは、従来の試みに代わるものとして、ルートヴィヒ・ウィトゲンシュタインの「家族的類似性」を踏まえて、彼がプラグマティック・アプローチと呼ぶ概念化の方法を主張している。

ソロブによれば、プラグマティック・アプローチとは、「プラグマティズムで繰り返されるいくつかの考えから出てきている」もので、「コンテクストへの依存性と偶発性を承認し、ア・プリオリな知識を拒絶し、そして具体的なプラクティスに焦点を当てるもの」であり、そのため、この「プライヴァシーを概念化する作業に対するアプローチでは、プライヴァシーの抽象的概念を明らかにしようとすることから始めるべきでなく、その代わりに、特定のコンテクストにおけるプライヴァシーを理解することに集中しなければならない」。そもそも、ソロブにとって、その「概念は、『作業仮説（working hypotheses）』であり、固定化された実在ではなく、それは、具体的なシチュエーションの内から生み出され、絶えずテストされ、そして、具体的なシチュエーションとの相互作用を通じて、具体化されなければならない」ものである。なぜなら、具体的なコンテクストに応じて、プライヴァシーの価値や評価も変化するからである。したがって、ソロブは、「私のアプローチは、抽象的にではなく、特定のコンテクスト内でのプライヴァシーを概念化するものであるために、それは、トップ・ダウンというよりも、ボトム・アップから始めることになる」と述べている。(44)

ソロブは、プライヴァシー問題を引き起こす具体的な「プラクティス」に焦点を当てる。ソロブによれば、「われわれは、問題の特定の類型や問題となる特定のプラクティスに焦点を当てることで、プライヴァシーを概念化すべきであり、それらのすべてを結ぶ公分母を探そうとすることによって、そうすべきではない」のである。ここでソロブが使う「プラクティス」とは、慣習、規範、伝統を含む広い意味をもつものである。そして、様々なプライヴァシー問題を引き起こすプラクティスには、類似点もあれば、相違点もある。そこで、プライヴァシー権の概念化にあたって、ソロブが注目したのが、ウィトゲンシュタインの有名な「家族的類似性」である。ごく簡単に言えば、ある家族の構成員をみたとき、それぞれ親子同士・兄弟同士・姉妹同士は少しずつどこかしら似ているが、すべての構成員に共通の要素はない。それでも、彼らは一つの家族として認識できる。こうしたことが、言語（概念）の世界でもあり得るというものである。ソロブは、まさにプライヴァシー権という概念がその家族的類似性の例に当たると考える。そして、「もし、プライヴァシーは、特定のプラクティスの問題の相互連結されたウェブとして概念化されるのなら、プライヴァシーの概念化の活動は、そのウェブのタイポグラフィを図示すること（mapping）から成り立つべきである」と述べる[45]。

また、ソロブは、予め、「公的、あるいは私的なものとして特定の事柄を分類することは、特定の一般的議論にとっては有益かもしれないけれども、そうした分類化は、紛らわしいものである」として否定する。なぜなら、「第一に、われわれがプライヴェートだと考える事柄は、時代を経て変わる」からであり、また、「第二に、特定の事柄が公的なものから私的なものに移ってきたり、その逆もあったりするが、そうした変化は、しばしば公的なものから私的なものへの完全な変換というよりも、もっと微妙なものであった」からである[46]。つまり、公／私の変化は、徐々に起きるものなのである。

ソロブは、「何が公的なもので、何が私的なものなのかは、文化や歴史によって形成されるけれども、私は、家族、身体、そして、家庭のプライヴァシーが、単なる歴史的アクシデントだと主張しているわけではない」と述べている。実際、ソロブは、「プライヴァシーに関わるいくつかのプラクティスは、われわれの生物学的性質に根拠をもつものかもしれない」としている。しかしながら、ソロブは、「たとえ、特定の事柄についてのプライヴァシーが部分的に生物学的欲求から生じていようとも、特定の活動に対するプライヴァシーの欲求が、必ずしも、そうした活動をプライヴェートなものにするわけではない」と主張する[47]。

では、ソロブのいうように、私的なものと考えられる一貫した集合を予め想定できなければ、どのようにして、プライヴァシー権として保護すべきものを決めるのだろうか。

ソロブによれば、「われわれは、経験的、歴史的、そして規範的にプラクティスを評価することによって、そうした決定をしなければならない」。とくに「規範的要素がなければ、プライヴァシーの概念は、将来のプライヴァシーに関する法や政策形成に向けて、われわれを導くものではなく、単に現行のプライヴァシーの規範の現状報告を提供できるだけである」。しかも、ソロブによれば、「プライヴァシーとは、パワーの問題である。すなわち、それは、単なる社会の一般的な期待ではなく、より広い社会的構造のヴィジョンの産物なのである」。つまり、ソロブの理解によれば、何かをプライヴァシー権として保障することは、社会におけるわれわれの権力関係を変えることなのである。そのため、あるプラクティスが、われわれの望むべき社会的展望――われわれの社会における望むべき権力関係――を促すものなら、それは保障されなければならないし、逆に、妨げるものなら、それは保障されるべきではないことになる。そのため、ソロブは、「法がプライヴェートなものとして何を保護するのかを決定することは、規範的な分析に依存しており、そのことは、特定のコンテクストにおけるプライヴァシーの価値を考察するように要求する」とし、そして、その「プライヴァシーの価値は、それに関わるプラクティスの目的に依存する」と述べている(48)。

もちろん、ここでいう「望むべき社会的展望」とは、単に主観的な願望を意味しているわけではない。それは、規範論として、われわれが求めるべき社会のあり方を指している。そのため、究極的には、その国の憲法が示す社会的展望のことだといえる。ところが、一般論として、その社会的展望を示すことは、必ずしも容易なことではない。しかしながら、われわれは、しばしば、特定の具体的な事柄――すなわち、具体的なコンテクストにおける個々のプラクティス――に関してなら、それが、われわれの望むべき社会的展望に照らして、保障されることが妥当かどうかを判断できるだろう。

したがって、ソロブは、望むべき社会的展望に依存するという意味で、「第一に、プライヴァシーは、道具的に

（instrumentally）評価されるべき」であり、具体的コンテクストにおける個々のプラクティスごとに判断するという意味で、「第二に、一般的で抽象的な方法でプライヴァシーを評価する議論の傾向とは対照的に、プライヴァシーは、コンテクスト依存的に評価されなければならない」と主張する。(49)

それでは、なぜ、研究者や裁判官は、こうしたアプローチをとらなければならないのだろうか。それは、ソロブによれば、「プライヴァシーに関わる無数の問題を扱うために、研究者や裁判官は、プライヴァシーの複合的な（multiple）概念を採用しなければならず、さもなければ、古い概念が、解決にあたって、彼らを誤った道に導くだろう」からである。(50)

ソロブは、「新しい問題を古い概念に当てはめようとする代わりに、われわれは、特定の問題の特別な状況を理解しようとすべきである」と主張する。ソロブによれば、われわれがプライヴァシー問題に取り組むとき、「どのようなプラクティスが問題となっているのか。その問題は、他の問題の形態と、どのようなところで類似していて、どのようなところで異なっているのか。どのように、この問題が社会や社会構造に影響するのか」を考察しなければならないのである。(51)

さて、こうしたソロブの見解をまとめると、およそ次のようにいえるだろう。

すなわち、ソロブによると、従来の試みは、プライヴァシー権に含まれる諸利益に共通し、かつ他の権利概念から区別できる本質的要素を設定し、それに基づいて、プライヴァシー権を定義するものである。しかしながら、従来の試みは、プライヴァシー権を把握するには狭過ぎるか、あるいは広過ぎることになる。したがって、われわれには、プライヴァシー権を把握するために別のアプローチをとる必要性がある。そこで、ソロブが注目したのが、ウィトゲンシュタインの「家族的類似性」である。それを踏まえるのなら、われわれは、プライヴァシー権に含まれる諸利益の公分母を探すのではなくて、個々のプラクティス同士の限定された共通性・類似性を考察しなければならず、プライヴァシー権は、それぞれのプラクティスが、少しずつ、いくつかの共通性・類似性をもって広がるウェブ状に相互連結されたものとして、概念化されなければならないことになる。そして、どのようなものがプライヴァシー権として保障されるべきかは、われわれの望むべき社会的展望に依存して、規範的に評価されなければならない。したがって、われわれは、プライヴァシー権を道具的に、そして、コンテクスト依存的に評価しなければならないのである。

2　ダニエル・J・ソロブによるプライヴァシーの新たな分類

では、こうしたプラグマティック・アプローチにしたがえば、プライヴァシー権は、具体的に、どのように概念化されるのだろうか。

この問いに関連して、ソロブは、プライヴァシー問題について、新しい分類を行っている。そこで、ここでは、ソロブの行ったその分類をみておきたい。

まず、ソロブは、プライヴァシー問題を引き起こすプラクティスを四つの基本グループに分類する。すなわち、(A)情報収集（information collection）、(B)情報処理（information processing）、(C)情報流布（information dissemination）、そして、(D)侵入（invasion）である。そして、それぞれのグループは、いくつかのサブグループから成っている。すなわち、まず、(A)情報収集は、(i)監視（surveillance）と(ii)尋問（interrogation）のサブグループから成っている。(B)情報処理は、(i)集積（aggregation）、(ii)個人識別（identification）、(iii)安全性の欠如（insecurity）、(iv)二次的使用（secondary use）、(v)排除（exclusion）から成っている。

また、(C)情報流布は、(i)守秘義務違反（breach of confidentiality）、(ii)公表（disclosure）、(iii)暴露（exposure）、(iv)アクセスのし易さの向上（increased accessibility）、(v)ブラックメール（blackmail）、(vi)無断使用（appropriation）、(vii)歪曲

（distortion）から成っている。

そして、(D)侵入（invasion）は、(i)イントリュージョン（intrusion）と(ii)決定に対する干渉（decisional interference）から成っている。

ソロブによれば、それぞれは、お互いに実質的な関連性・類似性をもちながらも、それ自体だけでも固有の問題を引き起こすものである。たとえば、情報の流布がなかったとしても、「監視」は、それだけで有害性（不正）を生じるものだとされる。なぜなら、監視されているだけで、われわれの決定や行動に対して、冷却効果が生じるからである。ここでいう冷却効果とは、われわれが、ある決定をしたり、あるいは、ある行動を起こすときに、それらを躊躇わせる効果のことである。

また、「集積」は、データを繋ぎ合わせることで、新たな情報を明らかにするものだとされるが、それは、必ずしも情報の流布を伴うものではない。しかし、ソロブによれば、われわれは、自分自身に関して知られるだろう事柄に関して、一定の限界を予想しているにもかかわらず、「集積」は、その予想を裏切ることになるため、有害性（不正）を生み出すとされる。

しかも、現代社会では、「集積」によって生み出された「デジタル・パーソン」のみによって、われわれの評価がなされることが多い。そして、「デジタル・スペースのデジタル・パーソンは、ますますリアル・スペースの生身の個人に影響を与えて」おり、しかも「データの編集物は、しばしば印象的なもので、かつ不完全でもある」にもかかわらず、「もともとのコンテクストから切り離されている」ために、大きな問題だとされている。[52]

また、ソロブは、それぞれの類型ごとに、他の類型との類似性や相違点を述べ、さらに、それぞれのプラクティスの有害性（不正）を詳述している。たとえば、同じ情報流布に属する類型であっても、「守秘義務違反」、「公表」、「暴露」、「歪曲」などを区別している。これらは、ともに情報の開示に関わるものだけれども、「守秘義務違反」は、特別な関係性を前提とした場合であるのに対して、他のものは、そうした関係性が求められていない。また「公表」や「暴露」が真実の情報開示に関わるのに対して、「歪曲」は、誤った情報や誤解を招く情報の開示に関わるものだとしている。そして、「公表」は、新たな情報を開示するものだが、「暴露」は、身体、身体的機能、あるいは強い感情表現などに関する情報を開示するもので、新たな情報が含まれる必要はないとしている。たとえば、われわれが排泄することは、すでに知られた情報であり、そうした身体的機能に関する情報を明らかにすること（たとえば、排泄シーンを公にすること）は、ソロブの分類では「暴露」とされる。

そして、ソロブによれば、「公表は、ある人を『（その人の）記録された過去の囚人（prisoner of [her] recorded past）』にするために、有害」とされる。つまり、公表は、「人々が行動を修正し、第二のチャンスをもつ、あるいは人生の方向を変える能力を抑制する」のである。[53]したがって、過去の経験（たとえば、犯罪歴など）を明らかにすることを通じて、レッテルを貼ることによって、その被害者を社会的に弱い立場に追い込むことが、「公表」の問題だとされる。

それに対して、「暴露」は、暴露された者に対してレッテルを貼ったりするわけではない。しかしながら、暴露された者自身は、そう感じてしまうものである。つまり、「ほとんどの人々は、暴露された者（a victim of exposure）のことを劣っているだとか、あるいは、あまり文明化されていないとみないだろうけれども、暴露された者は、そう感じてしまう」。そのため、「暴露は、社会に参加する能力を妨げてしまう」。こうしたことは、先ほどの排泄シーンを公にすることを考えれば、容易に理解できるだろう。ソロブによれば、「こうしたことは、公表と対照的である。公表での情報は、しばしば、ある人の見られ方を変えるものである。公表は、社会的制裁や非難のレッテル貼りを通じてコントロールするパワーである。暴露は、（公表とは）異なる形で、人々から尊厳を剥ぎ取ることで機能する」[54]。つまり、その情報によって、ある人の社会的評価やイメージが変えられなくとも、身体、身体的機能、あるいは強い感情表現などのタブー情報は、それを明かされるだけで、その被害者の尊厳を傷つけ、社会的に弱い立場に追いやってしまうものなのである。

ところで、ソロブによれば、米国の連邦最高裁は、情報が他者に知られていなかったことを、しばしば、プライヴァシー侵害の要件だと考えている（「秘密のパラダイム（the secrecy paradigm）」）。たとえば、前述したスミス判決では、通話にあたって、われわれが電話番号を電話会社に伝達する以上、その情報には修正四条の保障が及ばず、したがって、政府当局が、令状なしにペン・レジスターを設置、利用して、その情報を入手することは、修正四条によって妨げられないとしている（ただし、一九八六年電子通信プライヴァシー法によって、ペン・レジスターの使用は原則禁止となり、認められる場合にも令状が必要とされた）。つまり、連邦最高裁によれば、第三者が情報を知っている場合には、すでに秘密でなくなっているために、しばしば、修正四条のプライヴァシー保護から外されてしまうことになる。

しかしながら、現代社会においては、何かしらの形で、われわれの様々な情報が、すでに他者に知られてしまっている。そうだとすれば、「秘密のパラダイム」に囚われることは、著しくプライヴァシー保護を狭めてしまい、現代社会の要請に適合するものではない。そのため、ソロブは、「秘密のパラダイム」を否定している。

さて、本書のテーマに直接的に関わり合いをもつ基本グループは、おそらく「侵入」だと思われる。サブグループの一つである「イントリュージョン」は、われわれが必要とする「自己の領域（territories of the self）」を侵すもので、人の生活を害するものであり、犠牲者の日常の活動を妨げ、ルーティンを変え、孤独（solitude）を妨げ、そして、しばしば不快で不安な気持ちにさせるものだとされる。

ソロブによれば、「イントリュージョンは、空間的侵入を含む必要はない。つまり、大量のダイレクトメール、ジャンクメール、ジャンクファックス、そしてテレマーケティングは、人々の時間と注意力を蝕み、彼らの活動を遮るので、同様に破壊的なのである」[55]。

こうしたイントリュージョンは、人々の「孤独」を妨げてしまう。通常、「孤独」という言葉は否定的な意味で用いられるが、ソロブによれば、それは、肯定的なものでもある。われわれが、自分自身を見つめ直し、自らの理解を深め、新たな考えを生み出すためには、しばしば、社会や他者から距離をおき、孤独を保つことが必要である。したがって、社会や他者から距離をおき、孤独を保つことは、現代の社会構造においても非常に価値のあることであって、場合によっては、必ずしも、我が儘なことでも悪いことでもない。逆にいえば、「他者が存在する公の場ですべてを費やす生活は、浅はかなもの」だといえる。つまり、「孤独は、豊かな公的生活を損なわないし、実際には、それを強化する」ものであり、「さらに、他者から離れるスペースは、人々が、後に公共圏に導入される影響や価値を永続する芸術的、政治的、そして宗教的考えを発展させることを可能にする」ものである。そして、「われわれは、互いに、一定の『自己の領域』をもち、礼儀の規範は、われわれが他者の領域を尊重することを要求」し、また、「他者とのコミュニケーションや結合は、しばしばイントリュージョンからの自由を要求する。たとえば、レストラン、あるいは、その他の公共スペースで、われわれが友人と話すとき、われわれが自由に話すためには、やはり他の人々からのスペースを必要とする」のである[56]。実際、もし、われわれが必要とする自己の領域（心的・物理的空間）がなければ、われわれは、われわれであり続けることができないだろう。自己の領域の保障は、われわれが、それぞれ独立した人格として個体化するための条件なのである。

そして、もう一つのサブグループである「決定に対する干渉」は、必ずしも情報に関わるものではない。しかしながら、ソロブによれば、しばしば「決定に対する干渉の事例は、情報プライヴァシーに深く結びついている」[57]。

たとえば、ワーレン判決[58]が示すように、自己の治療や投薬に関する情報が収集されたり、公に明かされるのなら、その治療や投薬に関する決定を躊躇するかもしれない。あるいは、そうした情報へのアクセスをし易くするだけで、その決定を躊躇するかもしれない。つまり、情報の扱われ方次第で、決定に対する冷却効果が生じるかもしれないのである。したがって、決定に対する干渉は、実際の「公表」だけでなく、「アクセスのし易さの向上」にも関係する。また「安全性の欠如」――情報が適切に管理されていないこと――、「二次的使用」――いわゆる「目的外使用」――、そして、「排除」――自己に関わる情報に関して告知されず、あるいは入力できないこと――も、自分自身の健康や身体に関わる決定に対する冷却効果を生じるかもしれない点で、「決定に対する干渉」と関連している。また、「決定に対する干渉」は、もっともプライヴェートな生活の側面に焦点を当てる点で、「暴露」と類似している（ソロブによれば、すべての「決定に対する干渉」が問題となるわけではない）。そして、たとえば、法が合意に基づく一定の性的行為を制限すること（「決定に対する干渉」のプラクティスの一つ）が、しばしば「ブラックメール」を引き起こす要因の一つとなる点では、間接的ながらも「ブラックメール」にも関連している。そのため、ソロブは、「決定に対する干渉」も、情報プライヴァシーに関わる類型とともに、プライヴァシー概念に含めて考えている。

もちろん、「決定に対する干渉」は、他者の侵入に関わる点で「イントリュージョン」と類似している。しかし、「イントリュージョン」が、他者の存在や活動による一般的な侵入に関わるのに対して、「決定に対する干渉」は、個人的生活に関する自己決定に対する政府による侵害（incursion）に関わる点で異なっている。

ソロブによれば、分類された様々なプラクティスは、単に被害者を不快にするだけの問題ではない。前述したように、ソロブにとって、プライヴァシー権とは、社会や組織における人々のパワーに関わる問題でもある。したがって、もし、われわれが、そのプライヴァシー保護によって生じる新しいパワーを、われわれの社会展望にとって望ましく思うべきなら、そうしたプライヴァシー権は保障されなければならない。逆に、それが望ましく思うべきものでないのなら、保障されるべきではないことになる。そのため、具体的にどのようなプライヴァシーの利益が保障されるべきかは、われわれが、どのような社会を構築していくのかに関わる問題ということになる。

3　ダニエル・J・ソロブの試みの評価とその意味づけ

ソロブが指摘するように、プライヴァシー権の概念化に関する従来の方法は、プライヴァシー権に含まれる諸利益に共通し、かつ他の権利概念から区別できる本質的要素を設定し、それに基づいて、プライヴァシー権を定義しようとしてきた。しかし、その方法は、そもそもプライヴァシー問題が何であるのかを明らかにできない。たとえば、同じ個人情報を明らかにする行為でも、守秘義務違反であったり、公表であったり、暴露であったり、様々に異なるプラクティスであり得るだろう。そして、それぞれの有益性や有害性（不正）は異なるものであり、したがって、それらに対するプライヴァシー権概念の内容・意味づけも異なってくる。ところが、従来の方法では、抽象的にプライヴァシー権を概念化するために、こうした複雑性を理解することができないのである。(59)

そこで、ソロブは、従来の方法のように漠然とした「プライヴァシー」という言葉に拘るのではなく、そうした方法に代えて、プライヴァシー問題を引き起こす具体的プラクティスに焦点を当てるプラグマティック・アプローチを用いて、これまでみてきたような形で、プライヴァシー問題に関する新たな分類を試みた。

前述したように、ソロブによれば、包括的で具体的な方法でプライヴァシー問題を同定しようとした試みは、これまで、ほとんど存在していない。その数少ないこうした試みで、最も有名なものは、プロッサーによるものである。しかしながら、プロッサーの試みは、四〇年以上も前のもので、しかも、不法行為に関するものに限定されている。ところが、現代のプライヴァシー問題は、憲法上の権利にまで拡大しているのである。したがって、現代のプライヴァシー問題に取り組むには、新しい分類が必要とされる。こうした必要性に応えるものとして、ソロブの試みは、現代のプライヴァシー問題に取り組むにあたって重要な意味をもつものと思われる。また、ソロブのプラグマティック・アプローチのように、家族的類似性によって概念化する柔軟なアプローチにしたがうのなら、中絶権をプライヴァシー権として理解することは、十分に可能なように思われる。

もちろん、このアプローチの具体化としてのソロブのプライヴァシー問題の分類は、不十分なものだと批判されるかもしれない。なぜなら、この分類において、ソロブは、プライヴァシー権の具体的な保護のあり方を示していないからである。しかし、従来のプライヴァシー権に関する議論は、具体的保護のあり方を示す以前に、そもそも、プライヴァシー権の概念化さえ、適切にしてこなかったのである。

たしかに、ソロブのプラグマティック・アプローチとその具体化としての分類は、現代のプライヴァシー問題への取り組みを決着づけるものではない。しかし、公／私の区別が時代を経て変化するものである以上、プライヴァシー権の概念化とは、「作業仮説」に過ぎないものである。したがって、われわれは、公／私の区分をア・プリオリに設定すべきではない。プライヴァシー権の概念化に関する問題は、ア・プリオリに存在するプライヴェートなものを発見することではなく、われわれの望むべき社会的展望にとって、何をプライヴァシーとして保護すべきなのか、という規範的分析なのである。そうであるならば、公／私二分論を前提としながらも、その線引きに関して、われわれは、つねに問い直し続けなければならず、そうすることで、プライヴェートな領域の保護が、しばしば、そこでの抑圧などの問題を隠蔽してしまうというフェミニズムからの批判にも応えられるようになると思われる。

今日でも、何かしらの公／私二分論は必要と考えられる。ソロブが指摘するように、もし、公の場ですべてを費やす生活を強いられたなら、その者の生活は浅はかなものとなるだろうし、プライヴェートな領域を保障することで、逆に公的生活が強化されることも多いだろう。われわれの社会は、お互いに一定のプライヴェートな領域をもち、それを尊重し合うことを要求している。

日本でも、たとえば、仲正昌樹は、近代市民社会の理解を踏まえて、次のように述べている。すなわち、「公的な情報・監視システムから切り離された『プライヴェートな領域』では、他の『権利主体』の存在や意向に配慮することなく、自分だけで決定し行動することができるという意味での『自己決定』が可能である、とごく最近まで考えられていた。法的言説において『自己決定権』という形で問題とされるのは、基本的に、『プライヴェートな領域（＝親密圏）における自己決定権』だと考えてよい[60]」。そして、「『親密圏』に関しては、他の権利主体との利害衝突がないという前提に立って、『法』の介入を避けるべき、というのが近代法の前提である。そうでなければ、介入すべき問題が膨大になりすぎて、法システムが対応し切れなくなるし、諸個人も常に公衆の前に身を晒し続けることに耐えられない[61]」からである。その意味では、われわれの法システムも、何かしらの公／私二分論を必要としているように思われる。

しかしながら、プライヴェートな領域の拡大は、われわれにとって、よいことばかりではない。なぜなら、プライヴェートな領域を拡大するにつれ、公的関心事を及ぼすべきでない領域も拡大するからである。たとえば、フェミニストが「個人的であることは政治的である」と主張した理由を想起してもらいたい。無原則にプライヴェートな領域を拡大してしまうことは、しばしば多くの問題を隠蔽してしまうことになりかねないだろう。

片桐雅隆によれば、「西欧近代的なプライバシーの考えは、ア・プリオリな主体を設定し、主体に対するものとして役割的世界としての公的世界を設定し、そのような主体を役割的世界としての公的世界から守るべきもの＝聖なる領域として設定する図式を土台としていた[62]」ものであり、「そこには、他者に依存しない強い自己、さまざまな情報をコントロールし統合する能力をもつ自己を奨励する文化が前提とされ」、「プライバシーという言葉は、このように社会と個人をどのように見るべきか、また望ましい社会と個人のあり方はどのようなものかという社会観や価値観を内包している」ものである[63]。つまり、プライヴェートな領域は、普遍主義的に存在して画定されるものではなく、実は特定の文化や歴史に依存した社会観や価値観に基づいて画定されるものなのである。

もちろん、こうした社会観や価値観は、必ずしも悪いものではない。しかし、プライヴェートな領域を画定することが、特定の社会観や価値観を押し付けるばかりか、そうした押し付けの事実を隠蔽するように機能するなら、大いに問題であろう。[64] したがって、われわれがこうした問題を避けるには、現在の公／私の区別を当然のものだと考えるのではなく、それが特定の文化や歴史に依存した社会観や価値観に基づくものだと認めた上で、そのあり方を、つねに問い続けなければならないように思われる。

ソロブのプラグマティック・アプローチでは、公／私の区別をア・プリオリに設定することを否定する。なぜなら、公／私の区別は、第一に、時代によって変化するものであり、第二に、その変化は徐々におきるものだからである。ア・プリオリな設定をする代わりに、ソロブは、経験的に、歴史的に、そして、規範的にプラクティスを評価しようとする。しかも、その区別は、われわれが、どのように社会におけるパワーを構成したいのか、に関わるものだとされる。つまり、ソロブにとって、公／私の区別は、どのような社会を構築したいのか、どのように生きていきたいのか、という問いに関わるものである。

つまり、プラグマティック・アプローチに基づくプライヴァシー権概念は、われわれの望むべき社会的展望に依存するものであり、「作業仮説」であって、つねに問い直し続けられなければならないものなのである。そして、そのことは、プライヴァシー権概念を社会の関係性のなかで理解することを意味している。[65] そして、この理解の下で、プライヴァシー権に中絶権を位置づけるなら、それは、（フェミニズム法学の主張と同じように）妊娠中絶の制限を女性の社会的抑圧として理解する可能性をもつものであり、決して、（フェミニズム法学が批判するように）様々な抑圧をプライヴェートな領域に隠蔽するものではないのである。[66]

また、第二章でもふれたように、レイチェル・N・パインとシルビア・A・ローは、生殖の自由に関するフェミニストの考えが、次の三つの構成要素をもつと指摘している。すなわち、①州のコントロールからの自由の原則（a principle of freedom from state control）、②政府の中立性の原則（a principle of government neutrality）、③生殖の積極的自由の原則（a principle of affirmative reproductive liberty）、である。[67]

もし、妊娠中絶への実質的アクセスの制限が、女性の社会的抑圧を生み出し、われわれが、その抑圧から解放された社会的展望を望むべきだとするのなら、プラグマティック・アプローチに基づくプライヴァシー権概念は、妊娠中絶への実質的アクセスを積極的に保障するものでなければならないことになる。そうであるならば、プライヴァシー権をソロブのアプローチで概念化し、そうしたプライヴァシー権概念に中絶権を位置づけることは、フェミニズムのこれらの主張の実現を、むしろ、積極的に促す可能性をもつものだといえるだろう。

　ソロブのアプローチは、ア・プリオリに公／私の区別を行うものではなく、しかも、そのアプローチでは、プライヴァシー権の概念化は、あくまで「作業仮説」に過ぎない。その意味で、ソロブの理解するプライヴァシー問題は、「何がプライヴァシーなのか」ではなく「何をプライヴァシーとする『べき』か」を問い続けるものであり、プライヴェートな領域に問題を隠蔽するものではない。むしろ、このようにプライヴァシー権を概念化することは、プライヴァシー問題を社会や組織におけるパワーの問題として理解することを含意しており、社会的に構築された抑圧を改善するように促すものなのである。

　もちろん、プライヴァシー権の概念が作業仮説である以上、ソロブのプラグマティック・アプローチとその具体化としての分類は、プライヴァシー問題を決着づけるものではない。しかしながら、われわれが現代のプライヴァシー問題に取り組み始めるにあたって、ソロブのアプローチおよび分類は、重要な意味をもつものだといえるのではないだろうか[68]。

四　プライヴァシー権としての中絶権

さて、以上のことを踏まえて、中絶権とプライヴァシー権概念との関係について考えていきたい。

これまでの学説は、プライヴァシーの諸利益に共通し、かつ他の権利概念から区別できる本質的要素を設定し、それに基づいて、プライヴァシー権概念の定義を試みてきた。しかしながら、現代の複雑なプライヴァシー権を、従来の方法で概念化することには、そもそも、無理があるように思われる。そこで、本章では、ソロブのプラグマティック・アプローチを妥当な方法だと考えた。そして、われわれは、ソロブのアプローチを用いることで、柔軟にプライヴァシー権概念を構成でき、中絶権もプライヴァシー権に含めることが可能となったのである。

もし、われわれが、プラグマティック・アプローチに基づいてプライヴァシー権を概念化すべきならば、他のプライヴァシーの諸利益と異なる要素があろうとも、ともにプライヴァシー権として法的に構成できることになる。そうであるならば、たとえ、仮に、レーンキスト判事のように妊娠中絶が胎児の損壊を必然的に伴うものだとする見方をとることで、中絶権と他のプライヴァシーの諸利益との違いを強調したとしても、中絶権をプライヴァシー権概念に含めて法的に構成することは、不可能ではないはずである。

しかも、中絶権をプライヴァシー権に位置づけることで、われわれは、妊娠中絶に関わる情報の扱われ方に関しても、中絶権からアプローチすることができる。

決定に対する干渉は、その決定に対する直接的な禁圧だけでなく、決定に関わる情報収集、情報処理、そして、情報流布など、一連の情報の扱われ方にも深く関係している。実際、われわれの情報の扱われ方によっては、自分自身の健康や身体に関わる決定に対して、冷却効果が生じるだろう。そして、それは、しばしば人々をコントロールするための効果的なツールとなるかもしれない。また、他者から離れるスペースが確保されなければ、われわれは、しばしば創造的な考えを発展させることができないことからすれば、他者から離れる自己の領域（心的・物理的空間）の確保を妨げることは、われわれが行う決定を妨げることにもなるだろう。逆に、ある決定に対して公権力が干渉する――法が、ある特定の選択を不正なものとして扱う――ことで、あるいは、公権力に限らず、他者が干渉することで、われわれは、自己の心的空間を失うかもしれない。

このように考えるなら、ヒル判決[69]がフローティング・バッファ・ゾーンまで合憲としたことは評価できるように思われる。もし、それが認めることができないとするならば、妊娠中絶を行おうとする女性たちは、しばしば自己の領域（心的・物理的空間）を失うだろうし、その決定に基づく行動を冷却させられてしまうだろう。

また、配偶者に同意要件を課すことは、ケイシー判決で違憲だとされたが、仮に、それを、本人、または第三者による配偶者への通知要件に緩和したとしても、中絶権をプライヴァシー権に位置づけて理解するのなら、やはり、違憲の疑いが生じるように思われる。なぜなら、（通知義務がなければ）女性が配偶者に通知しようとしない状況の下で、通知義務を課されたなら、女性の妊娠中絶の決定に対して、冷却効果が生じるだろうからである。[70]

さらに、ケイシー判決が、一定事項の届出や報告義務を合憲としたことは、中絶権をプライヴァシー問題として捉える立場からすれば、問題があるように思われる。たしかに、届出や報告義務を課すことは、一定の決定や行為を直接的に禁圧するものではないが、それらがもつ冷却効果を考えるなら、それらが決定や行為に対して、少なくとも、不当な負担を課しているといえるのではないだろうか。そう考えなければ、今日の個人情報保護の考え方と整合性がとれないように思われる。[71]

これらの問題は、直接的に中絶権に制限を加えるものではない。したがって、中絶権を、プライヴァシー権概念から外して、それから独立したものだとするのなら、これらの問題は、必ずしも、十分には理解できないことかもしれない。しかしながら、中絶権をプライヴァシー権として位置づけて、情報に伴う冷却効果に留意することによって、われわれは、これらを重要な問題として理解することができるようになる。

また、そもそも、プライヴェートな領域は、普遍主義的に存在して画定されるものではなく、特定の文化や歴史に依存した社会観や価値観に基づいて画定されるものである。したがって、公／私の区別の法的表現としてのプライヴァシー権は、社会の関係性を取り込んで概念化されなければならない。ソロブのプラグマティック・アプローチは、プライヴァシー権の概念化にあたって、われわれが望むべき社会的展望に依存することで、そうした社会の関係性を取り込む試みである。したがって、妊娠中絶への実質的アクセスの制限が女性の社会的抑圧を生み出し、そして、われわれがそうした抑圧から解放された社会的展望を望むべきなら、プライヴァシー権概念は、中絶権を実質的に保障するものでなければならない。したがって、中絶権をプライヴァシー権概念に位置づけることは、フェミニズム法学の主張を積極的に促す可能性をもつものであり、コーネルの主張する中絶権の積極的な権利としての側面を補強し、それを、より強く根拠づけるものだといえるだろう。[72]

ただし、ここで強調しておきたいことは、第二章で検討してきたように、あくまで中絶権が、身体的統合性への権利として、他の諸権利よりも先行する問題だとされている点である。なぜなら、身体的統合性への権利の保障は、われわれが人格となるためのミニマムな条件だからである。そのように考えなければ、われわれが望む社会的展望によっては、むしろ、中絶権の制限や、それに伴う女性の社会的抑圧が正当化されるかもしれない。権利概念に社会の関係性を取り込むことは、社会的抑圧の解放を導くかもしれないが、逆に、ある種の社会的抑圧を正当化するかもしれないのである。しかし、身体的統合性への権利を他の諸権利よりも先行させることで、われわれは、われわれの社会的展望に女性の中絶権の保障を規範論的に内在させることができ、権利概念に社会の関係性を取り込む弊害を避けることができるのである。

（1）なお、わが国では、レーンキスト判事とは別の理由から、中絶権をプライヴァシー権概念から外して理解する立場が、有力に主張されている。たとえば、佐藤幸治は、「個人が自己に関する事柄を公権力から干渉されることなくどこまで自由に決定できるかは、個人の『行為の自由』に関する重要事項であるが、この問題を『プライバシーの権利』の問題とすることは、その問題の真の性質を曖昧ならしめる危険があるとともに、『プライバシーの権利』をも曖昧なものとする危険がある」として、「この種の問題は、日本国憲法一三条の『幸福追求権』の一内実としての『人格的自律権（自己決定権）』の問題として考えて行くべきものと思われる」としている（佐藤幸治「権利としてのプライバシー」ジュリスト七四二号（一九八一年）一六一頁）。また、松井茂記も、「アメリカのように自律権ないし自己決定権にまでプライヴァシー権を拡大することには、私も疑問を感じざるをえない」と述べ、そのように拡大するならば、「プライヴァシー権は一般的自由と殆どかわらないものとなってしまい、概念の規定性という点で、一つの統一的定義は望めないように思われ」、「また、とりわけ裁判所によるプライヴァシー権保護という側面で考えると、情報プライヴァシーと自己決定権では大きな差異があると思われ、私は前者については裁判所が憲法上の基本的人権と承認すべきだと考えるが、後者については躊躇を覚えざるをえない。もし自己決定権まで含めてプライヴァシー権を理解するなら、逆に情報プライヴァシー権の権利性まで否定されてしまうのではないかという疑問もある」として、「やはり、せめて情報プライヴァシー権と自己決定権とは区別して、プライヴァシーの概念は情報プライヴァシー権に限定すべきではなかろうか」と主張している（松井茂記「プライヴァシーの権利について」法律のひろば四一巻三号（一九八八年）三五頁）。その他、阪本昌成「堕胎とプライバシー」政經論叢二二巻三・四号（一九七二年）九九頁も、中絶権をプライヴァシー権に含めることに反対している。ただし、芦部信喜『憲法（新版補訂版）』（岩波書店、一九九九年）は、情報プライヴァシー権と並んで広義のプライヴァシー権に位置づけている。同旨のものとして、長谷部恭男『新法学ライブラリー＝2　憲法（第三版）』（新世社、二〇〇四年）。

（2）　かつては、菅野孝久のように「我国の不法行為法において、『プライバシィ』という概念は確立していないし、確立する見込みもなく、将来ともこの概念を使用するべきではない」（菅野孝久「『プライヴァシィ』概念の機能の検討」ジュリスト六五三号六〇頁、一九七七年）とする見解もあったが、「現在では、その侵害が不法行為となることについては異論がない」（幾代通『現代法学全集20Ⅱ　不法行為』（筑摩書房、一九七七年）九二頁）とされ、さらに、「この権利は……公法の領域でも妥当すべきものと解されるに至った」（佐藤幸治『現代法律学講座5　憲法〔第三版〕』（青林書院）一九九五年、四五三頁）とされている。ちなみに、今日、わが国の通説的見解は、いわゆる「自己情報コントロール権説」である。その代表的論者の一人である佐藤幸治は、高度情報化社会を受けて、「プライヴァシーの権利はこれを自己についての情報をコントロールする権利といい換えることができよう」と主張している。そして、このように定義された「プライヴァシーの権利が保障されなければならないのは、それが何か他の利益または価値を保障するために必要な考えられうるひとつの手段だからというのではなく、プライヴァシーが、それをもってしてはじめて人間が他の目的を追求できる『独立の特殊な種類』であり、人間の最も基本的な関係である愛（love）、友情（friendship）および信頼（trust）関係と不可分に結びついているということのためである」とする（佐藤幸治「プライヴァシーの権利（その公法的側面）の憲法的考察（一）」法学論叢八六巻五号（一九七〇年）一二―一三頁）。佐藤説に関しては、次の文献も合わせて参照のこと。同「プライヴァシーの権利（その公法的側面）の憲法論的考察（二）——比較法的検討」法学論叢八七巻六号（一九七〇年）一頁、同「情報化社会の進展と現代立憲主義——プライバシー権を中心に」ジュリスト七〇七号（一九八〇年）一六頁。その他、わが国の有力学説として、阪本昌成『プライヴァシー権論』（日本評論社、一九八六年）、棟居快行「プライヴァシー概念の新構成」神戸法学雑誌三六巻一号（一九八六年）一頁も、併せて参照のこと。なお、プライヴァシー権に関する包括的な研究として、本書引用文献の他、以下の文献も参照のこと。榎原猛編『プライバシーの総合的研究』（法律文化社、一九九一年）、田島泰彦、山野目章夫、右崎正博編『表現の自由とプライバシー——憲法・民法・訴訟実務の総合的研究』（日本評論社、二〇〇六年）。

（3） Daniel J. Solove, *A Taxonomy of Privacy*, 154 U. Pa. L. Rev. 477 (2006) at 480.

（4） *Id.* at 482.

（5） ソロブのプラグマティック・アプローチに関しては、その他、拙稿「プライヴァシー権の概念化へのアプローチに関する一考察」関西大学法学論集五四巻六号（二〇〇五年）一〇六頁、同「プライベートな領域の確定とプラグマティック・アプローチ」人権と社会（岡山人権問題研究所紀要）一号（二〇〇五年）四五頁、同「プライバシー権の概念化と新たな分類——プラグマティック・アプローチとその具体化」大阪経済法科大学法学研究所紀要四〇号（二〇〇七年）二七頁を参照のこと。

（6） Solove *supra* note 3 at 482－483.

（7） *Smith v. Maryland*, 442 U.S. 735, 1979.

（8） *Id.* at 740.

（9） Samuel D.Warren&Louis D.Brandeis, *The Right to Privacy*, 5 Harv. L. Rev. 193 (1890). また、同論文の邦訳として、外間寛訳「プライヴァシーの権利（一）」法律時報三一巻六号（一九五九年）五三八頁、同訳「プライヴァシーの権利（二・完）」法律時報三一巻七号（一九五九年）七二〇頁を参照のこと。本書では、特段の事情がない限り、同訳にしたがう。なお、同訳では、'the right to be let alone'を「独りでいる権利」と訳しているが、本書では、「一人で放っておいてもらう権利」と訳すことにする。

（10） William L.Prosser, *Privacy*, 48 Cal. L. Rev. 383 (1960).

（11） *Id.* at 389

（12） Edward J.Bloustein, *Privacy as An Aspect of Human Dignity:An Answer to Dean Prosser*, 39 N. Y. U. L. Rev. 962 (1964).

（13） *See* Alan F. Westin, Privacy and Freedom (Atheneum, 1968), Arthur R.Miller, The Assault on Privacy (University of Michigan Press, 1971). なお、ミラーの文献の邦訳書として、片山善治、饗庭忠男監訳『情報とプライバシー』（ダイヤモンド社、一九七四年）も併せて参照のこと。

（14） Charles Fried, *Privacy*, 77 Yale L. J. 475, at 482 (1968).

（15）Warren & Brandeis *supra* note 9, at 198. 邦訳五四一頁。

（16）*Id.* at 199. 邦訳五四一頁。

（17）Richard B.Parker, *A Definition of Privacy*, 27 Rutgers L. Rev. 275（1974）.

（18）*Id.* at 279.

（19）*Id.* at 280.

（20）*Id.* at 281.

（21）Tom Gerety, *Redefining Privacy*, 12 Harv. C. R.-C. L. L. Rev. 233, at 234（1977）. なお、同論文の紹介として、阪本昌成「Tom Gerety, *Redefining Privacy*, 12 Harv. Civ. Rights-Civ. Lib. Rev. 233（1977）」アメリカ法（１９８０-１）一二四頁（一九八〇年）も併せて参照のこと。

（22）*Id.* at 236.

（23）*Id.* at 268.

（24）*Griswold v. Connecticut*, 381 U.S. 479（1965）.

（25）*Roe v. Wade*, 410 U.S. 113（1973）.

（26）Daniel J. Solove, *Conceptualizing Privacy*, 90 Cal. L. Rev. 1087（2002）at 1094.

（27）*Id.* at 1099.

（28）*Id.* at 1101－1102.

（29）*Id.* at 1102. この立場に属するものとして、以下の文献を参照のこと。*See* Hyman Gross, *The Concept of Privacy*, 42 N. Y. U. L. Rev. 34（1967）.

（30）*Id.* at 1104.

（31）*Id.* at 1109.

（32）*Id.* at 1109－1110.

（33）*See* Richard S. Murphy, *Property Rights in Personal Information: An Economic Defence of Privacy*, 84 Goe. L. J. 2381（1996）.

（34）しかしながら、ソロブは、個人識別情報概念そのものを放棄しようとしているわけではない。実際、彼は、プライヴァシー権の補償の範囲を画定するために、個人識別情報概念は必要だとしている。ただし、そのためには、個人識別情報概念を再構成しなければならないとしている。詳しくは、以下の文献を参照のこと。*See* Paul M. Schwartz and Daniel. J. Solove, *The PII Problem: Privacy and a New Concept of Personally Identifiable Information*, 86 N. Y. U. L. Rev. 1814（2011）.

(35) Solove *supra* note 26 at 1112－1115.
(36) *Id.* at 1115.
(37) *Id.* at 1116.
(38) *Id.* at 1118.
(39) *Id.* at 1121.
(40) *Id.* at 1123.
(41) *Id.* at 1123.
(42) *See* Harry Kalven Jr., *Privacy in Tort Law: Were Warren and Brandeis Wrong* ?, 31 Law and Contemporary Problems 326 (1966), Richard A.Posner, *Privacy, Secrecy, and Reputation*, 28 Buff. L. Rev. 1 (1979), Richard A.Posner, *The Right to Privacy*, 12 Goe. L. Rev. 393 (1978), Richard A.Epstein, *Privacy, Property Right, and Misrepresentations*, 12 Goe. L. Rev. 455 (1978).
(43) Solove *supra* note 26 at 1125.
(44) *Id.* at 1127－1129.
(45) *Id.* at 1130.
(46) *Id.* at 1132.
(47) *Id.* at 1141.
(48) *Id.* at 1142－1143.
(49) *Id.* at. 1144－1145.
(50) *Id.* at 1146.
(51) *Id.* at 1147.
(52) Solove *supra* note 3 at 508－509.
(53) *Id.* at 533.
(54) *Id.* at 537.
(55) *Id.* at 554.
(56) *Id.* at 555－556. 仲正昌樹によれば、「ホッブズ以降の西欧の政治哲学は、自己の『利害』を最大限に追及する『利己』的な個人の間に成立する『共通の利害＝関心』関係によって、『政治』の本質を説明しようとしてきた」。もちろん、ここでいう「共通の利害＝関心」が普遍的なコンセンサスとして成立し得るものだとするのか、それとも、ローカルで可謬的なものに過ぎないものだと考えるのかは、モダン／ポスト・モダンを巡る重要な論点である。しかし、いずれにしても、諸個人は、何かしらの「利害」をもつものだとされてきたのである。ところが、大衆社会に生きる人々は、政治に先行して自己にとっての「利害」をもっているとは限らない（あるいは、少なくとも理解しているとは限らない）。ハンナ・アーレントの議論を踏まえて、仲正は、次のように述べる。「大衆人たちは自分たちにとっての目標を見失い、『世界』への関心を減少させていく」。そして、「このような大衆社会では、特定の『世界観』を掲げて現れてくる、ナチスのような『政党』が、『自己』を位置付ける座標軸を失った人々に、新たな方向性らしきものを提供するようになる」。つまり、本来、諸個人がもつ自己にとっての「利害」が先行して、政治が成立するはずが、実のところ、大衆社会では、ナチスのような世界観政党あるいは政治が先行し、それによって自己にとっての「利害」が与えられるのである。その結果、人々は、「党の提供するイメージに従って、画一的な振る舞いをするようになる。『利害』をなくして浮遊する諸個人の不安を利用する全体主義の支配は、人々の『間 between』に成立していた『空間 space』を破壊していくのである」。そして、「『個』と『個』が接近しすぎて、『一つ』に接合されてしまった時、人々は『世界』を客観的に認識する能力を失う」。つまり、「たった『一人の人』が感性的データとして知覚したものは主観的で、移ろいやすく、不安定であるが、他者との『関係』の中で『間主観的』に認識されたものは、確固とした客観性を得て、『存在』するようになる。人・間が『複数』として存在することが、『共通感覚』に基づいた客観的認識の成立する条件であるはずだが、一九世紀後半の西欧社会で、この条件が次第に掘り崩されていった」のである（仲正昌樹『法の共同体――ポスト・カント主義的「自由」をめぐって』（御茶の水書房、二〇〇二年）一一三－一一五頁）。したがって、現代社会の一つの課題として、われわれは、人・間の複数性の（再）構築に取り組まなければならない。ソロブのイントリュージョンに関する主張は、こうした人・間の複数性にとって必要な心的・物理的空間を生み出すことにも関わるものだといえるだろう。

(57)　*Id.* at 558.

(58)　*Whalen v. Roe,* 429 U.S. 589 (1977).

(59)　たとえば、米国連邦最高裁判事クラレンス・トーマスの承認問題を思い出して欲しい。アニータ・ヒルからセクシャル・ハラスメントの告発を受けて行われた司法委員会の公聴会で、トーマスは、（その告発が行われるまで、むしろ個人的な経験を強調していたにもかかわらず）論争の中心となるはずの生活領域の多くをプライヴェートな領域として踏み込ませなかった。それに対して、ヒルは、その主張の信頼性を評価されるにあたって、動機や性格にまで踏み込まれることになった。こうした公／私の歪な線引きは、それぞれの具体的なコンテクストに即して、プライヴァシーの利益やその対立利益を捉え損ねたためのように思われる。トーマスに対する追及は、市民による「監視」であって、その冷却効果が社会的に望むべきものかによって判断されなければならない。それに対して、ヒルに対する追及は、「公表」や「暴露」であって、それが彼女の正確なポートレイトを作るのに必要不可欠なのか、あるいは、それが、彼女から尊厳を奪い、社会への参加能力を妨げたとしても、必要とされるものなのかによって判断されるべきだろう。従来のアプローチでは、具体的コンテクストから切り離して抽象的にプライヴァシー権を定義してしまうため、こうしたコンテクストに即した複雑性を把握し損ねてしまうように思われる。もちろん、従来の考えでも、場合によっては、「公的存在」論によって、ある程度、コンテクストに応じた修正が可能かもしれないが、この事例では、アニータ・ヒルも公的存在といえるため、それによる修正にも限界があるといえるだろう。トーマスの承認問題に関しては、差し当たり、以下の文献を参照のこと。*See* Nancy Fraser, Justice Interruptus : Critical Reflections on the "Postsocialist" Condition, (Routledge, 1997). なお、同書の邦訳書として仲正昌樹監訳『中断された正義――「ポスト社会主義的」条件をめぐる批判的省察』(御茶の水書房、二〇〇三年)を参照のこと。

(60) 仲正昌樹『自己再想像の〈法〉――生権力と自己決定の狭間で』(御茶の水書房、二〇〇五年)九頁。

(61) 同右、一〇頁。

(62) 片桐雅隆『プライバシーの社会学――相互行為・自己・プライバシー』(世界思想社、一九九六年)一九七頁。

(63) 同右、六一頁。

(64) この問題に関しては、前掲注5、拙稿「プライベートな領域の確定とプラグマティック・アプローチ」人権と社会(岡山人権問題研究所紀要)一号(二〇〇五年)四五頁を参照のこと。

(65) その意味で、ソロブのプラグマティック・アプローチは、プライヴァシー概念のなかに、いわゆる「関係性志向の権利論」を読み込むものだと考えられる。「関係性志向の権利論」に関しては、差し当たり、以下の文献を参照のこと。高井裕之「関係性志向の権利論・序説(一)」民商法雑誌九九巻三号(一九八八年)三三八頁、同(二)民商法雑誌九九巻四号四五九頁、同(三・完)民商法雑誌九九巻五号六二三頁、高井裕之「憲法における人間像の予備的一考察(一)――アメリカにおけるFeminine Jurisprudenceを手がかりに」産大法学二三巻四号(一九九〇年)一頁、同(二)産大法学二四巻三・四号(一九九一年)四三頁、同(三)産大法学二五巻三・四号(一九九二年)一六一頁、同(四)産大法学二六巻三・四号(一九九三年)四一頁、同「自己決定能力と人権主体」公法研究六一号、一九九九年)。その他、大江洋『関係的権利論――子供の権利から権利の再構成へ』(勁草書房、二〇〇四年)も併せて参照のこと。

(66) たとえば、シルビア・A・ローは、司法審査基準として、女性の抑圧などを永続させるか、それがやむにやまれぬ利益をもつか、の二つをあげ、妊娠中絶の禁止に関しては、これらのテストを用いるべきだとしている。*See* Sylvia A.Law, *Rethinking Sex and the Constitution*, 132 U. Pa. L. Rev. 955 (1984).

(67) *See* Rachael N. Pine & Sylvia A. Law, *Envisioning a Future for Reproductive Liberty: Strategies for Making the Rights Real*, 27

Harv. C. R.－C. L. Rev. 407 (1992), at 414. なお、小泉良幸は、単なる消極的自由論に解消されない自己決定権論に固有の問題として、積極的自由の主張があるとする。すなわち、「リベラリズムが、自己決定自己責任を要求するのであるならば、その、いわば倫理的前提として、『環境』という偶然のもたらす不公正の是正もまた要求される。自己決定の主張とは、『環境』の是正要求を内容とする積極的自由の主張であり、その規範内容を、消極的自由論で汲み取ることはできない」（小泉良幸「自己決定とその環境」法政論叢一〇号（一九九七年）六六頁）としている。

(68)　なお、わが国の憲法上のプライヴァシー権の根拠規定に関しては、憲法上の無名権説、一三条説、三一条説、三三条・三五条説に分けることができる。このうち、一三条説が通説といってよい。ここでいう一三条説は、必ずしも、排他的に一三条に根拠づけるわけではなく、他の個別条項に直接の根拠を求められない場合に一三条に、根拠を求めるものである。しかしながら、一三条説に対する批判も、ないわけではない。たとえば、新保史生は、「一三条前段は、具体的な権利を保障する規定としてではなく、一般原理として個人の尊重について述べているにすぎ」ず、また、一三条後段に関しては、「一三条が、一四条以下に列挙されていない権利を包括的に保障している規定として、合衆国憲法修正九条及び修正一四条のデュー・プロセス条項と同じ趣旨の規定であると考えるならば、修正九条が個別具体的な権利を保障する規定としては機能していないこと、そして、修正一四条のデュー・プロセスについても、その規定の趣旨からすると、日本国憲法一三条よりはむしろ、三一条と趣旨を同じくするものであると解するほうが妥当ではないか」として、三一条説の可能性を指摘している（新保史生『プライバシーの権利の生成と展開』（成文堂、二〇〇〇年）九六頁）。また、かつて阪本昌成は、いわゆる「幸福追求権」に根拠づけることに対して、それは結局のところ観念論に過ぎないし、そもそも、「プライバシーという、それでなくとも包括的な権利を、それよりもいっそう包括的な幸福追求権に組み入れてはたして意味があるのか」と批判していた（阪本昌成「憲法とプライバシーの権利」神戸法学雑誌二二巻一号（一九七二年）六一頁）。また、プライヴァシー権が 'freedom from' の権利だと考えた上で、いわゆる「幸福追求権」に根拠づけることに対して、「この権利が freedom to であり、プライバシーの権利とは異質であること、の理由で賛成できない」としている。その上で、米国においては、「修正四条の働きにかんがみて、同条こそプライバシーの権利の淵源だ、と考えるのが適切であろう。そのことは修正四条の歴史からも証明されている。そしてまた修正四条を根拠とする見解は、プライバシーの権利をわが国に移植する際、つまりわが憲法三三条・三五条がプライバシーの権利の根拠と考える際、もっとも適した土壌となるであろう」として、三三条・三五条説を主張していた（同上、七二頁）。ただし、その後、阪本は「あえて憲法上の根拠を問うとすれば、プライヴァシー権は、独得の構造的性格をもつ憲法上の無名権と考えるのが、一番素直な理解だろう」としている（阪本昌成「プライヴァシー権」法学教室四一号一〇頁（一九八四年））。しかし、当然のことながら、わが国の憲法規定を、それと類似する米国の憲法規定の解釈にしたがって、解釈しなければならないわけではない。したがって、新保のように、修正九条が個別具体的な権利を保障しないものであっても、日本国憲法一三条も同じように考える必要はないし、日本国憲法三一条が、米国のデュー・プロセス条項と同じように解釈できるとは限らない。また、阪本は、「プライバシーの権利に言及された過去の諸判例をみると、『……からの自由』という意味での権利の総称としてのプライバシーの権利という概念が用いられてきた。その意味で、『産むか産まないかを選択する権利』という『……への自由』を、従来の判例を援用して、プライバシーの権利の枠内に組み入れることは誤りではないだろうか」などとして、「中絶の権利はプライバシーの権利ではない」ことを前提としている（阪本昌成「堕胎とプライバシー」政經論叢二一巻三・四号一二三－一二四頁（一九七二年））。阪本の‘freedom from’や‘freedom to’の理解が適切かはさておき、本書の考えでは、中絶権も含めてプライヴァシー権を構成しているのであって、三三条・三五条説は、明らかに狭過ぎるといえるだろう。かつては、日本国憲法一三条を宣言規定とする見解（たとえば、美濃部達吉『日本國憲法言論』（有斐閣、一九五二年）一六六－一六七頁）もあったが、現在は、同上を包括的人権規定と理解する立場が、一般的であるように思われる。そして、プライヴァシー権概念は、作業仮説であって、つねに変化していくものだと考えるならば、こうした権利の根拠として、もっとも相応しいものは、やはり、一三条ということになるのではないだろうか。

(69)　*Hill v. Colorado*, 530 U.S. 703 (2000).

(70)　わが国では、母体保護法一四条一項で、指定医師は、「本人及び配偶者の同意を得て、人工妊娠中絶を行うことができる」と定め、妊娠中絶に配偶者の同意要件を課しているにもかかわらず、そのことの問題に関心が薄いように思われる。中絶権を女性個人のプライヴァシー権として位置づけるなら、配偶者の同意要件や、配偶者への通知要件に関しては、慎重に判断されなければならないだろう。

(71)　わが国の母体保護法二七条では、「人工妊娠中絶の施行の事務に従事した者は、職務上知り得た人の秘密を、漏らしてはならない。その職を退いた後においても同様とする」とし、同三三条は「第二十七条の規定に違反して、故なく、人の秘密を漏らした者は、これを六月以下の懲役又は三十万円以下の罰金に処する」と定め、一定の情報保護を図っている。しかしながら、同法二五条では、「指定医師は……人工妊娠中絶を行った場合は、その月中の手術の結果を取りまとめて翌月十日までに、理由を記して、都道府県知事に届け出なければならない」と定めている。もちろん、その届出によって、必ずしも妊娠中絶手術を受けた女性個人が識別できるわけではない。しかし、妊娠中絶を行う医師に冷却効果が生じる可能性があるとすれば、問題となるだろう。実際、もし、都道府県知事が、妊娠中絶に対して、否定的な立場だとすれば、医師に冷却効果が生じる可能性は低くないかもしれない。また、「死産の届出に関する規定」によって、妊娠四ヶ月以降に妊娠中絶を行った場合、市町村長に対して、「死産の届出を、父がこれをなさなければならない。やむを得ない事由のため父が届出をすることができないときは、母がこれをなさなければならない」（同規定七条）とされている。しかしながら、こうした届出を強制することが、妊娠中絶の決定に冷却効果をもつことは、想像に難くないところだと思われる。

(72)　なお、従来、中絶権は、しばしば、（生殖に関する）自己決定権として位置づけられてきた。ところが、たとえば、避妊の自由と中絶権とを、それらに共通する本質的要素で概念化することは、必ずしも、妥当なことのように思われない。こうしたアプローチに基づいて、中絶権を憲法上の権利として構成するには、避妊の自由が保障されていることを前提とした上で、それと中絶権が本質的に類似していなければならないことになる。しかし、そのことは、かえって、中絶権の特殊性を省いてしまうことになりかねない。なぜなら、中絶権の特殊な要素が強調されたなら、それは、避妊の自由をはじめとする（生殖に関わる）自己決定権と、概念的に異なるものとして理解されてしまうからである。しかしながら、「家族的類似性」によって概念化するプラグマティック・アプローチにしたがえば、中絶権の特殊性を強調したとしても、プライヴァシー権として概念化することができるものと思われる。

第四章　中絶権の新たな構成

第一章でみてきたように、米国連邦最高裁判例には、妊娠（中絶）という事実に対する二つの見方があった。一つは、女性から胎児を切り離して、両者を対峙させるものである。こうした見方をすることによって、胎児の生命権、あるいは胎児の生命保護に関する利益は、中絶権を制限する正当な利益だと考えられてきた。そして、ロー判決では、そうした利益と中絶権との調整枠組みとして、胎児の独立生存可能性という時期区分が示された。

ところが、こうした見方から、中絶権に関する憲法論が深まる可能性は乏しい。なぜなら、この見方は、結局のところ、「胎児は人か」、あるいは「胎児はいつから人となるのか」という問題設定に帰結してしまう。そして、胎児の独立生存可能性という時期区分を、その回答と考えたとしても、必ずしも広く共感を得られるものではない。

しかも、この問題は、裁判所が容易に答えられるものではないため、その回答を民主的決定に委ねざるを得なくなる。そのため、こうした見方からは、妊娠中絶に関する問題を憲法論として深めていくことはできない。また、妊娠中絶に関する問題を民主的決定に委ねてしまうなら、実際問題として、女性の生き方は不安定なものとなってしまうだろう。

それればかりでなく、第二章でみてきたように、中絶権を身体的統合性への権利として理解し、その保障が他の諸権利よりも先行する問題だとするならば、法が女性と胎児とを対峙させる見方をすることは、してはならないことである。

ここでは、これらのことを踏まえて、これまでの検討をまとめ、中絶権に関する新たな構成を提示したい。(1)

一　身体的統合性への権利としての中絶権

ロナルド・ドゥオーキンは、妊娠中絶に関する議論を、「派生的利益」ではなく、「独自的利益」をめぐるものだと考えることで、原理的な解決を試みた。彼が従来の問題設定を批判的に見直したことは、高く評価できる。しかし、ドゥオーキンの考えでは、公権力が「責任」という目標を追求できるため、ほとんど意味をなさなくなるように思われる。つまり、そもそも、「責任」という目標の追求と、「強制」あるいは「服従」という目標の追求との違いは、必ずしも明確ではないため、「責任」という目標の名の下で、実際には、「強制」や「服従」という目標の追求が許されてしまうことになり、そのため、ドゥオーキンの考えは、生殖の積極的自由の原則はおろか、政府の中立性の原則も満たすことが期待できない。また、女性が、多数意見にしたがって「責任」を負わされることの意味や効果に関して、あまりに無関心であるように思われる。それは、女性を「格下げ」することにほかならない。

そうであるならば、妊娠中絶を決断した、あるいは、決断するかもしれない女性に対する社会的抑圧は、その自由の保障――女性の妊娠中絶、あるいは出産の決断にあたって、「強制」、あるいは「服従」という目標の追求を認めないだけのこと――によって、(妊娠中絶を決断した、あるいは、決断するかもしれない女性は、「無責任」なのだというように) 再生産されてしまうだろう。

ジェド・ルーベンフェルドは、公権力の積極的・生産的作用に注目した。そして、中絶権を制限することの不正を、単に特定の行為が禁止されることではなく、それによって、母性が生産され、画一化されてしまうことだと考えた。たしかに、そのことこそ、妊娠中絶の制限に関わる重要な問題だと思われる。しかしながら、ルーベンフェルドの考えでは、それを反全体主義のみから捉えてしまうために、生殖の積極的自由の原則を満たすことができないように思われる。

ドゥルシラ・コーネルは、身体的統合性への権利として、中絶権を理解した。コーネルの理解によれば、妊娠中絶論議の中心にあるものは、胎児と女性の見られ方だということになる。そして、コーネルは、女性から胎児を切り離して、両者を対峙させるような見方を否定する。なぜなら、そうした見方は、女性を個体化したものとして扱わず、妊娠という転換点を向かえた女性から、自己を再想像する可能性を奪い取るからである。しかも、そうした見方は、女性を胎児の環境に還元し、女性を幸福に値しない存在として「格下げ」するものである。胎児の独立生存可能性の時期区分の枠組みは、こうした見方を反映させたものである。したがって、コーネルは、この枠組みを拒否する。それに対して、トリメスターの枠組みは、女性の健康保護のためのもので、そうした見方を反映させたものではないことから、コーネルは、その枠組みを肯定している。

また、コーネルは、身体的統合性への権利としての中絶権が、安全な妊娠中絶が利用可能であるという条件を確立することを要求するとしている。そのため、コーネルの考えは、州のコントロールからの自由の原則や政府の中立性の原則ばかりか、生殖の積極的自由の原則も満たすものとして、評価できるように思われる。

コーネルの考えは、妊娠（中絶）という事実に関して、女性と胎児の関係を対立させる見方をするのではなく、女性の精神的・身体的危機に関わる問題として扱う見方を反映させたものであり、それを権利論として展開したものだといえる。身体的統合性への権利としての中絶権は、特定の行為を禁止されない権利ではなく、様々な権利や自由の前提として、一つの人格として個体化したものとして他者から尊重される権利である。われわれの社会は、間違いなく女性たちにも、そうした権利を保障することを望むべきだろう。[2] 本書では、コーネルのように、身体的統合性への権利として、中絶権を理解すべきだと考える。[3] それは、精神と対比されるところの身体の自由の保障ではなく、イマジマリーな領域の保障を媒介にして、身体を含めて統合された人格への権利なのである。

ただし、コーネルの考えに反して、そのことから、中絶権が妊娠の全期間に渡って保障されるべきだということにはならないように思われる。むしろ、コーネルの理論からすれば、中絶権は、あくまで妊娠という事実を知って、大きな転換点に直面した女性が自己を再想像するのに十分に必要とされる期間だけ、保障されるべきものである。なぜなら、たとえ、十分な期間を保障して以降に中絶権を制限したとしても、その制限は、女性の個体化に必要なイマジナリーな領域を妨げるものではないからである。

もちろん、このように中絶権を評価することは、胎児の生命の大切さを否定するものでは決してない。女性を個体化した人格として尊重することと、胎児の生命を保護することを両立させる方法は、たしかに存在するはずである。コーネルの考えを評価することは、単に女性たちを「格下げ」するような安易な道筋を塞ぎ、他の道を進むように促すだけのことである。そして、妊娠中絶を禁止さえすればよしとする考えを否定し、われわれを、いっそう建設的な方法へ導くだろう。

コーネルは、次のように述べている。

「不本意な妊娠を減少させる必要性と、胎児と妊娠した女性の福祉を保障しようとする欲求の双方を表現するための手段は確かにあるのであって、それらはネガティヴというよりむしろ積極的なものであり、決して中絶への女性のアクセスを非合法化したり制限したりする試みではない。例えばすぐに思い浮かぶのは、性教育、出産前ケア、情緒的援助グループである。胎児を『救う』唯一の道は女性を制御することだという想定が作り出される場合にのみ、人々は胎児の生命――それは母の健康と不可分である――に対する関心を、中絶権反対の十字軍へと転じるようになるのである(4)」。

二　プライヴァシー権における中絶権の位置づけ

では、身体的統合性への権利としての中絶権は、どのようにプライヴァシー権概念に位置づけられるのだろうか。中絶権は、ダニエル・J・ソロブの類型では、「決定に対する干渉」に関する問題だと考えられるかもしれない。しかし、コーネルの考えを踏まえて理解するなら、中絶権は、妊娠という事実に直面して身体的統合性のファンタジーが打ち砕かれた女性に、自己を再想像するために必要なイマジナリーな領域を保障するものである。そうであるならば、むしろ、中絶権は（ソロブの分類でいうところの）イントリュージョンに位置づけられるのではないだろうか。実際、米国連邦最高裁の判例は、物理的な空間だけでなく、精神的（心的）空間にまでプライヴァシーの領域を拡げている。(5) したがって、そこにイマジナリーな領域（ソロブの表現では「自己の領域」）の保障を位置づけることは、整合性があるように思われる。

また、中絶権を「決定に対する干渉」に位置づけたなら、その保障は狭過ぎることになり、実践的な意味においても問題だといえるだろう。通常、この類型は、国家による干渉に限定されて理解されている。ところが、妊娠中絶の妨げとなるものは、何も国家による干渉に限られるわけではない。たとえば、妊娠中絶を行うことができる施設を包囲したり、あるいは、そうした施設へ向かう女性に対して、妊娠中絶を思い留まらせるために、女性の意思に反して行われる「歩道のカウンセリング」などは、国家が行うわけではない。したがって、もし、「決定に対する干渉」の問題だとすれば、それらに対する規制は、中絶権の保障の対象外となってしまう。しかし、中絶権を「イントリュージョン」に位置づけるなら、中絶権の保障の点からも、それらに対する規制を正当化できる可能性が生じるだろう。

ところで、コーネルは、身体的統合性への権利としての中絶権が、安全な妊娠中絶が利用可能であるという条件を確立することを要求するとしている。そのことは、州のコントロールからの自由の原則や政府の中立性の原則ばかりでなく、生殖の積極的自由の原則も満たすものとして評価できる。ところが、コーネルの考えでは、そうした積極的権利の側面の根拠づけは、必ずしも、十分なものとはいえないように思われる。

しかし、中絶権をプラグマティック・アプローチに基づくプライヴァシー権概念に位置づけることで、それを補い、より強く根拠づけることができるものと思われる。なぜなら、プラグマティック・アプローチは、プライヴァシー権概念を社会の関係性のなかで理解するものであり、もし、妊娠中絶への実質的アクセスの制限が、女性の社会的抑圧を生み出し、われわれが、そうした抑圧から解放された社会的展望を望むべきだとするのなら、プライヴァシー権概念は、妊娠中絶への実質的アクセスを積極的に保障するものでなければならないからである。

ただし、ここで強調しておきたいことは、あくまで中絶権の実質的な保障が、身体的統合性への権利として、他の諸権利よりも先行する問題だとされている点である。なぜなら、それは、われわれが人格となるための条件だからである。そのように考えなければ、われわれが望む社会的展望によっては、むしろ、中絶権の制限や、女性の社会的抑圧が正当化されるかもしれない。権利概念に社会の関係性を取り込むことは、社会的抑圧の解放を導くかもしれないが、逆に、ある種の社会的抑圧を正当化するかもしれないのである。ルーベンフェルドの共和主義的批判に関わる分析は、まさに、そのことを示唆するものだといえる。しかし、身体的統合性への権利を他の諸権利よりも先行するものだとすることで、権利概念に社会の関係性を取り込む弊害を避けることができるものと考えられる。

このように、身体的統合性への権利としての中絶権をプライヴァシー権に位置づけて構成するのなら、中絶権は、安全に妊娠中絶を行うことができる施設への実質的アクセスの積極的保障が含まれるものでなければならない。たとえば、中絶権が、施設へのアクセスを他者が妨げないことだけを意味するなら、（医師不足などのために）安全に妊娠中絶を行うことができる施設が近くにない地域において、中絶権の保障は、ほとんど意味をなさないだろう。とくに産科医不足が問題とされている今日、その懸念は杞憂ではないはずである。したがって、そうした地域では、（もちろん、安全な出産を保障するためのシステム構築も重要であるが）安全な妊娠中絶ができる施設への実質的なアクセスを、積極的に保障していかなければならない。

また、主体的に自己を再想像していくためには、様々な情報が必要である。そのため、中絶権には、そうした情報提供の保障も含まれなければならない。

もちろん、これまでも、インフォームド・コンセントとして自己に関する医療情報の提供はなされてきた。しかし、「主体的に」自己を再想像していくためには、医師から一方的に情報提供を受けるだけでは不十分なものだと考えられる。もし、身体的統合性のファンタジーを打ち砕かれた女性たちが、「主体的に」自己を再想像できるようにしなければならないのなら、従来のようなインフォームド・コンセントだけではなく、そうした女性たちが、必要に応じて様々な情報にアクセスできる環境が整えられなければならないはずである。たとえば、具体的には病院図書館の整備などが考えられるだろう。しかも、自己を再想像するためには、その情報が実際に利用可能なものでなければならない。したがって、そうした意味で病院図書館を機能させるには、専門の司書の育成も求められなければならないといえるだろう。(6)

もちろん、これらの積極的措置の要求は、ただちに具体的権利として主張できるものではないかもしれない。しかし、身体的統合性としての中絶権を、プライヴァシー権として位置づけて、これらの要求も、憲法上の権利概念に含めて構成することは、中絶権の実質的保障を積極的に促すものとして、重要な意味をもつものだといえるのではないだろうか。(7)

三　胎児の生命保護の問題

最後に、本書の考えにしたがった場合、胎児の生命保護がどのように考えられるのかに関して、述べておきたい。すでにみてきたように、「胎児は、人か否か」、あるいは「胎児は、いつから人となるのか」という問いは、容易に答えられるものではない。しかしながら、少なくとも、胎児が、「憲法上の」人でないことは、明らかである。ドゥオーキンによれば、修正一四条が制定された当時、多くの州の妊娠中絶規制法は、厳格なものではなかったし、そのことに、誰も疑問をもたなかった。その後、厳格な規制法も制定されるが、それでも妊娠中絶は殺人罪よりも軽い罰則であった。つまり、法的プラクティスは、妊娠中絶が（他「人」の生命を奪う）殺人とは異なるものだとしてきたのである。[8] したがって、胎児を憲法上の人だと考えることは、こうした法的プラクティスとの整合性を欠くものである。しかも、そうした法的プラクティスを覆すような事情も存在していない。

もちろん、自然人でないものであっても、一定の法的保護を認めたり、あるいは法律によって法人格を与えることも可能である。そのため、法律によって、胎児に（法）人格を与えて、その生命権を認めることができるかもしれない。[9] しかし、その場合であっても、憲法に反することができない以上、憲法上、すでに認められている自然人の基本的権利を侵害することはできない。ところが、妊娠中絶問題において、胎児を人とみなそうとする考えは、「憲法上の主体（constitutional population）——憲法上の諸権利がお互いに競合する者達のリスト——に、新しい人を加えることによって、憲法上の諸権利を削減することができることを仮定している」[10]。つまり、胎児を人だとみなすことは、憲法上の基本的権利から、女性の中絶権を排除できることを意味しているのである。（本書も含めて）中絶権を憲法上の権利だと考える立場からすれば、中絶権の排除が、憲法上、認められないことは明らかだろう。

したがって、法律によって、胎児を人だとして、それに生命権を与えることはできないのである。

これらのことは、わが国でも同じことである。わが国では、少なくとも明治以降、堕胎罪を殺人罪と同じように処罰する法的プラクティスは存在していない。また、日本国憲法が制定されたとき、そのことに深刻な疑いがもたれたこともない。ドゥオーキンの理解する米国の歴史と同じように、わが国でも、殺人罪と堕胎罪とは、明確に区別されてきたのであって、堕胎は、殺人ほど深刻なものだと考えられてこなかったのである。

しかも、胎児に生命権をみとめる主張のなかで、これまでの法的プラクティスを覆すほど、説得力ある形で憲法上の諸原理に訴えるものはなかった。そのことは、胎児の生命権に関して、いまだに多くの人たちに納得のいく結論が出されていないことからも、明らかだろう。

したがって、一般論として、胎児は憲法上の人だとはいえない。

しかしながら、そのことは、つねに、胎児を、われわれと同じ道徳的配慮を払われるべき存在にできないことを意味していない。憲法上の基本的権利を削減しない限りで、胎児に法的人格を付与することは可能であるし、身体的統合性への権利としての中絶権の理解を前提とすれば、ある場合の胎児は、むしろ、われわれと同じように道徳的配慮を受ける存在として、その生命を尊重されなければならないことになる。

本書では、中絶権を身体的統合性への権利として理解した。そのため、女性から胎児を切り離して、それぞれを対峙させる特定の見方を押しつけることに反対してきた。しかし、それは、妊娠した女性自身が、自分とは異なる人格である他者として、胎児のことをみなし、そうした胎児と関係性をもつものとして、自己を再想像することを否定しない。そして、もし、妊娠した女性自身が、すすんで再想像するなら、法は、そのことを尊重しなければならない。なぜなら、そうでなければ、かえって女性のイマジナリーな領域を奪い取ることになるからである。したがって、妊娠した女性が、自らの身体に留まる胎児を、われわれと同じように道徳的配慮を受ける存在だとみなして、その関係性において自己を再想像したときから、法は、その胎児を、われわれと同じ道徳的配慮を受ける存在として、その生命を尊重しなければならないことになるものと思われる。

こうした考えは、突飛なように思われるかもしれない。なぜなら、そうした考えを前提とするのなら、妊娠した女性の考え次第で、胎児の生命尊重のあり方が変わることになるからである（念のためにいえば、もちろん、すでに出生した子どもの生命権が、女性の考え次第で奪われることはあり得ない）。しかしながら、そうした批判は、いわゆるパーソン論に囚われ過ぎているように思われる。そして、そもそも、そのパーソン論に、様々な限界がある。

森岡正博によれば、「パーソン論の基本的発想は、『生物学的なヒトとしての人間』という概念と、『道徳的主体として生存する権利を持ったパーソン』という概念は、その身分が決定的に異なる、というものである」[11]。森岡は、マイケル・トゥーリー[12]、H・トリストラム・エンゲルハート[13]、ローランド・ブチェッティの考え[14]を用いながら、その問題点を明らかにしている。森岡によれば、妊娠中絶に関する論争には、もともと「ある段階の胎児が生物学的に見て人間と言えるかどうかを決定することによって中絶問題は解決される、という前提」があったが、トゥーリーの考えでは、「中絶問題を事実問題と道徳的問題の二つの全く異なったレベルに分解し、私たちが中絶問題に取り組む際にははじめから『胎児は生存する権利を持ったパーソンであるか』という道徳的レベルの問いを発しなければならない」のであって、「『胎児や植物状態の患者はホモサピエンスであるから従って生存する権利を持っている』とは、一般的には言えない」ことになる[15]。

そして、トゥーリー自身は、パーソンであるための条件として、「自己意識要件（self-consciousness requirement）」を想定して、胎児はもちろんのこと、嬰児もパーソンではなく、したがって、堕胎や嬰児殺しも許されるとしている。また、エンゲルハートは、「厳密な意味（strict sense）でのパーソン」と「社会的概念、あるいは社会的役割（social concept or social role）としてのパーソン」とに分け、前者には権利と義務が付与されるのに対して、後者の保護は、前者の有用性から認められるに過ぎないとする。逆にいえば、前者にとっての有用性が認められなければ、保護されないことになる。そして、ブチェッティは、「意識経験（conscious experience）」をもつものだけが、パーソンと認められるとしている。

これらの考えを踏まえて、森岡は、パーソン論に対して、次の三つの難点をあげる。「最初の難点は……なぜ〈パーソン〉であることが〈生存する権利〉を持っていることと結び付くのか」が、必ずしも明らかでないことであり、「二番目の難点は、パーソン論において、パーソンの範囲が生物学的ヒトの範囲の内側に不可避的に設定されてしまう」ことである。森岡によれば、それは、パーソン論において、「自己意識を持っていない人間がパーソンでないことは議論するまでもなく明らかであり、その人間が無条件にパーソンと同定される可能性はインプリシットに否定されているからである」。そのことに関連して、最後の難点として、「パーソン論が、自己意識を持っていない人間がパーソンである可能性について議論するための『枠組』を、そもそも持っていない」ことをあげる。そして、森岡は、第二、第三（とくに第三）の批判を重視して、「パーソンの範囲が生物学的ヒトの範囲の内側に『不可避的』に設定されてしまうこと、そして自己意識を持っていない人間がパーソンである可能性について議論するための『枠組』をパーソン論が所有していないこと、これがパーソン論の限界である」としている。[16] 第二章でふれた足立幸男の考えも、トゥーリーたちよりもハードルが低いだけで、パーソン論の一種だといってよいだろう（さらに、胎児自身の利益の始期に関するドゥオーキンの考えも、パーソン論の亜種といってよいかもしれない）。

もちろん、だからといって、トゥーリー以前のように、生物学的な事実から、ただちに規範を生み出すわけにはいかない。そのため、森岡は、生物学的ヒトかどうかの判断と道徳的に配慮されるべきパーソンとを分ける「パーソン論の原理」そのものは、肯定している。しかしながら、その具体化であるトゥーリーたちの考えは、否定する。そして、彼らの考えに代えて、他者理論を用いることを構想する。つまり、人間の属性ではなく、その関係性のなかで理解していこうとするのである。

森岡によれば、「パーソン論では、ある存在者がパーソンであるか否かは、『自己意識』『理性』というさらに根源的な属性にまで還元された上で判断される」が、しかし、「他者理論では、私－他者の代替不可能かつ非対称的な関係性がすべての根源にある。すなわち、〈娘が私にとって他者として現れた〉あるいは〈娘が私にとって死体として現れた〉、それがもはや動かしようのない根源的事実なのである」[17]。したがって、他者理論によれば、たとえ変わり果てた姿であったとしても、私がその者をまだ生きていると考えている限り、その者は生きているのであり、たとえ未発達な状態であっても、私が、ある胎児を、われわれと同じ道徳的配慮を払われるべき人間だと考えたなら、そのときから、その胎児は人間なのである。森岡は、「このような立場をとるとき、当然『客観的妥当性』の問題が生じる」ことを認めているが、しかし、「客観的妥当性という点では底が破れていても、実際上は有効な倫理学を構築することはできるはずである」として、「それを確かめることが私たちの次の課題となる」としている[18]。

さて、本書のように、身体的統合性への権利として中絶権を理解し、不本意な妊娠という事実に直面した女性のイマジナリーな領域が保障されなければならないとするのなら、こうした他者理論は、むしろ、当然の帰結だといえる。（法を含めて）われわれは、妊娠によって身体的統合性のファンタジーを打ち砕かれた女性に対して、特定の見方を押しつけてはならず、その女性自身がとった見方を尊重しなければならない。そして、彼女が、われわれと同じように道徳的に配慮されるべき他者として、その胎児のことを考えた瞬間から、その胎児は、道徳的に配慮されるべき存在として、その生命が尊重されなければならない[19]。そうしなければ、彼女のイマジナリーな領域（自己の領域）を侵害してしまうことになるからである。

したがって、中絶権を本書のように理解することは、中絶権の実質化を求めるだけでなく、それと矛盾しない形で、胎児の生命尊重の法的要求をも拡大することを意味している。胎児の生命権や生命保護に関する利益と、女性

の中絶権との対立関係は、そこには存在していないのである。(20)

四　中絶権と胎児の生命尊重との両立を目指して

米国では、ロー判決以降、中絶権を憲法上のプライヴァシー権概念として構成してきた。しかし、コーネルのように、プライヴァシー権を消極的な権利として捉えた上で、中絶権をプライヴァシー権として構成することに反対する見解もある。また、ケイシー判決の反対意見におけるレーンキスト判事のように、妊娠中絶が胎児の損壊を必然的に伴うことから、中絶権を他のプライヴァシーの諸利益と区別して、それをプライヴァシー権概念に含めることに反対する立場も存在している。

ところが、コーネルの理解と異なって、今日、多くの学説は、プライヴァシー権に積極的な権利としての側面を認める。また、従来のプライヴァシー権の概念化の方法は、プライヴァシーの諸利益に共通し、かつ他の権利概念から区別できる本質的要素を設定し、それに基づいてプライヴァシー権概念の定義を試みるものであり、そうした概念化の方法にしたがえば、レーンキスト判事が指摘するように、たしかに、中絶権をプライヴァシー権として構成することは、難しいことかもしれない。

しかしながら、現代のプライヴァシー問題は複雑なものであり、そうした従来のアプローチで理解し切れるものではない。そこで、本書では、ソロブのプラグマティック・アプローチを妥当な方法だと考えた。それは、プライヴァシー問題を引き起こす様々なプラクティスに焦点をあて、それらを家族的類似性によって結びつけ、一つのプライヴァシー権として概念化するものである。また、ソロブのプラグマティック・アプローチは、公／私の区別の法的表現としてのプライヴァシー権概念に、社会の関係性を取り込むものでもある。そもそも、プライヴェートな領域は、普遍主義的に存在して画定されるものではなく、特定の文化や歴史に依存した社会観や価値観に基づいて画定されるものなのである。

こうしたソロブのアプローチは、現代の複雑なプライヴァシー問題に応じて、適切にプライヴァシー権を概念化できるものであり、また、プライヴァシー権がプライヴェートな領域における抑圧を隠蔽するとの批判にも、応えられるものである。

そして、われわれは、こうしたソロブのプラグマティック・アプローチにしたがうことで、中絶権をプライヴァシー権として構成することができる。なぜなら、このアプローチにしたがうべきなら、たとえ妊娠中絶が必然的に胎児の損壊を伴うものだとしても、中絶権をプライヴァシー権概念から外さなければならない理由はないからである。

もちろん、レーンキスト判事のように、中絶権を胎児の生命との対立関係で捉える限り、中絶権が認められるにしても、妊娠中絶は、せいぜい、必要「悪」でしかない。また、ソロブのプラグマティック・アプローチは、その権利概念に社会の関係性を取り込むもので、場合によっては、妊娠中絶を求める女性に対する社会的抑圧を正当化するかもしれないものである。

ただし、ここで強調しておきたいことは、本書において、中絶権は、身体的統合性への権利として、他の諸権利よりも先行する問題だとしている点である。そうすることで、権利概念に社会の関係性を取り込む弊害を避けることができるのである。

また、このように理解される中絶権を、プラグマティック・アプローチによって概念化されるプライヴァシー権概念に位置づけることで、社会的コンテクストに応じた中絶権の積極的な権利の側面を、より強く根拠づけることができる。つまり、妊娠中絶への実質的アクセスの積極的保障が要請されることになるのである。また、それと情報との実質的な関連性を明確に理解することも可能となる。

もちろん、妊娠中絶への実質的アクセスを積極的に保障すべきだとしても、妊娠中絶へのアクセスが無制限に認められるわけではなく、それを制限することが、ただちに違憲となるわけでもない。しかし、妊娠中絶への実質的アクセスの保障を求める要求を憲法上の権利として構成することは、中絶権の実質的な保障を大きく促すものとして、重要な意味をもつものだといえるだろう。[21]

ただし、このように考えたからといって、本章で示した中絶権に関する新たな構成が、胎児の生命尊重を否定するわけではない。妊娠した女性自身が、その胎児を他者だとして認め、その関係性において自己を再想像したならば、法は、われわれと同じ道徳的配慮を払われるべき存在として、その胎児の生命を尊重しなければならない。また、そもそも、妊娠中絶への実質的アクセスを女性から奪い去ることが、胎児の生命尊重の唯一の方法だというわけではなく、それに、妊娠中絶への実質的アクセスを女性から奪い去ったところで、妊娠中絶の必要性が減少するわけではなく、非合法で危険な妊娠中絶を増やすだけのことである。その意味では、妊娠中絶へのアクセスを奪うという方法は、非建設的なものだといえるだろう。本章の結論は、そうした非建設的な方法を否定することで、性に関する教育や、女性と子供の福祉など、いっそう建設的な方法を促そうとするものでもある。

本章で示した中絶権に関する新たな構成は、胎児の生命尊重の要請と対立するものではない。コーネルが指摘するように、妊娠中絶への実質的アクセスの積極的保障と、胎児の生命尊重の要請を両立させる施策は、女性や子供の福祉の向上や性教育など、いくつも考えられるはずである。[22]

（1）　本書での考えは、妊娠中絶というプラクティスの意味づけが、あくまで社会的に構築されてきたものだというものである。その意味では、社会構築主義の立場を前提としている。社会構築主義に関しては、差し当たり、以下の文献を参照のこと。*See* Peter

L.Berger and Thomas Luckman, The Social Construction of Reality: A Treatise in the Sociology of Knowledge (Doubleday, 1966). 邦訳書として、山口節郎訳『日常世界の構成——アイデンティティーと社会の弁証法』(新曜社、一九七七年)。John Money and Patricia Tucker, Sexual Signatures: On Being a Man or a Woman (Little, Brown, 1975). 邦訳書として、朝山新一・朝山春江・朝山耿吉訳『性の署名——問い直される男と女の意味』(人文書院、一九七五年)。Malcolm Spector and John I.Kisuse, Constructing Social Problems (Cummings Pub.Co., 1977). 邦訳書として、村上直之・中河伸俊・鮎川潤・森俊太訳『社会問題の構築——ラベリングをこえて』(マルジュ社、一九九〇年)。Howard S.Becker, Outsiders: Studiesin the Sociology of Deviance (Free Press, 1978). 邦訳書として、村上直之訳『アウトサイダーズ』(新泉社、一九七八年)。Judith Butler, Gender Trouble: Feminism and the Subversion of Identity (Routledge, 1990). 邦訳書として、竹村和子訳『ジェンダー・トラブル——フェミニズムとアイデンティティーの攪乱』(青土社、一九九九年)。Vivien Berr, An Introduction to Social Constructionism (Routledge, 1995). 邦訳書として、田中一彦訳『社会的構築主義への招待——言説分析とは何か』(川島書店、一九九七年)。その他、上野千鶴子編『構築主義とは何か』(勁草書房、二〇〇一年)、拙稿「構築主義に関する予備的考察——近代憲法学の再考の契機として」関西大学大学院法学ジャーナル七八号(二〇〇五年)五三頁も併せて参照のこと。

(2) 実際、日本国憲法一三条は、「すべて国民は、個人として尊重される」とし、一四条は、「すべて国民は、法の下に平等であって……性別……において差別されない」と定めている。

(3) すでに述べたように、プライヴァシー権の日本国憲法上の根拠規定に関しては、一三条説が通説といってよい。また、その一三条説では、前段の「個人として尊重される」(個人の尊重)を直接の根拠とする見解(たとえば、佐藤功『憲法(上)〔新版〕』(有斐閣、一九八三年)一九一頁)もあるが、むしろ、後段の「幸福追求に対する国民の権利」(幸福追求権)を根拠にするものが多いように思われる。しかしながら、本書では、中絶権が、女性の個体化の条件として、他の諸権利よりも先行する問題だと考えている。そのことは、われわれと同じ道徳的配慮を払われるべき憲法上の人(格)としての女性の存在、つまり、「生(life)」を承認することを意味している。したがって、プライヴァシー権概念に含まれるもののうちでも、とくに中絶権に関しては、一三条のなかでも、「生命……に対する国民の権利」(生命権)を直接の根拠とすることが、妥当なように思われる(もちろん、一四条など、他の諸規定との関連性を否定するわけではない)。一三条の「生命、自由及び幸福追求に対する国民の権利」は、しばしば、「後段」として一括りに「幸福追求権」とされている。しかし、少なくとも、生命権は、他の諸権利よりも先行するものであって、そのほかの諸権利と区別されるべきものではないだろうか。それに対して、松井茂記は、「家族や性関係に関する決定は、実は憲法二四条によって保護される。従って、いわゆる家族の維持・形成に関わる自己決定権やリプロダクションに関わる自己決定権と呼ばれるものは、自己決定権としてではなく、憲法二四条の問題とすれば足り、またその方が適切だったのではなかろうか」と述べている（松井茂記「自己決定について（二・完）」阪大法学四五巻一号（一九九五年）七七九頁）。しかしながら、本書の立場では、中絶権は女性個人の問題であって、家族の問題ではない。しかも、憲法二四条一項では「両性の合意」や「相互の協力」が強調されており、配偶者の同意要件の否定と矛盾しかねない。また、同条二項では、「家族に関するその他の事項に関しては、法律は……制定されなければならない」として、法律事項であることが述べられており、場合によって、それは中絶権の制約原理に用いられる懸念がある。したがって、本書の理解する中絶権の根拠規定は、やはり、憲法一三条の生命権が妥当なように思われる。なお、松井茂記の自己決定権についての考えに関しては、松井茂記「自己決定権について（一）」阪大法学四五巻二号（一九九五年）一頁も併せて参照のこと。ところで、佐々木惣一は、日本国憲法一三条後段で定める権利を「存在権」としていた（佐々木惣一『日本國憲法論』（有斐閣、一九四九年）三九三－三九五頁）が、本書での考えは、それに近いものだと思われる。ただし、佐々木惣一は、一三条後段を包括して「存在権」としているが、本書では、それを他の諸権利よりも先行するものとして理解しているため、むしろ、それは、「生命……に対する国民の権利」に限定して理解すべきだと考えている。また、上田勝美は、以前から、生存権を機軸にして、人権論を再構成することを主張しており、近時は、さらに踏み込んで、人権の基底として生命権を据えることを試みている。そうした上田（勝）の立場は、権利行使に先立って、権利主体の構築を問題として、その生（life）を前景化する本書の立場に通底するものだと思われる。人権論の再構成に関する上田（勝）の考えに関しては、以下の文献を参照のこと。上田勝美「人権体系論再構成の課題――新しい人権の生成との関連で」龍谷法学一一巻三・四号（一九七九年）二八五頁、同「『新しい人権』の憲法的考察」公法研究四〇号（一九七八年）一〇五頁。上田勝美「非戦・平和の理論と平和的生存権」田畑忍『非戦・平和の論理』（有斐閣、一九九二年）。その他、生命権の人権基底性に関しては、差し当たり、以下の文献を参照のこと。桜田誉「憲法における人格権の保障――存在権、人格権及び生命権の法理」関西大学法学部百周年記念論文集上巻（一九八五年）二五一頁、同「憲法における生命権の保障――救命救急医療との関連を中心として」関西大学法学論集三七巻二・三号（一九八七年）一頁、同「生命権について」関西大学法学論集三八巻五・六号（一九八八年）一頁、島崎健太郎「憲法における生命権の再検討――統合的生命権に向けて」法学新報一〇八巻三号（二〇〇一年）。

（4）　Drucilla Cornell, The Imaginary Domain: Abortion, Pornography & Sexual Harassment (Routledge, 1995) at 32.〔邦訳〕仲正昌樹監訳『イマジナリーな領域――中絶、ポルノグラフィ、セクシャル・ハラスメント』（御茶の水書房、二〇〇六年）四四頁。

（5）　オルムステッド判決（*Olmstead v. United States*, 277 U. S. 438, 1928）では、修正四条の保障を受ける要件として、①捜索や押収の対象が有体物であること、②捜索や押収が物理的侵入によってなされたこと、が必要とされたが、第一ナードン判決（*Nardone v. United States*, 302 U.S. 379, 1937）、第二ナードン判決（*Nardone v. United States*, 308 U.S. 338, 1939）、そして、シルバーマン判決（*Silverman v. United States*, 365 U.S. 505, 1961）を経て、カッツ判決（*Katz v. United States*, 389 U.S. 347, 1967）において、

オルムステッド判決の要件が放棄されるに至っている。

（6）この問題に関しては、差し当たり、木幡洋子・石井保志「権利としての健康／医療情報へのアクセス～日本の図書館における実践と法的理論構築の試みとして～」愛知県立大学文学部論集社会福祉学科編五四号（二〇〇六年）一頁を参照のこと。また、いわゆる新自由主義政策との関係においては、木幡洋子「事例報告：規制緩和政策のもとでのオーストラリアの病院図書館」医学図書館五三巻三号（二〇〇六年）二九〇頁を参照のこと。

（7）実質的なアクセスを積極的に保障する具体的な方法はいくつも考えられ、他の諸利益との衡量も必要となるだろう。そのため、中絶権に関するこれらの積極的な請求権的側面は、抽象的権利に留まるものだと思われる。

（8）Ronald Dworkin, Life's Dominion: An Argument about Abortion, Euthanasia, and Individual Freedom (Random House, 1994) at 111-112.〔邦訳〕水谷英夫・小島妙子訳『ライフズ・ドミニオン――中絶と尊厳死そして個人の自由』（信山社、一九九八年）一七九－一八〇頁。

（9）近時、米国では、胎児の人格化が問題となっている。たとえば、胎児に対する犯罪を妊婦に対する犯罪とは、別の犯罪として扱ったり、胎児を死なすことを殺人として扱うというものである。もちろん、現在の米国でも、堕胎罪一般が殺人罪と同じように扱われることはない。したがって、それらは、必ずしも、直接に女性の中絶権を制限するものではないが、現実の政治的コンテクストを考えれば、女性から胎児を切り離して、両者を対峙させる見方を押し付ける意味合いがあるように思われる。もし、そうであるならば、やはり中絶権の制限として、問題とされなければならないだろう。胎児の人格化に関しては、緒方房子『アメリカの中絶問題――出口なき論争』（明石書店、二〇〇六年）三六九－三八三頁に詳しい。

（10）Dworkin *Supra* note 8 at 10. 邦訳一八二頁。

（11）森岡正博『生命学への招待――バイオエシックスを超えて』（勁草書房、一九九八年）二〇一頁。パーソン論に関しては、小竹聡「人工妊娠中絶と胎児の『生命に対する権利』（1）」社会科学論集（愛知教育大学地域社会システム講座）三九号（二〇〇一年）一〇三頁、同（2）・完、社会科学論集（愛知教育大学地域社会システム講座）四〇・四一合併号（二〇〇三年）一三一頁も併せて参照のこと。

（12）Michael Tooley, *Abortion and Infanticide*, 2 Philosophy & Public Affair 37 (1972). 邦訳として、森岡正博訳「嬰児は人格を持つか」加藤尚武・飯田亘編『バイオシックスの基礎――欧米の「生命倫理」論』（東海大学出版会、一九八八年）を参照のこと。

（13）Hugo Tristram Engelhardt.Jr., *Medicine and the Concept of Person* in Tom L. Beauchamp and Leroy Walter (eds), Contemporary Issues In Bioethics (Wadsworth Pub. Co., 1982). 邦訳として、久保田顕二訳「医学における人格の概念」加藤尚武・飯田亘編『バイオシックスの基礎――欧米の「生命倫理」論』（東海大学出版会、一九八八年）を参照のこと。

(14) Roland Puccetti, *The Life of Person* in William B. Bondeson et al. (eds), Abortion and the Status of the Fetus (Kluwer, 1982). 邦訳として、片桐茂博「〈ひと〉のいのち」加藤尚武・飯田亘編『バイオシックスの基礎――欧米の「生命倫理」論』(東海大学出版会、一九八八年)を参照のこと。

(15) 前掲注(11)・森岡、二二一―二二三頁。

(16) 同右、二二六―二二七頁。

(17) 同右、二三三頁。

(18) 同右、二三四頁。

(19) 奥田純一郎は、「最初の合意に基づく性交の段階で、生命誕生につながりうることを承認している。言わばこの段階で既に受精卵→胚→胎児→新生児となる存在には二人称的な承認が与えられ、固有領域としての自己が形成されていると言える。この二人称的承認が付与されていないのは、性交時に合意がなく、したがって生命誕生について女性に自己決定権が保障されなかった場合である。このような場合は胎児には未だ『人間の尊厳』は備わっていないと解しうる。したがって女性に性交時には欠けていた生命誕生に関する自己決定権の行使＝胎児への二人称的承認の付与・拒絶の機会を与えるべきであり、ここでの承認付与を得て初めて『人間の尊厳』を備えるものと解する」(奥田純一郎「ヒト胚・生命倫理・リベラリズム――自己決定権は生命科学技術研究に何をどこまで言えるか?」思想九六五号(二〇〇四年)二〇四頁)と述べている。本書は、憲法上の人(格)として胎児を認めるには、女性による二人称的承認が必要だと考える点で、奥田の考えに賛成するものである。しかしながら、奥田が、合意に基づく性交による場合には、ただちに承認が付与されると考える点で、賛成できない。たとえ合意に基づいたとしても、不本意な妊娠はあり得るもので、したがって、合意に基づいたとしても、必ずしも、胎児に二人称的承認が付与されているとは限らないだろう。また、それを擬制することは、女性のイマジナリーな領域を侵すことになるように思われる。

(20) なお、こうした考えは、井上達夫の「相補論」と誤解されるかもしれない。しかし、それとは、まったく異なるものである。井上は、「生死の法理の根本問題は生命権の発生条件と消滅条件である」とした上で、「両者を統合的に捉える視点として、実体論的アプローチと関係論的アプローチとが区別できる。前者は一定の実体的な能力ないし属性の獲得と喪失を、生命権の発生と消滅の条件とする。後者は生まれ出づる者、死にゆく者への他の人間による共生関係の取り結びと解きほぐし自体を、生命権の発生と消滅の条件とする」と述べる。そして、井上は、一方で、「実体論は……無能者の冷酷な切り捨ての論理を内容している」が、他方で、「関係論は……『姥捨て』に象徴されるように、『他者の都合』や社会的有用性を算出する費用便益計算に、個人の生き死にが左右される危険を内包している」と指摘する。井上によれば、「このことは実体論と関係論とを相補的に結合する立場の可能性と必要性を示唆して」おり、そのため、井上は、「相補論」を提唱している。それは、「実体論的な能力条件と関係論的な承認の少なくともどちらか一方が成立することをもって、生命権の発生・存続（未消滅）の十分条件とする」ものである。ここでいう実体論的アプローチがパーソン論にあたり、関係論的アプローチが他者理論にあたることは明らかだろう。エンゲルハートの考えも、ある意味では二つのアプローチを結合したものであるが、井上によれば、「エンゲルハートによる『厳密な意味での人格』と『社会的人格』との区別は前者の後者に対する優位を強調する狙いがあ」るもので、「実体論的能力要件と関係的承認要件を相互的な歯止めとして解釈する相補論」とは区別されるものである（井上達夫「『生と死の法理』シンポジウム発言要旨——実体論・関係論・相補論」日本法哲学会編『生と死の法理：法哲学年報１９９３』（有斐閣、一九九四年）一〇五-一〇六頁）。しかし、本書の立場が、嬰児も人間だとして、その生命権を認めるのは、実体論的アプローチに依拠したからではなく、そのことに法的整合性と正当性があるからである。また、関係論的アプローチ（他者理論）によって、胎児を、われわれと同じように道徳的に配慮されるべき存在とみなす場合もあるとしたのは、女性は幸福に値する存在だと考える限り、中絶権は、身体的統合性への権利として理解され、その結果、イマジナリーな領域の保障が求められると考えたからである。井上のいうように、実体論と関係論とを相補的に結合する必要性のためではない。

(21) では、わが国の妊娠中絶規制は、どのように考えられていくべきなのだろうか。これまで述べてきたことと重なる点もあるが、その概略をまとめておきたい。わが国では、刑法二一二条以下の「堕胎の罪」によって、妊娠中絶は原則的に禁止され、その例外が母体保護法によって定められている。しかしながら、中絶権を憲法上の基本的権利だと考えるなら、それを原則的に禁止することは許されないだろう。むしろ、それは例外的に禁止できるだけなのである。もちろん、そもそも妊娠中絶は女性の健康にとって危険なものであって、したがって、原則的に禁止することが許されるべきだと考えられるかもしれない。本書の立場でも、もちろん、二一五条の「不同意堕胎」や二一六条の「不同意堕胎致死傷」は必要だと考えている。また、二一三条後段の「同意堕胎致死傷」や二一四条後段の「業務上堕胎致死傷」に関する規定も、認められるように思われる。しかしながら、経口中絶薬などの開発によって、自己堕胎であっても、ごく初期でなら、医師による事前診断と経過観察を前提とすれば、比較的安全に行うことができることを考えるなら、これらの規定を除いては、たとえば、母体保護法によって、例外的に禁止される事項を定めるなど、見直しを検討すべきだと思われる（ただし、二〇一二年時点で、経口中絶薬RU-486は、日本では承認されていない）。しかし、原則として禁止した上で、その例外を定めるのか、それとも、原則として許容した上で、例外的に禁止規定を設けるのか、といった規定の仕方の形式だけでなく、当然のことながら、規制内容に関しても、議論を深めていかなければならない。まず、母体保護法二条二項では「この法律で人工妊娠中絶とは、胎児が、母体外において、生命を保持することのできない時期に、人工的に、胎児及びその附属物を母体外に排出することをいう」と定めている。刑法二一二条以下の堕胎の罪で、妊娠中絶が原則的に禁止されていることからすれば、現行法で許される妊娠中絶は、胎児の独立生存可能性が生じる以前に限られることになる。また、母体保護法一四条一項は、指定医師が「本人及び配偶者の同意を得て、人工妊娠中絶を行うことができる」と定め、配偶者の同意要件の例外を同条三項で「配偶者が知れないとき又はその意思を表示することができないとき」としている（ここでいう配偶者には、同法三条一項で、「届け出をしていないが、事実上婚姻関係と同様な事情にある者を含む」とされている）。さらに、同条二項では、適応事由として、「妊娠の継続又は分娩が身体的又は経済的理由により母体の健康を著しく害するおそれのあるもの」（同項一号）と「暴行若しくは脅迫によって又は抵抗若しくは拒絶することができない間に姦淫されて妊娠したもの」（同項二号）を定めている。しかし、本書の考えからすれば、第一に、配偶者の同意要件を課すことは、慎重でなければならない。それは、配偶者に事実上の拒否権を認めることであり、その女性に配偶者の見方を押しつけることになるからである。また、ケイシー判決が懸念したように、配偶者間の日常的な暴力の可能性を考えるなら、なおのこと、配偶者の同意要件を課すことは、問題だと考えられるべきだろう。もちろん、いく人かの人たちの直観は、配偶者の利益を保護したいと考えるかもしれない。しかし、われわれの直観がそのように考える状況の下では、法律によって規定するまでもなく、すすんで配偶者間で話し合いがもたれるように思われる。それに対して、法律で同意要件を課さなければ、話し合いがもたれないような状況の下で、そうした要件を課すことは、かえって、多くの人たちの直観にも反するものではないだろうか。第二に、現行法では、胎児の独立生存可能性という期間枠組みを用いているが、本書の立場からすれば、胎児の独立生存可能性ではなく、女性が自己を再想像したであろう合理的な期間で枠組みをつくるべきだと思われる。なぜなら、その期間を過ぎても、女性が妊娠中絶を行わなかったとするならば、その女性は胎児を道徳的配慮の払われるべき他者と考えたとみなすことができ、したがって、それ以降の胎児の生命は尊重されなければならないからである。また、現行法では、さらに同法一四条一項一号および二号で、適応事由を定めているが、本書の立場からすれば、そもそも、そうした限定を加えるべきではないことになる。第三に、同法一四条一項は、妊娠中絶を行うことができる者を「指定医師」に限定しているが、この「指定」医師への限定については、それが母体の健康保護のためだとしても、今日の医療技術の発達などを考えれば、その必要性を、あらためて考え直さなければならないだろう。また、経口中絶薬の開発を考えるなら、そもそも、医師に限定することなく、薬剤師などにも広げてもよいのではないだろうか。第四に、本書の立場のように、中絶権をプライヴァシー権として位置づけるなら、それに関わる情報保護も、重要な問題となる。母体保護法二七条では、「人工妊娠中絶の施行の事務に従事した者は、職務上知り得た人の秘密を、漏らしてはならない。その職を退いた後においても同様とする」とし、同三三条は「第二十七条の規定に違反して、故なく、人の秘密を漏らした者は、これを六月以下の懲役又は三十万円以下の罰金に処する」と定め、一定の情報保護を図っている。しかしながら、同法二五条では、「指定医師は……人工妊娠中絶を行った場合は、その月中の手術の結果を取りまとめて翌月十日までに、理由を記して、都道府県知事に届け出なければならない」と定めている。もちろん、その届出によって、必ずしも、妊娠中絶手術を受けた女性個人が識別できるわけではない。しかし、それによって、妊娠中絶を行う医師に冷却効果が生じる可能性があるとすれば問題となるだろう。実際、もし、都道府県知事が、妊娠中絶に対して、否定的な立場だとすれば、医師に冷却効果が生じる可能性は少なくないように思われる。また、「死産の届出に関する規定」では、妊娠四ヶ月以降に妊娠中絶を行った場合、市町村長に対して、「死産の届出を、父がこれをなさなければならない。やむを得ない事由のため父が届出をすることができないときは、母がこれをなさなければならない」(同規定七条)としている。しかしながら、こうした届出を強制することによって、女性の妊娠中絶の決定に冷却効果が生じることは、想像に難くないところだろう。もちろん、他の制度との関連もあるところだが、これらの報告・届出制度に関しても、慎重な判断が求められるように思われる。そして、最後に、妊娠中絶へのアクセスを実質的に保障していくためには、保険適用など、様々な施策も要請されるものと思われる。妊娠中絶を行うことができる医師が不足している地域に対しては、実質的アクセスを保障していくための特別な配慮が求められるだろう。具体的な社会的コンテクスト次第では、米国のようなバッファ・ゾーン規制も必要となるかもしれない。また、自己の再想像のためには、様々な情報が利用可能な形で必要だと考えられる。そうであるならば、女性が主体的にそうした情報を得ることができなければならない。そのため、たとえば、病院図書館などの整備も求められなければならないだろう。もちろん、そこでの情報は、利用可能なものでなければならない。したがって、専門の司書の育成も課題となるだろう。プライヴァシー権は、かつてのような消極的な権利概念ではない。そして、プライヴァシー権の概念化が社会をどのように構築するかに関わる問題だと理解し、かつ、女性の社会的抑圧を踏まえるなら、プライヴァシー権としての中絶権は、これらの積極的側面も含めて理解されなければならないように思われる。もちろん、憲法上の基本的権利としての中絶権から、これらの問題が提起されるからといって、現行法が直ちに違憲だと判断されるわけではない。その判断のためには、様々な利益衡量が必要となるが、その具体的な検討は、今後の課題としておきたいと思う。

(22) 本書の立場は、森脇健介の考えに近いものである(森脇健介「いわゆる『中絶の自由』に関する一考察――〈「女性の自己決定権」対「胎児の生命権」〉枠組の転換のために」早稲田法学会雑誌五五巻(二〇〇五年)三一九頁)。森脇は、法的構成として、高井裕之などの関係性志向の権利論を採用しながらも、その理論構成が、場合によっては女性への社会的抑圧を正当化するかもしれないことから、それに先立つ公論形成の倫理的基準として、胎児がどのような存在かにまで遡って、女性の葛藤を評価する良心の自由説を用いるべきだとしている。しかし、胎児の存在の意味づけまで含めた女性の葛藤を、公論形成にあたっての倫理的基準に留めることには、疑問を感じざるを得ない。もし、単なる倫理的基準という不安定なものに留めるのなら、結局のところ、森脇自身が懸念したように女性の葛藤は省みられなくなるのではないだろうか。そうであるならば、むしろ、そうした女性の葛藤こそ、法的構成とされなければならないはずである。そして、そのことを前提とした上で、関係性志向の権利論の要素が組み込まれるべきだろう。そのことによって、女性に対する社会的抑圧を防ぎながら、それを解放する形で、関係性志向の権利論のアプローチを活かすことができるように思われる。そのため、本書では、身体的統合性への権利として中絶権を意味づけることで、森脇が倫理的基準だとした良心の自由説を、法的権利として構成することを強調している。それは、われわれが「人格」となるための条件であり、他の諸権利よりも先行するものである。そのように考えるなら、われわれが望むべき社会的展望は、そうした中絶権の実質的保障を積極的に促すものでなければならない。その上で、そうした中絶権を、プラグマティック・アプローチに基づくプライヴァシー権概念に位置づけることで、関係性志向の権利論の要素を取り入れることが、妥当な構成だと考えている。そして、こうした構成をとることによって、支配的な価値観に抗いながら、妊娠中絶への実質的アクセスの積極的保障を導くことができるのではないだろうか。たしかに、本書の立場は、森脇の考えと問題意識を共有しているものと思われる。しかし、森脇の考えは、良心の自由説を倫理的基準に留める点で、なお不十分なものと思われる。それに対して、本書は、中絶権を身体的統合性への権利として、他の諸権利よりも先行するものとして法的に構成することで、ある意味では、女性と胎児とを取り巻く関係性について、女性の見方を法的に特権化するものである。なぜなら、そのことを前提としなければ、関係性志向によって、かえって女性の社会的抑圧が正当化されかねないからである。なお、高井の関係性志向の権利論に関しては、以下の文献を参照のこと。高井裕之「関係性志向の権利論・序説（一）」民商法雑誌九九巻三号（一九八八年）三三八頁、同（二）民商法雑誌九九巻四号（一九八九年）四五九頁、同（三・完）民商法雑誌九九巻五号（一九八九年）六二三頁、高井裕之「憲法における人間像の予備的一考察（一）――アメリカにおけるFeminine Jurisprudence を手がかりに」産大法学二三巻四号（一九九〇年）一頁、同（二）産大法学二四巻三・四号（一九九一年）四三頁、同（三）産大法学二五巻三・四号（一九九二年）一六一頁、同（四）産大法学二六巻三・四号（一九九三年）四一頁、同「自己決定能力と人権主体」公法研究六一号（一九九九年）七〇頁を参照のこと。また、良心の自由説に関しては、玉國文敏「生命科学・生殖技術の進歩と新しい人権」ジュリスト一〇一六号（一九九三年）二六頁を参照のこと。なお、その他、わが国で注目される学説として、井上達夫や上田健二の考えがあげられるだろう。井上は、胎児の生命権を「一応の権利（a prima facie right）」とした上で、女性の中絶権と胎児の生命権との道徳的葛藤を強調する。しかし、井上が、生命権を「一応の権利」だと考えることは、本書でとりあげた足立幸男の主張にみられるように、やはり無理があるように思われる。少なくとも、それは、われわれの直観に反するだろうし、憲法論においても、おそらく支持できないだろう。あるいは、それは、われわれが考える「生命権」とは異なるものだといえるかもしれないが、そうした主張は、あまりにレトリカルなように思われる。上田（健）は、胎児の生命権を認めた上で、妊娠中絶に関して、「処罰に代わる援助」を指導理念として、女性の良心的決断を尊重する「窮迫状態に方向づけられた対話モデル」を主張している。その上で、上田（健）は、妊娠中絶を行うに先立って、公的施設による相談の義務づけを行うなど、妊娠中絶規制に関する具体的提案を述べている。こうした上田（健）の考えは、あくまで胎児に生命権を認めることを前提としたもので、そのため、女性に答責意識を強制する。しかし、このような形で答責意識を強制されることは、それにもかかわらず、妊娠中絶を決断した女性に対する社会的抑圧を生み出しかねないものとして、妥当だとは思われない。なお、井上に関しては、井上達夫「人間・生命・倫理」江原由美子編『生殖技術とジェンダー』（勁草書房、一九九六年）三頁、同「胎児・女性・リベラリズム――生命倫理の基礎再考」同書八一頁を参照のこと。また、上田（健）に関しては、上田健二『生命の刑法学――中絶・安楽死・自死の権利と法理論』（ミネルヴァ書房、二〇〇二年）を参照のこと。

結章　本書の結論と今後の検討課題

本書では、おもに米国での議論を参考にしながら、中絶権に関する問題を、単なる政治問題に留めることなく、憲法論として深めていこうと試みてきた。本章では、本書の結びとして、これまでの検討のまとめと、今後の検討課題を述べたいと思う。

本書では、まず、第一章で、米国連邦最高裁判例の展開を検討した。ロー判決は、中絶権を、憲法上のプライヴァシー権として承認した。その判断は、今日に至るまで、正式には変更されていない。また、ロー判決は、中絶権の制約原理として、トリメスターと、胎児の独立生存可能性の期限区分の枠組みとを示した。前者の区分は、中絶権を女性の身体的・精神的危機の問題だとする見方を反映させており、後者は、女性から胎児を切り離して、両者を対峙させる見方を反映させたものである。

しかし、女性から胎児を切り離して、両者を対峙させる見方においては、予め、独立した存在として、胎児の人格性が想定されてしまっている。そのため、そうした理解では、仮に、中絶権が認められたとしても、妊娠中絶は、せいぜい、必要「悪」でしかない。しかも、そうした想定では、結局のところ、「胎児は、人か否か」、あるいは「胎児は、いつから人となるのか」という問題に帰結してしまう。しかし、そうした問題は、裁判所が容易に答えられるものではなく、したがって、裁判所は、その問題に関する民主的決定を尊重せざるを得なくなり、中絶権に関する問題は、政治的判断に委ねられてしまうことになるだろう。

そこで、第二章では、女性から胎児を切り離して、両者を対峙させる見方を前提としない、ロナルド・ドゥオーキン、ジェド・ルーベンフェルド、そして、ドゥルシラ・コーネルの見解を検討した。

ドゥオーキンの見解は、妊娠中絶に関する議論を「派生的利益」ではなく、「独自的利益」をめぐるものだと考えることで、原理的な解決を試みるものである。彼が従来の問題設定を批判的に見直したことは、高く評価できるだろう。

しかし、ドゥオーキンの考えでは、公権力が「責任」という目標を追求できるため、ほとんど意味をなさなくなるように思われる。「責任」という目標の追求と、「強制」あるいは「服従」という目標の追求との違いは、必ずしも、明確ではない。そのため、「責任」という目標の名の下で、実際には、「強制」や「服従」という目標の追求が許されてしまう。したがって、ドゥオーキンの考えでは、生殖の積極的自由の原則はおろか、政府の中立性の原則も満たすことが期待できない。加えて、女性が、多数意見にしたがって、「責任」という目標を追求されることの意味や効果に関して、彼の考えは、あまりに無関心であるように思われる。このように「責任」という目標を追求できるとすることは、そもそも妊娠中絶を決断しようとする女性は「無責任」であるというように、女性を「格下げ」することにほかならない。そうであるならば、妊娠中絶を決断した、あるいは、決断するかもしれない女性に対する社会的抑圧は、その自由の保障——女性の妊娠中絶、あるいは出産の決断にあたって、「強制」、あるいは「服従」という目標の追求を認めないだけのこと——によって、(妊娠中絶を決断した、あるいは、決断するかもしれない女性は、「無責任」なのだというように) 再生産されてしまうだろう。

ルーベンフェルドの見解は、公権力の積極的作用に注目するものである。そして、彼は、中絶権を制限することの不正を、単に特定の行為が禁止されることではなく、それによって、母性が生産され、画一化されてしまうことだと考えた。たしかに、そのことこそ、妊娠中絶の制限に関わる重要な問題だと思われる。しかし、ルーベンフェルドの考えでは、それを反全体主義のみから捉えるものであるために、生殖の積極的自由の原則を満たすことができないように思われる。

コーネルの見解は、中絶権を身体的統合性への権利として理解するものである。この見解にしたがえば、妊娠は、それまでの身体的統合性のファンタジーが打ち砕かれ、原初的自己感覚が動揺する重要な転換点である。したがって、そうしたときこそ、ふたたび一貫した身体的統合性のファンタジーを作り直し、自己を再想像できるのに必要なイマジナリーな領域が保障されなければならない。

そのため、他者（少なくとも、大文字の他者である法）は、胎児が女性の身体の内部にいるにもかかわらず、女性から胎児を切り離して、両者を対峙させる見方を、女性に押し付けてはならず、他者は、その身体の内部にあるものは、あたかも女性が自分の身体として（あるいは、自分そのものとして）コントロールできるかのように扱わなければならない。しかも、こうした身体的統合性への権利としての中絶権は、人格となるための条件として、他の諸権利より先行するものとして保障されなければならない。こうしたコーネルの見解は、政府のコントロールからの自由の原則、政府の中立性の原則だけでなく、不十分ながらも、生殖の積極的自由の原則を満たす可能性を示すものとして、評価できるだろう。

このように身体的統合性への権利として中絶権を理解した場合、中絶権を巡る問題は、女性の権利と胎児の生命権（あるいは生命保護に関する利益）との対立関係に設定されることはない。そもそも、そうした対立関係、すなわち、女性から胎児を切り離して、両者を対峙させる見方を女性に押し付け得るのか（コーネルの表現でいえば、「男性的な想像界」に女性を巻き込むべきか）こそが、問われなければならないものなのである。つまり、中絶権を巡る問題は、女性とその他者（とくに、大文字の他者である法）との間における、女性と胎児に対するそれぞれの見方の対立図式に位置づけられるべきものだといえる。そして、身体的統合性への権利としての中絶権は、それらに対する他者の見方から解放された心的空間、すなわち、イマジナリーな領域の保障を求めるものなのである。

このように考えるなら、胎児の独立生存可能性による期限区分――女性から胎児を切り離して、両者を対峙させる見方を反映させた妊娠中絶の規制原理――は、否定されなければならない。一方、トリメスターの枠組みは、安全な妊娠中絶へのアクセスを保障するものとして支持されることになる。

こうした身体的統合性への権利は、われわれが「人格」になるための条件であり、したがって、他の諸権利よりも先行するものとして理解されなければならない。それは、精神と対比されるところの身体の自由の保障ではなく、イマジマリーな領域の保障を媒介にして、身体を含めて統合された人格への権利なのである。

もちろん、身体的統合性への権利（あるいは、そのように意味づけられた中絶権）を、日本国憲法の解釈論として展開するには、多くの課題が残されている。しかし、中絶権を、こうした身体的統合性への権利として理解することは、従来の問題設定から解放されることを意味しており、憲法論として、新たな可能性を示すものだといえるだろう。

しかしながら、コーネルの考え方だけでは、中絶権の積極的な権利としての側面の根拠づけが、必ずしも、十分ではないように思われる。また、コーネルは、消極的な権利としてプライヴァシー権を捉え、そのため、プライヴァシー権として中絶権を構成することに反対している。しかし、コーネルのように、消極的な権利としてプライヴァシー権を理解する立場は、今日、少数だといえる。そこで、本書では、中絶権の積極的な権利としての側面を補うために、むしろ、中絶権をプライヴァシー権として位置づけ、構成するべきだと考えた。

もちろん、コーネルとは異なる立場から、ケイシー判決の反対意見におけるレーンキスト判事のように、そもそも妊娠中絶が胎児の損壊を必然的に伴うため、他のプライヴァシーの諸利益と区別し、それをプライヴァシー権概念から外すべきだとする立場も存在する。

そこで、第三章では、中絶権とプライヴァシー権概念との関係について、検討した。従来のプライヴァシー権の概念化へのアプローチは、プライヴァシーの諸利益に共通し、かつ他の権利概念から区別できる本質的要素を設定し、それに基づいてプライヴァシー権概念の定義を試みるものであった。しかしながら、こうしたアプローチでは、複雑化した現代のプライヴァシー問題を適切に把握することはできない。そのため、本書では、ダニエル・J・ソロブのプラグマティック・アプローチを妥当なものだとした。

ソロブのアプローチは、プライヴァシー問題を引き起こすプラクティスに焦点をあて、それらを家族的類似性によって結びつけて、一つのプライヴァシー権として概念化する試みである。ソロブのアプローチでは、公／私の区別は「作業仮説」であって、ア・プリオリに公／私の区別が行なわれるわけではなく、その区別は、つねに問い直され続けるものなのである。そのため、プライヴァシー権とはプライヴェートな領域における抑圧を隠蔽するものだとするフェミニズム法学からの批判にも、このアプローチは応えられるものだといえる。

もちろん、このプラグマティック・アプローチに基づくプライヴァシー権概念が作業仮説である以上、それは、プライヴァシー問題を決着づけるものではない。しかし、中絶権に限らず、われわれが現代のプライヴァシー問題に取り組み始めるにあたって、そして、今後のプライヴァシー権に関する研究をすすめるにあたって、ソロブのアプローチは、重要な意味をもつものだと考えられる。

こうしたアプローチにしたがうべきなら、たとえ妊娠中絶が他のプライヴァシーの諸利益と異なる要素を含んでいたとしても、同じプライヴァシー権として概念化することができる。しかも、そのように概念化することで、中絶権と、それに関わる情報の扱われ方との実質的関連性の問題が、いっそう明確に理解できるようになる。

しかしながら、ソロブのプラグマティック・アプローチは、場合によっては、女性の中絶権に対する社会的抑圧を正当化することもあるかもしれない。プライヴェートな領域は、普遍主義的に存在して画定されるものではなく、実は特定の文化や歴史に依存した社会観や価値観に基づいて画定されるものである。それだけに、公／私の区別の法的表現としてのプライヴァシー権は、一定の社会の関係性を無視して概念化できるものではない。ソロブのプラグマティック・アプローチは、そうした社会の関係性をプライヴァシー権の概念化に取り組む試みでもある。ところが、権利概念に社会の関係性を取り込むことが、かえって、個人の社会的抑圧を正当化することもあり得るだろう。したがって、プラグマティック・アプローチに先立って、社会的抑圧の契機を回避するための概念設定が必要となる。

そのため、ここで強調しておかなければならないことは、あくまで中絶権の実質的な保障が、身体的統合性への権利として、他の諸権利よりも先行する問題だとされている点である。なぜなら、それは、われわれが人格となるための条件だからである。そのように考えなければ、われわれが望む社会的展望によっては、むしろ、中絶権の制限や、女性の社会的抑圧が正当化されるかもしれないだろう。権利概念に社会の関係性を取り込むことは、社会的抑圧の解放を導くかもしれないが、逆に、ある種の社会的抑圧を正当化するかもしれないのである。ルーベンフェルドの共和主義的批判に関わる分析は、まさに、そのことを示唆するものだといえる。しかし、身体的統合性への権利を他の諸権利よりも先行するものだとすることで、権利概念に社会の関係性を取り込む弊害を避けることができるように思われる。

本書では、このように中絶権を身体的統合性への権利として理解した上で、プラグマティック・アプローチに基づくプライヴァシー権概念に位置づけるべきだとした。そうした新しい構成をとることで、われわれは、プライヴァシー権の概念化に関するプラグマティック・アプローチに内在する抑圧の契機を回避しながらも、そのアプローチにしたがうことで、(コーネルの主張を補う形で) 中絶権の実質的保障まで、その権利概念に含めて理解できるようになる。

たとえば、中絶権が、施設へのアクセスを他者が妨げないことだけを意味するなら、(医師不足などのために) 安全に妊娠中絶を行うことができる施設が近くにない地域において、中絶権の保障は、ほとんど意味をなさないだろう。とくに産科医不足が問題とされている今日、その懸念は杞憂ではないはずである。そうした地域では、(もちろん、安全な出産を保障するためのシステム構築も重要であるが) 安全な妊娠中絶ができる施設への実質的なアクセスを、積極的に保障していかなければならない。

また、主体的に自己を再想像していくためには、様々な情報が必要であるから、必要な情報提供の保障も含まれなければならない。そのためには、従来のインフォームド・コンセントだけでは不十分であり、それに加えて、身体的統合性のファンタジーを打ち砕かれた女性たちが、必要に応じて、様々な情報にアクセスできる環境が整えられなければならないように思われる。たとえば、具体的には、病院図書館の整備などが考えられるだろう。また、そうした病院図書館を実際に機能させていくためには、専門の司書の育成も求められなければならないだろう。

不本意な妊娠をした女性は、傷つき易いだけでなく、特殊で個性的な立場にあるため、他者から理解され難い。それだけに、国家の積極的作用ばかりでなく、われわれの無関心による思慮の足りない判断のウェブも、しばしば、彼女たちに対する社会的抑圧を生みだしてしまう。中絶権を身体的統合性への権利として意味づけ、それをプラグマティック・アプローチに基づくプライヴァシー権概念に位置づける本書の新たな構成は、そうした女性たちに対する社会的抑圧の問題に光をあてるものとして、重要な意味をもつものだと考えている。

もちろん、本書での結論は、決して、胎児の生命尊重の要請を否定するものではない。そもそも、安全な妊娠中絶への実質的アクセスを否定することが、胎児の生命を尊重する唯一の方法というわけではない。しかも、妊娠中絶への実質的アクセスを否定することは、妊娠中絶の必要性をなくすものではなく、かえって、非合法で危険な妊娠中絶を増やすものである。その意味で、それは非建設的な方法だといえる。本書は、そうした非建設的な方法を否定することで、いっそう建設的な方法を促すものでもある。女性の中絶権の実質的な保障と胎児の生命保護とを両立させる方法は、性教育や女性や子供の福祉の向上など、いくつも考えられるはずである。

もっとも、こうした本書の考えは、ア・プリオリに胎児の憲法上の人（格）としての地位を排除するものだと批判されるかもしれない。

しかし、現在の人権論が、われわれの個体化を前提としており、また、日本国憲法が個人の尊重を定める以上、原則として、いまだ誰かの身体の一部である存在を、憲法上の人（格）として扱うことはできない。本書はそのことを前提としたものである。したがって、本書の考えに投げかけられる批判は、単に中絶権の保障の是非に関わるものではなく、これまでの人権論や日本国憲法のもっとも基本に関わる原理に対するものとして位置づけられなければならない。

本書は、こうした批判的視点を否定するものではない。しかしながら、そうした批判を行うことも、そうした批判に応えることも、本書で考察できるほど、容易なものではない。この問題は、将来の研究課題としておきたい。

なお、本書では、あくまで中絶権に限定して検討してきた。しかし、われわれが社会の関係性のなかで生きている以上、中絶権に限らず、様々な権利概念に、そうした社会の関係性を取り込むべきか、あるいは、どのような形で取り込むべきかは、これからの憲法学における重要な課題だと思われる。本書での考察は、その課題に対しても、一定の示唆を与えるものと考えている。

補論　プライヴァシー権の概念化にあたっての女性のイメージ

——女性を抑圧するものから、女性を解放するプライヴァシー権概念へ

今日、ほとんどの人たちが、プライヴァシー権を保障すべきことに疑いをもっていない。したがって、その限りにおいて、プライヴァシー権が保障されるべきことは、すでに自明のことだと考えてよいだろう。つまり、かつては、「我国の不法行為法において、『プライバシィ』という概念は確立していないし、確立する見込みもなく、将来ともこの概念を使用するべきではない[1]」とする見解もあったが、しかし、「現在では、その侵害が不法行為となることについては異論がない[2]」とされ、さらに、「この権利は……公法の領域でも妥当すべきものと解されるに至った[3]」のである。

そのため、プライヴァシー権における今日的問題は、プライヴァシー権として保護されるべきプライヴェートなもの（プライヴェートな領域）が如何なるものなのかを明らかにすることだといえる。実際、プライヴァシー権に関する従来の学説も、まさにその問題に焦点を当ててきた。つまり、従来の学説は、そこで保護されるべきプライヴェートな領域の範囲を定義することで、プライヴァシー権として保護されるべきものを画定しようとしてきたのである。

こうした従来の学説のアプローチでは、一般に、次のような推論が行われていると考えられる。すなわち、①プライヴェートな領域は保護されるべきであり、②ここで問題となっている行為がそうしたプライヴェートな領域に含まれるのなら、結論として、③その行為は保護されるべきことになるわけである。この推論形式では、もし、プライヴェートな領域の範囲が画定できれば、必然的に、プライヴァシー権として保護すべきものを明らかにするこ

とができる。

しかし、この推論形式では、結論の内容が、その前提条件のなかに含まれているため、そこから新たな「知」が生じる余地はない。また、いったんプライヴェートな領域の範囲が定義されてしまうと、具体的なコンテクストや時代に変化があったとしても、プライヴァシー権として保護されるべきものに変わりはないことになる。

そこで、そうした硬直性を回避するためには、プライヴェートな領域の定義を開かれたものにすることが必要だと考えられるかもしれない。しかし、もし、そうすると、今度はプライヴァシー権として保護すべきものを明らかにできなくなり、この推論形式の有意性が失われてしまう。したがって、問題を回避するためには、もっと別の推論のあり方が求められなければならないと考えられる。

これまでみてきたように、ダニエル・J・ソロブは、彼がプラグマティック・アプローチと呼ぶ考えを主張している。それは、そうした従来の推論とは異なる形式をとるものだといえる。つまり、ソロブのこのアプローチにおける推論では、(i)ある行為が保護されるべきであり、(ii)その行為が、プライヴァシー権として保護される行為と実質的な関連性や類似性が認められるとするならば、(iii)その行為は保護すべきプライヴェートな領域に含まれ、プライヴァシー権として保護されるべきことになる。[4]

ただし、この新たなアプローチにおける推論形式では、必ずしも、確定的な結論が期待できるわけではない。しかし、こうした可謬性は、新たな「知」を生み出すものでもあり、具体的なコンテクストや時代の変化に対応し得ることを示すものとして、評価することもできるだろう。また、この推論で示された概念が妥当なものかどうかは、それを前提として展開されるその後の帰結や他の法的プラクティスとの整合性などから検証することも可能であり、もし、妥当でないと考えられれば、(あらためてこのアプローチにしたがって)新たな推論が行われることになる。それらを繰り返すことで、そのコンテクストや時代の変化に応じたもっとも妥当な概念を示すことができるのである。

もっとも、このアプローチでは、ある行為が保護されるべきかどうかの判断を先行させるため、とくに、その判断のあり方が問題となる。ジーニー・スクの近時の論説[5]における分析は、その判断が、そこでイメージされる女性のあり方に依存し、そして、その女性のイメージ次第で、プライヴァシー権の保障が、かえって、女性に対する抑圧を導くこともあることを示唆している。

しかし、プライヴァシー権の保障が女性に対する抑圧を導く仕組みを明らかにできれば、逆に、抑圧から女性を解放するものとして、プライヴァシー権を再構成することもできるのではないだろうか。

中絶権に関しては、これまでみてきたように、中絶権を身体的統合性への権利として理解し、それを他の諸権利よりも先行するものだとすることで、権利概念に社会の関係性を取り込む弊害を避けることができた。

この補論は、本論での研究に関連し、中絶権に限らず、より一般論として、社会的抑圧から女性を解放するものとして、プライヴァシー権を再構成する可能性を検討するものである。

一　カイロ判決と「入浴する淑女（lady）」のメタファ

スクの分析は、問題となっている行為が保護されるべきかの判断に際して、そこで想定される女性のイメージが、決定的に重要な役割を果していることを示している。

スクの考えにしたがえば、そこで想定される女性次第で、プライヴァシー権の保護が拡張され、あるいは縮減されることになり、その結果、プライヴァシー権は、しばしば、女性を抑圧するものとなる。

そこで、この補論では、スクの分析を概観し、それらを踏まえて、女性の解放を促すものとしてのプライヴァシー権の展望を示していきたい。

スクは、修正四条におけるプライヴァシー権として、何が保護されるべきなのかの判断に際して、そこで想定される女性のイメージが重要な役割を果たしていることを、カイロ判決[6]とランドルフ判決[7]の分析を通じて、明らかにしている。

そこで、ここでは、まず、カイロ判決の概要と、カイロ判決に関するスクの分析を考察していこうと思う。

1 カイロ判決の概要

カイロ判決では、ヒートランプを使ってマリファナの栽培をしているとの容疑をかけられた者の自宅を、警察が、令状なしで熱探知装置（thermal-imaging device）を使って調べた後、その熱情報に基づいて捜索令状を取得したところ、その熱探知装置の使用が修正四条違反になるのかが争われた。この事案において、警察は、公道から熱探知装置を使っており、したがって、家屋や土地への物理的侵入も接触もなかった。

スカリア判事の法廷意見（スーター判事、トーマス判事、ギンスバーグ判事、そしてブライア判事が同調）は、その熱探知装置の使用がなければ、物理的侵入なしに得ることができなかったであろう家庭内部の情報を獲得するにあたって、熱探知装置を使用することは、修正四条の「捜索」にあたるとし、したがって、令状なしに行われた本件「捜索」を違憲だとした。

スカリア判事によれば、仮に、本件で問題となっている熱情報が修正四条に関わらない方法で取得できたとしても、そのことは問題とはならない。なぜなら、「たとえば、警察は、一年中監視を続けることで、どのぐらいの人たちが特定の家にいるのかを知ることができるかもしれない。しかし、だからといって、同じ情報を知るための家宅侵入が合法化されるわけではない」からである。しかも、そもそも、本件において、「外にいる観察者は、熱探知装置なしでは、カイロの家庭の熱を識別できなかったのである[8]」。そして、スカリア判事によれば、その熱探知装置は、「家のなかの淑女（lady）が、毎夜どの時間に日々のサウナとお風呂に入っているのかを明らかにするかもしれない。しかも、そのことは、多くの人たちが『親密』だと考える項目なのである」[9]。

しかしながら、（後述の反対意見も強く主張するところであるが）本件では、家屋の内部の熱を探知したのではなく、家屋の外壁から発している熱だけしか探知していない。したがって、「壁を通した」捜索ではなく、「壁から離れた」監視に過ぎないといえるかもしれない。こうした区別に関して、スカリア判事は、「われわれは、カッツ判決[10]で、そうした機械的解釈を拒否したのである。そのカッツ判決では、盗聴器は、電話ボックスの外側に達した音波だけを収集していた」として反対し、また、「そのアプローチを覆すのなら、家屋の所有者は、技術発展のなすがままにされてしまう。そして、その技術発展には、家庭でのすべての人間の活動を識別できる画像技術まで含まれているのである」と懸念を述べている[11]。

こうした法廷意見に対して、スティーヴンス判事は、次のような反対意見（レーンキスト判事、オコナー判事、そしてケネディ判事が同調）を主張する。

すなわち、スティーヴンス判事によれば、「法廷意見は、家庭の内部を直接観察することを扱うことを意味するルールについて述べているが、しかし、われわれの前にあるケースは、たんに『壁から離れた』監視からの間接的推論に関わるだけのものであり、つまり、それは、家庭の外部からの観察であ」り、「このケースでは、家の外面から一般大衆に公にされた情報を集めるために、当局によってなされた壁から離れた監視以上のものはない」のである[12]。したがって、スティーヴンス判事によれば、本件での熱探知装置の使用は、修正四条の捜索を構成しないことになる。

2 入浴する淑女（lady）のメタファ

通常、一般に開かれた場所からの裸眼による観察は、修正四条の問題とはならない。しかし、このカイロ判決では、単なる裸眼による観察ではなく、「識別能力を強化する技術（sense-enhancing technology）」、すなわち、熱探知装置が使用されている。そうした場合にも、修正四条の問題は生じないのだろうか。

もし、そうした場合でも、修正四条の問題が生じないとするならば、技術の発展次第では、家庭内の秘密を保つことは、ほとんど不可能になるかもしれない。このカイロ判決の事案を通じて、スカリア判事らの法廷意見は、「警察が、令状なしに監視を実施する際に、X線画像に相当する機能——それは家庭を完全に透明にしてしまうものである——を用いることができる世界を予期していた[13]」のである。そして、そうした予期が現実のものとなれば、「プライヴェートな活動を隠すことのもっとも基本的な方法——それは家庭の物理的な壁である——は外されるかもしれない[14]」。

しかしながら、こうした予期は、かなり大袈裟なことだと思われる。なぜなら、この事案で識別されたのは、家屋の外壁の熱量だけだからである。つまり、必ずしも、多くの人たちがプライヴァシーだと考えるような事柄が、明らかとされたわけではなかったのである。では、なぜ、そうした大袈裟な予期が導かれることになるのだろうか。

スクは、この問題に関して、スカリア判事が、「入浴する淑女（lady）」のメタファを用いていることに注目する。すなわち、スカリア判事が、本件で問題とされた熱探知装置を使用することで、「家のなかの淑女（lady）が、毎夜どの時間に日々のサウナとお風呂に入っているのかを明らかにするかもしれない。しかも、それは、多くの人たちが『親密』だと考える項目である[15]」ことを強調している点である。

スクは、「おそらく西洋の芸術において、もっとも視覚的表現を示唆した入浴する女性は、聖書のスザンナと長老たちの物語である[16]」としている。この物語の内容は、次のようである。すなわち、美しい女性であるスザンナが庭で入浴していたところ、その姿を覗き見した二人の長老たちは、スザンナに関係を迫り、断れば別の青年と密会していたと告発すると脅した。ところが、スザンナは、その要求を断ったため、その二人の長老たちから虚偽の告発を受け、逮捕されてしまう。そして、スザンナが死刑を宣告されそうになったとき、ダニエルという青年が、その二人の長老たちに対して、スザンナが密会していた場所の木を別々に尋ねたところ、二人の答えが一致しなかったため、二人の長老たちの告発が虚偽だと発覚し、二人の長老が処罰されるという物語である。

スクによれば、「これは、禁じられたもの、つまり、入浴する女性の視覚的観察によって婚姻している家庭に侵入することに対する処罰の法的物語なのである」。そして、スカリア判事が比喩的に述べた「カイロ判決の浴室の淑女（lady）は、こうした教会的な物語から発する文化的関連の複合体を引き起こす」ものなのである。[17]

また、スクによれば、ヘロドトスのギュゲスの物語は、覗き見に関するもう一つの原型を示している。この物語の内容は、次のようである。すなわち、カウンダウレス王は、自分の妻が世界でもっとも美しいと思っており、そのことを、他者にも自慢しようと考えた。しかし、ギュゲスがそれを信じようとしなかったため、カウンダウレス王は、ギュゲスに、妻の寝所に忍び込んで妻の裸体を覗き見するように強要する。ところが、覗き見をしようとしたギュゲスは、カウンダウレス王の妻に見つかってしまう。ギュゲスの行動がカウンダウレス王に強要されたものだと知ったその妻は、ギュゲスに覗き見の罪によって死ぬか、それともカウンダウレス王を殺害するかを迫る。そこで、ギュゲスは、カウンダウレス王を殺害し、その妻をみずからの妃として、王になるという物語である。

その物語から生じる格言は、「人の家は城塞である（a man's home is his castle）」である。そして、スクによれば、「ここで出てくる城塞としての家の意味は、他の男性の欲望から、みずからの妻の身体を守る必要性なのである」。[18]

これらの文化的背景を踏まえた上で、スクは、スカリア判事の「入浴する淑女（lady）」のメタファに関して、次のように分析する。すなわち、スクによれば、この事案において、「スカリア判事は、単に家庭の詳細だけでなく、女性、とくに『淑女（lady）』を想像している」のであって、こうした「入浴する淑女（lady）」のメタファは、「家でその淑女（lady）の裸を見る資格をもつ男性のプライヴァシーの利益と、彼女の裸を他の目から保護する男性の利益とを呼び起こすものでもあり」、そのため、そこでの「プライヴァシーは、女性、それも男性の凝視の対象物である女性として形成されている」のである。しかも、そこでの「プライヴァシーは、女性――正確には女性（woman）ではなく、淑女（lady）である――は、（きちんと家庭生活をおくる）伝統的な家庭を秩序づけるものなのである」[19]。

しかしながら、カイロ判決において、「入浴する淑女（lady）」のメタファを用いることは、必ずしも、当然のことではない。

カイロ判決の反対意見で、スティーヴンス判事は、「（正当に）警察が、家でマリファナを育てていたと推論したのか、それとも（不当にも）『家にいる淑女（lady）が日々のサウナとお風呂に入っている』ことを推論したのかに関わりなく、彼らが考えたプロセスを『捜索』として特徴づけることは、まったく不合理なことである」[20]と指摘する。このスティーヴンス判事の指摘は、スカリア判事の「入浴する淑女（lady）」のメタファの不合理性を指摘するものでもあるといえるだろう。

二　ランドルフ判決と「家庭での淑女（lady）」および「虐待される女性」のメタファ

さて、「入浴する淑女（lady）」が導く家庭は、「きちんと家庭生活をおくる伝統的な家庭」である。しかしながら、現実の家庭は、必ずしもそうとは限らない。ランドルフ判決は、「きちんと家庭生活をおくる伝統的な家庭」ではない事案を扱ったものである。そこで、次に、ランドルフ判決の概要と、それに関するスクの分析をみていきたい。

1　ランドルフ判決の概要

ランドルフ判決の事案は、次の通りである。すなわち、警察が、ランドルフ夫妻の家庭内のトラブルに関連して呼び出され、ランドルフ夫妻の家に着いたとき、妻は、夫の非合法な薬物使用の証拠が家のなかにあることを警察に告げた。そのため、警察は、家宅捜索の同意を求めたが、しかし、夫は、令状なしの家宅捜索を明確に拒否した。ところが、妻は捜索に同意を与え、警察を非合法な薬物使用の証拠のある寝室へと導いたため、その証拠に基づいて、警察は、令状を取得して、あらためて捜索を行い、夫を起訴したというものである。この事案では、妻からは同意を得たけれども、その場にいた夫からは明確に拒否された場合において、はたして、令状なしの家宅捜索は、修正四条に反しないのかが争われることになった。

このランドルフ判決で連邦最高裁の判事たちは、いくつかの意見に分かれて対立したが、主要な意見は、次の通りである（スカリア判事およびトーマス判事の反対意見ならびにブライヤ判事の同調意見については省略する）。

まず、スーター判事の法廷意見では、次のような理由から、本件の令状なしの家宅捜索を修正四条に違反するものだとしている。すなわち、「修正四条の下で何が合理的かについての決定に際して、広く共有された社会的期待を考慮することの重要性[21]」を強調した上で、「住居者たちが共有する建物（shared premises）のドアの前に立っている呼び出し人（caller）は、住居者の仲間（fellow tenant）が『外にいなさい』と言ってそこに立っているときに、他の居住者の招待が、立ち入りの十分な合理的理由になると確信できるものではない。十分な理由もなしに、これらの状況で家の中に入る分別のある人はいない[22]」とするのである。

スティーヴンス判事は、修正四条が採択された当時と現代との違いを強調する。つまり、スティーヴンス判事によれば、修正四条が採択された十八世紀では、夫の財産権に比べて、妻の財産権ははるかに小さなものであった。したがって、その当時、「夫の財産権とそれよりはるかに小さな妻の権利との間の劇的な違いを考えれば、夫の同意だけが重要なものであった」し、「もし、『原意の理解』がこの事案の結果を支配するのなら、夫は同意していないので、捜索は明らかに無効である」。もちろん、現代では、男女が平等なパートナーであることは間違いない。したがって、「双方の配偶者が権限をもつとするのならば、配偶者の一方は、自分たちの城塞への立入を否定するもう一方の配偶者の憲法上の権利を蹂躙する権利をもつ主人ではない」ことになる。[23] そのため、いずれにしても、スティーヴンス判事によれば、配偶者の一方が明確に立入を拒否している以上、令状なしの家宅捜索は許されないことになる。

スーター判事の法廷意見やそれに同調する考えに対して、ロバーツ判事は、ドメスティック・バイオレンスの懸念を強調して反対する。つまり、ロバーツ判事によれば、ランドルフ判決の事案において、「警察官の立入の優越的要求は明らかである」。なぜなら、「ランドルフ夫人は、デザートとコーヒーのために警察を誘ったわけではない。ドアをノックする警察官の明確な目的は、ランドルフ家の間の揉め事を助けることであったのである。つまり、この事案は、ランドルフ夫人が、警察の保護的存在が必要だと感じた」ゆえのものだったからである。そして、ロバーツ判事は、「多数意見のルールでは、もし、警察の援助の要求を促した振る舞いをした虐待者が（警察官の立入に）反対したのなら、家庭内のトラブルを助けるために警察が立ち入ることを明らかに禁止してしまうことになる」[24]として、法廷意見を批判するのである。

2　「家庭での淑女（lady）」と「虐待される女性」のメタファ

さて、スクは、ランドルフ判決の法廷意見でスーター判事が、前述のように、「住居者たちが共有する建物（shared premises）のドアの前に立っている呼び出し人（caller）は、住居者の仲間（fellow tenant）が『外にいなさい』と言ってそこに立っているときに、他の居住者の招待が、立ち入りの十分な合理的理由になると確信できるものではない。

十分な理由もなしに、これらの状況で家の中に入る分別のある人はいない[25]」と主張するとき、「共有する建物（shared premises）」や「住居者の仲間（fellow tenant）」、そして、「呼び出し人（caller）」といった言葉を用いていることに注目する。

まず、スクは、「『共有する建物（shared premises）』と『住居者の仲間（fellow tenant）』という言葉は、この判決での事実から、われわれを遠ざけてしまう」と主張する。なぜなら、「この判決での事実は、夫婦の関係と婚姻した家庭に関わるもの」だからである。[26]つまり、反対意見を述べるロバーツ判事は、このランドルフ判決での事実を、明らかにドメスティック・バイオレンスとの関連で理解しているが、一方、スーター判事は、「共有する建物（shared premises）」と「住居者の仲間（fellow tenant）」という言葉を用いることで、そうした関連において理解する可能性から、われわれを遠ざけているのである。

そして、これら二つの言葉以上に、スクが関心を寄せるのは、スーター判事が、「訪問者（visitor）」ではなく、あえて、「呼び出し人（caller）」という言葉を用いたことである。なぜなら、スーター判事は、「広く共有された社会的期待」を前提としているが、そうした「『社会的期待』の概念と並列されたとき、その『呼び出し人（caller）』という時代遅れの言葉は、その言葉が規則正しく使用される社会的状況を呼び起こす」ものだからである。スクによれば、「呼び出し人（caller）」という言葉が使われていた状況とは、「呼び出し人（caller）」が玄関で名刺を差し出し、使用人がそれに応対するといった都市部のブルジョワジーのシステムが機能していた状況なのである。たしかに、そうしたシステムのなかでは、「特定の呼び出し人（caller）を受け入れるかどうかは、家のなかにいる淑女（lady）の特権であった[27]」といえるだろう。

また、スクは、スカリア判事の「入浴する淑女（lady）」とスーター判事が想定する「淑女（lady）」のメタファの違いにも言及する。すなわち、「スカリア判事の家での淑女（lady）が男性の凝視（penetrative male gaze）から守られるものなら、スーター判事のそれは、『家庭での』淑女（lady）であり、訪問者を歓迎するのか断るのかを決定するものである」。「実際、家庭での淑女（lady）は、家庭への社会的アクセスを決定する女性である。また、この女性は、入浴する淑女（lady）と同じくプライヴァシーの形ではあるが、しかし、家庭のプライヴァシーの異なる類型を導くものでもある。そして、その類型は、彼女の階級を強調するものである。つまり、それは、社会的に許容できないと思われる人たちを排除する権限を強調するものなのである」[28]。

スクによれば、そもそも、「『呼び出しの拒絶（disputed invitation）』に直面したときに『家のなかに入る分別のある人はいない』というスーター判事の確信は、共有された社会的確実性を仮定するものである」[29]。つまり、これまでみてきたように、スーター判事は、「家庭での淑女（lady）」のメタファを用いることで、古き良き時代の正式の社会的コードを想定し、そうした想定が可能であるからこそ、「住居者たちが共有する建物（shared premises）のドアの前に立っている呼び出し人（caller）は、住居者の仲間（fellow tenant）が『外にいなさい』と言ってそこに立っているときに、他の居住者の招待が、立ち入りの十分な合理的理由になると確信できるものではない」[30]といえるのである。したがって、ここでいう分別のある人は、そうした社会的コードが通用した古き良き時代の人たちなのである。

しかし、スクによれば、現代社会では、「ほとんどの場合において、われわれは、何が社会的に許容できるのか、あるいは何が社会的に許容できないのかについて、ほとんど明確さをもっていないのである」[31]。つまり、現代社会においては、分別のある人たちが、つねにスーター判事が考えているような人たちばかりとは限らないのである。したがって、スクにすれば、「家庭での淑女（lady）」は、スカリア判事の「入浴する淑女（lady）」と同じか、それ以上に時代錯誤なものなのである。

したがって、スクにとって、スカリア判事の「カイロ判決でのプライヴァシーの対象が、男性の城塞における女性であったのなら、（ランドルフ判決での）スーター判事が強調したプライヴァシーは、家庭における尊敬に値する女性であり、その女性は、社会的慣行に従い、呼び出し人を受け容れられるべき人なのかを判断する存在である」。スクによれば、こうした時代錯誤なメタファに基づくプライヴァシー概念を、ランドルフ判決の「スティーヴンス判事は、性的平等が、妻が夫と同じように家庭から他者を締め出す権限をもつことを要求するものだと説明することで、更新した」のである。[32]

一方、ロバーツ判事の想定する社会は、あきらかに、スーター判事の想定するものとは異なっている。スクによれば、「ランドルフ夫人は、デザートとコーヒーのために彼女に加わろうと警察を誘ったわけではない」[33]とのロバーツ判事の主張は、まさに、スーター判事の想定の否定を意味するのである。

しかし、スクによれば、ロバーツ判事の主張の「ポイントは、妻が警察官を呼び出し、夫の薬物の隠し場所を明らかにした状況において、招待と呼び出し人の上品な慣行とが、不適切だというだけではない。そのポイントは、むしろ、憲法上のプライヴァシーの意味を確認するにあたって、社会的慣行のモデル（the model of social convention）を用いることが誤りだという点にある」[34]。なぜなら、ロバーツ判事にとって、憲法が保障すべきものは、社会的慣行ではなく、プライヴァシーだからである（なお、念のためにいえば、ダニエル・J・ソロブのプラグマティック・アプローチは、具体的なプラクティス――社会的慣行も含めて――に焦点を当てて、プライヴァシー権を概念化する試みではあるが、このプラグマティック・アプローチも、必ずしも、社会的慣行そのものを保護しようとするものではない）。

では、ランドルフ判決でのロバーツ判事は、憲法が保障すべきプライヴァシーを、どのように理解しているのだろうか。

ロバーツ判事が、ドメスティック・バイオレンスで虐待される女性を想定していることは明らかである。そして、「虐待される女性」のメタファを用いるロバーツ判事は、ＤＶ防止法の執行に関するフェミニズム法学の主張の立場にあるといえるだろう。

しかも、通常、フェミニズム法学での「議論においては、『プライヴァシー』は、夫のプライヴァシーのために法律の保護を女性に与えないように機能する構成概念と記述される」が、しかし、「ロバーツ判事の反対意見において、「プライヴァシーは、淑女（lady）としてでなく、虐待を受ける女性として形成された」のである。そうすることで、ロバーツ判事の立場を修正四条のプライヴァシーの意味に同化させた」のである。[35] そして、スクは、「ロバーツ判事が、虐待を受ける貧しい女性は家庭のなかのプライヴァシーにほとんど関心をもたないと考えている」ことを指摘する。つまり、ロバーツ判事にすれば、「そうした女性の圧倒的な関心は、警察による保護なのである」。[36]

以上のようなカイロ判決およびランドルフ判決の分析を通じて、スクは、次のように主張する。すなわち、「プライヴァシー（修正四条の中心の概念）は、女性として形成されている」。したがって、スクによれば、プライヴァシーに関する議論は、二つのレベルで行われている。一つには、「プライヴァシーの議論は、プライヴァシーの必要性、あるいは保護の必要性において、われわれの心の中でどのような種類の女性がいるのか――尊敬すべき淑女（lady）か虐待された女性か、あるいは、高貴な女性か貧しい女性なのか――に関する議論のレベルで行われている」。そして、「もう一つのレベルでのプライヴァシーの議論は、女性に対するフェミニストの考えが憲法原理を形成するのかどうかに関するものである」。[37]

このような理解を踏まえた上で、スクは、ケイシー判決が妊娠中絶に関する夫への通知義務を違憲だとした際の判断に注目する。すなわち、ケイシー判決において、「連邦最高裁は、典型的な女性として虐待された女性を示すことで、女性が夫からの虐待を恐れるといった関係性としての結婚の理解を前景化した」のである。スクによれば、「われわれが、妻という身分の終焉の後で想定できる女性は、虐待を受ける女性なのであ」り、そうした「女性の現代的地位は、ＤＶによって例証されている」のである。[38]

スクは、「もし、カイロ判決における入浴する淑女（lady）が、コモン・ローにおける妻の身分をトレースしたものだとすれば、虐待される女性は、法的フェミニズムの現代的な女性である」と主張する。スクによれば、「妻の身分としてのプライヴァシーは、家の主人のプライヴァシーである」。それに対して、「虐待された女性は、その種のプライヴァシーを改善して、夫による抑圧を、政府による女性の保護に代えるものなのである」(39)。

三　プライヴァシー権の概念化の前提としての事実の解釈と女性のイメージ

スクは、カイロ判決とランドルフ判決の分析を通じて、「入浴する淑女（lady）」や「家庭での淑女（lady）」のメタファと、「虐待される女性」のメタファとを対比することで、修正四条におけるプライヴァシー権として、何が保護されるべきかの判断に際して、そこで想定される女性のイメージが重要な役割を果たしていることを明らかにした。

これらのことは、プライヴァシー権が、決して、ジェンダー的に中立ではなく、むしろ、それに深く根ざした概念であることを示している。

そして、注意すべきは、ここで問題とされていることが、法規範の内容そのものではなく、前提としての事実の解釈だということである。

われわれは、しばしば、問題となっている法が、どのような法命題を導くのかに議論を集中させてしまう。しかし、スクたちが問題としていることは、一次的には、修正四条やデュー・プロセス条項がどのような法命題を導くのかではなく、実際に問題となっている事実が、はたして、それらの法命題を適用するのに相応しいものなのか、ということである。

たとえば、ランドルフ判決の事実を、「家庭での淑女（lady）」のメタファから導かれるようなものとして解釈するのなら、これまでの修正四条が導いてきた法命題を適用すべきことに、何ら合理的疑いはもたれない。しかし、その事実を、「虐待される女性」のメタファで導かれるドメスティック・バイオレンスに関わるものとして解釈したときに、はじめて、はたして、それがこれまでの修正四条の法命題を適用するのに相応しい事案なのかについて、合理的な疑いが生じるのである。

すでにみてきたように、ソロブによれば、「法における多くの不合意は、原理の識別に関するものではなく、特定の事案への原理の適用に関するものである」[40]。つまり、抽象的な法命題だけではなく、法命題を適用すべき事実の解釈こそが重要なのである。そして、これまでの法命題を適用するのに相応しくない事実を認識することは、そうした事実も包摂するためのあらたな法命題を導く契機となる。

そして、メタファは、われわれに何が問題なのかをイメージさせ、われわれの事実の解釈を方向づけるものである。メタファによってイメージされた問題や事実の解釈に応じて、新しく認識された事実を包摂するために、既存の法命題が修正され、あるいは、新たな法命題が形成される。つまり、「メタファは、単なる記述行為ではない。つまり、それは概念化の方法であ」り、しかも、「メタファは、現実を歪めるだけではなく、現実を構築するものなのである」[41]。

「入浴する淑女（lady）」のメタファが導くプライヴァシーの利益は、男性の凝視の対象物としての淑女（lady）であり、そこでの淑女（lady）は、きちんとした家庭生活を営む伝統的な家庭を想定させるものである。また、「家庭での淑女（lady）」のメタファが導くプライヴァシーの利益は、社会的に許容できない人たちを排除するものであり、そこでの淑女（lady）は、古き良き時代の尊敬に値する女性を想定させるものである。そして、これらのメタファは、それらの想定に合わせた事実の解釈や認識へと方向づける。そのため、それらのメタファや女性のイメージが導くプライヴァシーの利益は、家や家庭を私的領域として保護し、家や家庭というプライヴェートな領域への国家によるアクセスを否定するものとなる。

しかしながら、「家庭での淑女（lady）」が想定する古き良き時代とは異なって、そもそも、現代社会においては、何が社会的に許容できるのかについて、明確な基準は見出すことはできない。しかも、現代の家庭は、必ずしも、伝統的な家庭ばかりではない。現実には、ドメスティック・バイオレンスなどの問題をかかえる家庭も多い。それにもかかわらず、プライヴァシー権の概念化に関する従来の学説の推論形式にしたがえば、プライヴェートな領域の範囲の定義が先行し、その定義が前提となるため、「入浴する淑女（lady）」や「家庭での淑女（lady）」が導くプライヴェートな領域の範囲は自明のものとされ、あたかも普遍的な社会観や価値観に基づくかのように、押し付けられることになり、大いに問題だと思われる。

実際、ランドルフ判決でロバーツ判事が懸念したように、それらのメタファや女性のイメージによって導かれたプライヴェートな領域の保護――つまり、家庭の保護――は、しばしば、ドメスティック・バイオレンスによって虐待される女性の保護を否定してしまうかもしれない。もし、そのようなものとしてプライヴァシー権が概念化されるとすれば、プライヴァシー権は、女性への抑圧を維持するものとして機能してしまうこともあるだろう。

もちろん、プライヴァシー権に関わるすべての問題において、つねに、そこでの女性のイメージが重要だというわけではない。しかし、スクの分析は、少なくとも、その中心的論争において――すなわち、修正四条におけるプライヴァシー問題の多くやデュー・プロセスにおける中絶権において――、何が保護されるべきかの判断にあたって、そこでイメージされる女性のあり方が、決定的に重要な役割を果たしていることを示している。

しかしながら、それらのことは、女性の解放を促すものとして、プライヴァシー権を再構成する道筋を示すものでもある。

つまり、もし、われわれが、女性を抑圧するものではなく、むしろ、女性を解放するものとして、プライヴァシー権を概念化するのなら、「入浴する淑女（lady）」や「家庭での淑女（lady）」、あるいは本論で触れた「ヴァイオリニストに繋がれた者」のメタファが導く事実の解釈や認識を、当然のものと考えてはならない。

それらのメタファに代えて、われわれは、ランドルフ判決のロバーツ判事のように、「虐待される女性」のメタファを用いる可能性を、つねに考慮していかなければならない。あるいは、場合によっては、特定のイメージを押し付けるのではなく、女性たち自身が、自己を再想像できるようにする可能性も、考えていかなければならない。そうすることで、われわれは、女性を抑圧するものから、女性の解放を促すものへと、プライヴァシー権概念を再構成する可能性をもつことができるのではないだろうか。

つまり、われわれが、プライヴァシー権概念を女性の解放を促す形に再構成する可能性をもつためには、まず、第一に、プライヴァシー権の概念化において――具体的には、その前提としての事実の解釈や認識において――、どのような女性が想定されるのかが決定的に重要であることを認め、その上で、第二に、プライヴァシー権の概念化にあたって、女性に関するフェミニズム法学の考えを、少なからず、取り入れることが求められているといえるのではないだろうか。

四　女性を抑圧するものから、女性を解放するプライヴァシー権概念へ

最後に、補論での検討をまとめておきたい。

今日でも、何かしらの公／私二分論は、必要と考えられる。ソロブが指摘するように、もし、公の場ですべてを費やす生活を強いられたなら、その者の生活は浅はかなものとなるだろうし、プライヴェートな領域を保障するこ

とで、逆に、公的生活が強化されることも多いだろう。われわれの社会は、お互いに一定のプライヴェートな領域をもち、それを尊重し合うことを要求しているのである。(42)

しかしながら、プライヴェートな領域の拡大は、われわれにとって、よいことばかりではない。なぜなら、プライヴェートな領域を拡大するにつれ、公的関心事を及ぼすべきでない領域も拡大するからである。たとえば、フェミニストが、「個人的であることは政治的である」と主張した理由を想起してもらいたい。単にプライヴェートな領域を拡大してしまうことは、しばしば、多くの問題――たとえば、家庭での女性に対する抑圧などの問題――を隠蔽してしまうことになりかねないのである。

プライヴァシー権の概念化に関する従来の学説は、プライヴァシーの利益に共通する本質的要素を設定し、それに基づいて、プライヴェートな領域の範囲を定義し、プライヴァシー権として保護すべきものを明らかにしようと試みてきた。そこでは、①プライヴェートなものは保護されるべきであり、②ここで問題となっている行為がプライヴェートな領域に含まれるのなら、結論として、③その行為は保護されるべきことになる、という推論形式がとられている。

しかしながら、特定の本質的要素によってプライヴェートな領域の範囲を定義するには、今日のプライヴァシー問題は、あまりに複雑なものである。したがって、従来の学説のアプローチでは、プライヴァシー権概念を適切に把握することができない。

また、従来の学説のアプローチでは、定義されたプライヴェートな領域の範囲が前提とされるため、仮に、そうしたプライヴェートな領域の範囲の定義が、「入浴する淑女（lady）」や「家庭での淑女（lady）」のメタファによって導かれたものであったとしても、その定義は、自明のものとされ、あたかも普遍的な社会観や価値観に基づくものかのように扱われてしまう。しかし、その定義は、実際のところ、ある特定の時代や文化に基づくものに過ぎない。それにもかかわらず、そうした社会観や価値観を普遍的なものかにようにして、法的に押し付けるなら、プライヴァシー権は、女性への抑圧などの問題を隠蔽するものになってしまう。

そこで、従来のアプローチに代えて、本書では、ソロブのプラグマティック・アプローチを妥当であるとした。このアプローチにおける推論では、(ⅰ)ある行為が保護されるべきであり、(ⅱ)その行為が、プライヴァシー権として保護される行為と実質的な関連性や類似性が認められるとするならば、(ⅲ)その行為は保護すべきプライヴェートな領域に含まれ、プライヴァシー権として保護されるべきことになる。

もちろん、これらの前提条件を満たすかどうかの判断は不確定的であるだけに、プラグマティック・アプローチに基づく推論は、作業仮説に過ぎない。しかし、こうした可謬性は、新たな「知」を生み出すものでもあり、具体的なコンテクストや時代の変化に対応し得ることを示すものでもある。また、この推論で示された概念が妥当なものかどうかは、それを前提として展開されるその後の帰結や他の法的プラクティスとの整合性などから検証することも可能であり、もし、妥当でないと考えられれば、(あらためてこのアプローチにしたがって)新たな推論が行われることになる。それらを繰り返すことで、そのコンテクストや時代の変化に応じたもっとも妥当な概念が示されることになる。

しかしながら、プラグマティック・アプローチでは、プライヴァシー権の概念化に先行して、何を保護すべきかを確認できなければならない。スクの分析は、何を保護すべきかの判断の前提としての事実の解釈の際に、そこでイメージされる女性のあり方が、決定的に重要な役割を果たすことを明らかにしている。そして、そのことは、プライヴァシー権が、そもそも、ジェンダー的に中立な概念ではないことを示している。

そして、スクの分析によれば、「入浴する淑女(lady)」や「家庭での淑女(lady)」のメタファが用いられるとき、それらのメタファが導くプライヴァシーの利益は、しばしば、女性を抑圧するものとして機能する。

こうした問題を回避するためには、われわれは、それらのメタファに代えて、ランドルフ判決のロバーツ判事のように、「虐待される女性」のメタファを用いる可能性を、つねに考慮していかなければならない。あるいは、場合によっては、特定のイメージを押し付けるのではなく、女性たち自身が、自己を再想像できるようにする可能性も、考えていかなければならない。そうすることで、われわれは、女性を抑圧するものから、女性の解放を促すものへと、プライヴァシー権概念を再構成する可能性をもつことができるだろう。

つまり、われわれが、プライヴァシー権概念を女性の解放を促す形に再構成する可能性をもつためには、まず、第一に、プライヴァシー権の概念化において――具体的には、その前提としての事実の解釈・認識において――、どのような女性が想定されるのかが決定的に重要であることを認め、その上で、第二に、プライヴァシー権の概念化にあたって、女性に関するフェミニズム法学の考えを、少なからず、取り入れることが求められているのである。そのような姿勢は、プライヴァシー権の概念化にあたって、結果として、一方で、家や家庭への国家によるアクセスの可能性を拡大し――つまり、家や家庭のプライヴァシーを縮減し――、他方で、女性の自己決定権を拡大する傾向を導くことになるだろう。

もちろん、フェミニズム法学の考えが、どの程度、立憲主義と調和的なものかは、慎重な議論が必要だと思われるし、また、立憲主義がフェミニズム法学の考えを取り込む限界についても、認めていかなければならないだろう。しかし、プライヴァシー権の概念化にあたって、女性に関するフェミニズム法学の考えを取り入れることが求められることは、決して奇妙なことではない。今日、わが国においても米国においても、ドメスティック・バイオレンスに関する法整備が行われつつある。それに伴う法的プラクティスとの整合性を考えるなら、われわれは、プライヴァシー権を概念化するにあたって、その前提としての事実を解釈する際に、女性に関するフェミニズム法学の考えを、少なからず、取り入れなければならないはずであって、それに合わせて、プライヴァシー権概念――つまり、プライヴェートな領域の範囲——が修正されることは、むしろ、当然のことだといえるのではないだろうか。

(1) 菅野孝久「『プライヴァシィ』概念の機能の検討」ジュリスト六五三号六〇頁（一九七七年）。
(2) 幾代通『現代法学全集20 II　不法行為』（筑摩書房、一九七七年）九二頁。
(3) 佐藤幸治『現代法律学講座5　憲法［第三版］』（青林書院、一九九五年）四五三頁。
(4) ここでの推論形式についての理解は、おもに魚津郁夫『プラグマティズムの思想』（筑摩書房、二〇〇六年）を参照にしたものである。
(5) Jeanie Suk, *Is Privacy a Woman?*, 97 Geo. L. J. 485 (2009).
(6) *Kyllo v. United States*, 533 U.S. 27 (2001).
(7) *Georgia v. Randolph*, 547 U.S. 103 (2006).
(8) *Supra* note 6 at 35.
(9) *Id.* at 38.
(10) *Katz v. United States*, 389 U.S. 347 (1967). これは、令状を取得しないまま、電子盗聴器と録音機を公衆電話の外部に設置して会話を聴取したことが、修正四条に反するかが争われた事例である。もともと、連邦最高裁は、「物理的侵入」を修正四条の「捜索」、または「押収」を構成するための要件としてきたが、このカッツ判決において、この「物理的侵入」の要件を放棄した。
(11) *Supra* note 6 at 35–36.
(12) *Id.* at 41–42.
(13) Suk *supra* note 5 at 487.
(14) *Id.* at 487.
(15) *Supra* note 6 at 38.
(16) Suk *supra* note 5 at 490.
(17) *Id.* at 490.
(18) *Id.* at 491.
(19) *Id.* at 488.
(20) *Supra* note 6 at 44.

(21) *Supra* note 7 at 111.
(22) *Id.* at 113.
(23) *Id.* at 124 – 125.
(24) *Id.* at 139.
(25) *Id.* at 113.
(26) Suk *supra* note 5 at 494.
(27) *Id.* at 494 – 495.
(28) *Id.* at 496 – 497.
(29) *Id.* at 497.
(30) *Supra* note 7 at 113.
(31) Suk *supra* note 5 at 497.
(32) *Id.* at 502.
(33) *Supra* note 7 at 139.
(34) Suk *supra* note 5 at 498.
(35) *Id.* at 499.
(36) *Id.* at 503.
(37) *Id.* at 506.
(38) *Id.* at 509.
(39) *Id.* at 509.
(40) Daniel J. Solove, *Postures of Judging: An Exploration of Judicial Decisionmaking*, 9 Cardozo Stud. L. & Lit. 173 (1997), at 179.
(41) Daniel J. Solove, *Privacy and Power: Computer Databases and Metaphors for Information Privacy*, 53 Stan. L. Rev 1393 (2001), at 1398 – 1399.
(42) *See* Daniel J. Solove, *A Taxonomy of Privacy*, 154 U. Pa. L. Rev. 477 (2006).

【著者紹介】

小林　直三（こばやし・なおぞう）

［略歴］

1974年　生まれ

2008年　関西大学大学院法学研究科博士課程後期課程修了　博士（法学）

2010年　高知短期大学社会科学科准教授（憲法、行政法）

2011年　高知短期大学社会科学科教授、現在に至る

［主要著書・論文］

「表現の自由の今日的課題――個人情報保護制度との関係において」憲法研究所・上田勝美編『平和憲法と人権・民主主義』（法律文化社、2012年）

「生命権の始期に関する考察」高知短期大学社会科学論集第99号（2011年）

「行政によるデータ・マイニングに関する一考察」高知短期大学社会科学論集第100号（2012年）など

Horitsu Bunka Sha

中絶権の憲法哲学的研究
――アメリカ憲法判例を踏まえて

2013年7月10日　初版第1刷発行

著　者　小 林 直 三

発行者　田 靡 純 子

発行所　株式会社　法律文化社

〒603-8053
京都市北区上賀茂岩ヶ垣内町71
電話 075(791)7131　FAX 075(721)8400
http://www.hou-bun.com/

＊乱丁など不良本がありましたら、ご連絡ください。
お取り替えいたします。

印刷：西濃印刷㈱／製本：㈱藤沢製本

装幀：石井きよ子

ISBN 978-4-589-03533-2

索　引

《あ　行》

《か　行》

《た　行》

《な　行》

《は　行》

《ま　行》

《や　行》

《ら　行》

《わ　行》